관광개발 성공했나?

지자체의 과제

최승담 지음

(주)백산출판사

머리말

관광개발의 핵심 지식을 전달하기 위해 이 책을 썼습니다. 관광개발을 전공하는 대학생과 대학원생 그리고 일선에서 정책을 집행하는 공무원에게 필요한 내용을 담았습니다. 책은 "관광개발 성공했나?"라는 질문으로 출발합니다. 그 이유는 관광개발을 일방적으로 설명하기보다는 관련 내용 및 쟁점에 대하여 묻고 대답하는 방식이 학습효과 제고를 위하여 최선이라는 믿음 때문입니다.

책의 부제는 "지자체의 과제"입니다. 지방자치제도 실시 이후 증대하고 있는 지자체 관광개발이 성공하기를 바라는 마음이 담겨 있습니다. 지자체 관광개발을 위해 고민할 것에 대해 묻고 답하면서 그동안 했던 일을 진단하고 향후 도전이 필요한 과제를 도출하고자 했습니다. 독자들은 질문의 답을 찾기 위한 사유 과정을 통하여 관광개발의 본질에 더 가깝게 접근할 수 있을 것입니다.

질문은 주제별로 정리되어 있습니다. 관광개발의 체계적 이해를 위해 목차 순서대로 읽는 것이 유익하겠지만 관심 있는 쟁점별로 그때그때 읽어도 괜찮습니다. 저자의 견해를 무조건 받아들이기보다 다른 의견을 제시하고 새로운 질문을 만들어 가는 것도 좋을 것입니다.

이 책은 모두 5장으로 구성되어 있고 각 장의 주요 내용은 다음과 같습니다.

제1장에서는 관광개발의 기본지식을 소개하였습니다. 개발의 의미와 목적, 지자체 관광개발의 접근방식 및 추진주체와 관련된 내용을 사례와 함께 설명했습니다.

제2장은 공공의 관광개발계획을 주제로 하고 있습니다. 특히 민감한 쟁점이 많은 분야입니다. 관광개발 계획관련 이론, 계획 시 고민할 내용과 계획의 핵심 요소인 수요예측 등을 포함하고 있습니다.

제3장에서는 관광개발의 특성을 도시와 비도시지역으로 구분하여 설명했습니다. 도시와 비도시지역의 특성 차이가 커서 관광개발의 접근방식도 달라야 합니다. 도시 및 비도시지역의 성장을 위한 관광개발의 역할과 방식을 논의하고 개발 및 계획 관련 주요 쟁점을 소개했습니다.

제4장은 우리나라 관광개발정책에 대한 내용입니다. 규제와 촉진의 수단으로서 정부정책은 지자체 관광개발에 큰 영향을 줍니다. 주요 정책의 핵심 내용과 정책이 지자체 관광개발에 미친 영향을 분석하고 있습니다.

제5장의 제목은 "진단과 과제"입니다. 책의 결론부분으로 처음 던진 질문에 대한 답입니다. 지자체 관광개발을 진단하고 도전이 필요한 주요과제를 제시했습니다. 1, 2, 3, 4장에서도 관련된 논의가 있었습니다마는 제5장의 내용은 종합적입니다. 부정적 내용이 많이 언급된 것은 지자체 관광개발을 폄하하기 위함이 아닙니다. 지자체 관광개발의 발전을 위한 과제 모색을 위해 비판적 시각으로 접근했기 때문입니다.

관광개발과 관련된 많은 질문에 답하기 위하여 관광, 도시 및 지역개발, 계획, 행정 및 경제 등 다양한 문헌의 지식을 활용하였습니다. 물론 저자의 오랜 경험과 생각이 책 내용에 직간접적으로 들어있으나 제가 한 주된 일은 문헌의 내용 중 본 저서의 주제와 관련된 것들을 발췌하고 조합하여 정리한 것입니다. 지자체 관광개발 관련 내용과 쟁점이 많다보니 참고해야 할 문헌도 많았습니다. 이러한 이유로 특별한 경우를 제외하고 질문에 대한 답변 초반부에 핵심 문헌을 인용했습니다.

이 책을 출간하기까지 많은 분들의 도움이 있었습니다. 뉴욕 브루클린에서 귀중한 사진과 디자인 자료를 제공해 준 'Sylvia & Bojune Works', 원고를 읽고 교정을 도와준 최승춘 원장, 자료수집과 원고정리를 해 준 박정연, 엄영재 조교에게 감사드립니다.

담연포럼의 제자들에게도 고마운 마음을 전합니다. 모두 크게 성장한 모습이 무척 자랑스럽습니다. 포럼에서의 만남과 토론은 항상 기쁨의 시간이었고 관광개발 관련 문제의 답을 찾아가는 귀중한 사유의 기회였습니다. 앞으로 이 책의 내용이 담연포럼을 통하여 더욱 단단해지기 바랍니다.

특별히 항상 저를 이해하고 도와준 아내 장애경에게 감사드립니다. 음악과 커피가 있는 그녀와의 아침 대화는 늘 즐겁습니다. 멀리 떨어져 있지만 항상 큰 힘이 되는 우리 가족, 이제는 제법 많아졌습니다. 주영, 승희, 보준, 수희, 서진, 서은, 랑이, 항상 사랑합니다.

2020년 2월
운중 학당에서
저자 최 승 담

차례

관광개발 성공했나

CHAPTER 01

지자체의 과제

관광개발

I

관광개발의 속성

1. 관광개발은 왜 하나?
2. 지속가능한 관광개발의 배경은?
3. 지속가능한 관광개발의 수단은?
4. 어느 것이 더 환경친화적인가?
5. 생태관광 개발, 면죄부인가?

1 관광개발은 왜 하나?

일반적으로 개발의 이미지는 부정적이다. 아마도 고도 성장시대에 무분별한 개발이 초래한 환경훼손이 주원인인 것 같다. 부정적 이미지 때문인지 조직이나 사업의 명칭에서 개발이라는 단어도 점차 사라지고 있다. 주요 정부정책연구기관인 국토연구원, 교통연구원, 서울시정연구원 등에서도 개발이라는 단어가 오래전에 빠졌다. 서울시가 2003년에서 2005년까지 추진했던 '청계천 복원사업'도 그렇다. 사업의 목적을 보면 환경 친화적인 도시 공간조성, 주변개발을 통한 강남과 강북의 균형발전 도모 등 개발사업에 가깝지만 복원이라는 용어를 선택했다.

하지만 개발이라는 용어의 사전적 의미는 긍정적이다. 개발의 의미는 "토지나 천연자원을 유용하게 만듦"이나 "무엇인가를 보다 쓸모 있고 향상된 상태로 변화시키는 행위"이다(국립국어원, 2019; 예스폼 서식사전; 2013). 변화는 항상 발생하지만 개발은 의도된 변화이다. 향상된 상태로 변화시키기 위해서는 체계적 계획과 계획의 집행을 위한 노력이 수반되어야 하기 때문이다. 그래서 개발과 계획은 함께 이야기하는 경우가 많다. 계획의 추진과 함께 변화가 있었지만 양적·질적으로 좋아지지 않았다면 이는 개발이 아니다. 개발사업이 개발의 목적을 달성하기 위해서는 창의적이고 혁신적 사고와 함께 현실적 분석에 기반한 계획작성이 요구되는 이유이다.

관광개발도 상향적이고 소망스러운 변화를 추구한다. 관광개발을 통하여 추구하는 긍정적 변화는 다양하다(문화체육관광부, 2011; 최승담, 1998; Gunn, 1994; Hall, 2008; Inskeep, 1991). 첫째, 국민의 관광수요를 적극적으로 충족시키는 것이다. 경제 및 사회적 여건 변화와 함께 국민관광의 양적수요는 빠른 속도로 증가하고 수요의 내용은 복합화되고 있다. 관광개발은 양적 · 질적으로 변화하고 있는 수요를 적절히 수용할 수 있어야 한다.

둘째, 개발을 통하여 관광자원의 가치를 증대시키는 일이다. 자원에 인간의 손길이 더해졌을 때 자원은 가치를 창출한다. 지역의 사과 과수원은 수확한 과일을 직접 판매하여 수익을 남길 수도 있지만, 지역에서 재배하는 사과나무를 타 도시에 생일선물로 팔았을 때 더 큰 수익을 남길 수 있다. 선물을 보러오는 관광객의 소비는 큰 소득원이 되기 때문이다. 인간의 아이디어가 더해진 새로운 관광상품의 개발이 부가적 가치를 창출할 수 있다.

셋째, 개발을 통한 자원의 보호이다. 개발이 없으면 훼손이 없을 것 같지만 항상 그렇지 않다. 실존하는 관광수요를 수용하기 위한 개발이 억제되면 자원이 막무가내로 이용되면서 자원이 더 훼손될 수 있다. 그렇다고 관광수요를 강제로 억제하면 기본권으로서의 관광수요가 충족될 수 없다. 지혜로운 개발은 수요를 적극 수용하면서 무분별한 자원의 이용으로 인한 훼손을 방지한다.

넷째, 국토의 효율적 이용과 균형있는 국토개발의 도모이다. 국토의 효율적 이용이란 국토이용에서 효율성이 강조된 개념이다. 투입대비 산출을 높게 하자는 의미이다. 반면, 균형있는 국토개발에서는 형평성이 강조되면서 소외지역이 없는 국토개발을 도모한다. 다행히 지역의 관광개발은 2, 3차 산업과는 달라 효율과 균형이 함께 강조될 때 할 수 있는 역할이 많다. 2, 3차 산업 유치에는 실패했지만 자원이 보존된 소외지역은 관광개발을 통하여 지역경제활성화를 도모할 수 있기 때문이다.

다섯째, 지역경제 활성화와 주민소득 증대이다. 관광개발을 통하여 지역의 방문객이 증가하고 소비가 확대되어 지역경제 각 분야에서 승수를 창출할 수 있어야 한다. 지역주민을 위한 새로운 고용도 창출하고 고용의 질도 높혀야 한다. 새로 개발된 관광단지가 돈을 벌어들이고 일자리도 창출하지만, 돈이 외부로 빠져나가고 좋은 일자리는 외부인들이 다 차지해버리는 경우 관광개발은 성공했다고 볼 수 없다.

여섯째, 민간기업의 투자기회 확대 및 수익성 확보이다. 성장하는 지역의 공통점은 민간기업의 투자가 지속적으로 활성화되고 있는 점이다. 기업의 최우선 투자동기는 이윤창출이기에 수익성 있는 프로젝트의 개발은 중요하다. 국가나 지자체가 구상하는 관광개발계획이 민간기업의 관심을 끌 수 없다면 계획은 실패했다고 보아야 할 것이다.

관광개발을 통하여 위에서 제시된 목적들을 다 이루기는 어렵다. 국가나 지자체가 처한 여건이나 정치적 상황 등에 따라 각 목적들이 갖는 의미도 달라질 수 있고 목적들 간 상충성을 갖기도 한다. 예를 들어 국토의 효율적 이용과 민간기업의 수익성 확보는 동시에 구현하기가 어려울 수 있다. 수익성 있는 프로젝트의 개발을 위해서는 대규모 시장을 보유한 대도시 인근에 관광개발을 하는 것이 유리하지만 지역균형발전 차원에서는 문제가 지적될 수 있다.

관광개발 추진 시 언급된 여러 목적들을 염두에 두어야 하지만 우선순위를 생각해야 한다. 개발 목적의 우선순위를 설정하는 것은 단순한 일이 아니다. 개발을 위하여 설정된 목적이 이해관계자가 처한 입장에 따라 유리하거나 불리할 수 있기 때문이다. 이해관계자 간 갈등은 불가피하고 갈등조정은 매우 어렵다. 하지만 지자체가 관광개발을 원한다면 극복해야 할 매우 중요한 과제이다.

2 지속가능한 관광개발의 배경은?

우리가 살고 있는 지구가 최근 100년간 받은 환경적 스트레스는 엄청나다. 46억년으로 추정되는 지구의 역사에서 100년은 지구의 역사를 1년으로 봤을 때 1분도 안 되는 시간이다. 하지만 1분 사이에 인구는 4배, 사업규모는 40배, 경제 규모는 14배, 에너지 사용량은 16배로 증가하였다. 급속한 변화 과정에서 지구의 물, 대기는 오염되고 기온이 상승되면서 지구는 큰 병을 앓게 되었다. 문제의 심각성을 인지한 UN은 1972년 '유엔인간환경회의(UNCHE)'를 개최하고 '인간환경선언문(Declaration of the United Nations Conference on the Human Environment)'을 채택하였다. 선언문을 통하여 자연보전과 환경개선을 위한 인류공통의 원칙을 천명한 것이다, UN에 의한 '인간환경선언문' 선포 이후 지속가능한 개발에 대한 논의는 관광을 포함한 여러 분야로 파급되었으며 구체적인 실천전략도 모색되었다(김대관, 2001; 김성일 · 박석희, 2001; 박석순, 2018; 이원희, 2005; 이현주, 2019; Choi, 1997).

세계자연보존연맹(IUCN)은 1980년 '세계 보존전략'을 발표하면서 '지속가능한 개발'의 필요성을 공식적으로 제안하였다. IUCN의 제안과 함께 지속가능한 개발과 관련된 다각적 논의가 시작되었는데, '세계환경개발위원회(WCED)'는 1987년 지속가능한 개발을 '미래 세대의 욕구를 충족시킬 수 있는 여건을 저해하지 않으면서 현 세대의 욕구를 충족시키는 개발'로 정의하였다.

지속가능한 개발에 관한 국가 간 협의를 위하여 1992년 브라질 리우데자네이루(Rio de Janeiro)에서 'UN환경개발회의(UNCED)'가 열렸다. 185개국의 국가 대표가 참석한 대규모 회의이다. 산업혁명 이후 무분별한 개발로 생태계가 위기에 처해 있음을 각성하면서 환경과 개발에 관한 '리우 선언(Rio Declaration on Environment and Development)'을 선포하고, 선언의 실천을 위한 행동지침 및 '아젠다 21'을 채택하였다. 'UN환경개발회의(UNCED)'는 리우 회의에 이어 2002년 요하네스버그(Johannesburg)에서 열린 '지속가능 발전 세계정상회의(World Summit on Sustainable Development)'와 2012년 리우에서의 'Rio+20'개최를 통하여 지속가능한 개발 관련 의제와 이행계획을 발표하고 점검하였다.

관광개발분야에서 지속가능성에 대한 논의는 1980년 세계관광기구(UNWTO)에 의한 '마닐라 선언(Manila Declaration on World Tourism)'에서 시작되었다. 마닐라 선언은 관광, 환경, 문화가 공존하는 지속가능한 관광개발추구의 필요성을 강조하고 있다. 1995년 스페인 란사로테(Lanzarote)에서는 세계관광기구(UNWTO), 유엔환경계획(UNEP), EU가 공동으로 '지속가능한 관광헌장(Charter for Sustainable Tourism)'을 채택하였다. 동 헌장에는 지속가능한 관광의 성취를 위한 구체적 행동지침이 포함되어 있다.

〈표 1-1〉 지속가능한 관광개발관련 주요 논의의 발전과정

연도	기구 · 회의 · 출판	내용
1972	유엔인간환경회의(UNCHE)	'인간환경선언문' 채택
1980	세계자연보전연맹(IUCN)	'세계 보존전략' 발표
1980	세계관광기구(UNWTO)	'마닐라 선언' 채택
1987	세계환경개발위원회(WCED)	'지속가능한 개발'에 대한 정의
1992	UN환경개발회의(UNCED)	'환경과 개발에 관한 리우선언' 선포 및 '아젠다 21' 채택
1993	세계관광기구(UNWTO), 유엔환경계획(UNEP)	'지속가능한 개발을 위한 정책 결정자 가이드라인' 발간
1995	세계관광기구(UNWTO), 유엔환경계획(UNEP), EU	'지속가능한 관광헌장' 채택
2002	지속가능발전 세계정상회의(WSSD)	'아젠다 21' 실천에 대한 평가
2012	Rio +20	'아젠다 21' 실천에 대한 평가

지속가능한 관광개발의 정의와 원칙은 1993년 UNWTO와 UNEP가 공동으로 발행한 '지속가능한 관광개발을 위한 정책결정자 가이드라

인(Making Tourism More Sustainable : A Guide for Policy Maker)'에 정리되어 있다. 지속가능한 관광개발을 '미래세대의 관광수요를 충족시키는 데 필요한 환경적, 사회적, 경제적 능력을 유지하면서 현 세대의 관광수요를 충족시키는 개발'로 정의하면서 지속가능한 개발에서 현재와 미래수요와 함께 사회, 경제적 요인의 중요성을 강조했다. 지속가능한 개발의 주요원칙으로 자연유산 및 생명 다양성의 보존, 생태적 과정의 유지, 지역사회의 사회문화적 고유성의 존중, 지역의 안정적 고용 및 소득창출, 경제적 이익의 공평한 배분 등을 제시하였다.

급속한 산업화로 몸살을 앓고 있는 지구환경의 미래에 대한 우려는 지속가능한 개발의 필요성을 상기시켰고, 개념의 도입은 환경훼손에 대한 경각심을 높였다. 또한, 환경보존은 환경분야의 노력뿐 아니라 경제, 사회 등 타 분야와의 협력하에 성취할 수 있음을 인지시켰다. 관광분야에서도 지속가능한 관광개발의 필요성과 원칙이 논의되어 왔다. 지속가능한 관광개발은 이성적으로나 감성적으로 설득력이 있다. 대부분의 관광개발계획에서 지속가능한 개발이 강조되는 이유이다.

3 지속가능한 관광개발의 수단은?

지속가능한 관광개발의 필요성을 이야기하는 것은 어렵지 않으나 개념만을 언급하는 것은 공허할 수 있다. 단순히 개념을 강조하기보다는 지속가능한 관광개발을 위한 구체적 실천전략을 개발하고 실행해야 한다(김대관, 2001; 김성일 · 박석희, 2001; 이원회, 2005; Aronsson, 2000; Inskeep, 1991). 지속가능한 관광개발을 위하여 지자체에게 요구되는 것은 무엇인가?

첫째, 합리적 정책과 제도[1]이다. 지속가능한 개발은 이해관계자의 윤리에 기반하여 성취될 수 없다. 이해관계자는 모두 개인의 이익을 추구한다는 전제하에 지역관광개발의 지속성을 위한 구체적 정책과 제도를 개발해야 한다. 지역관광개발에 문제가 발생하는 경우 지자체 담당공무원이 이해관계자의 비협조에 푸념하는 경우가 있다. 지역발전에 대한 생각은 없고 각자의 이익만을 생각한다는 것이다. 하지만 이는 담당 공무원으로서 좋은 태도는 아니다. 푸념보다는 제도적 해결책을 먼저 강구해야 한다.

정책과 제도의 수립 및 집행과정에서 관광개발 관련 규제와 진흥책이 적절한지 냉정하게 모니터링해야 한다. 지나친 규제는 합리적인 민간투자를 저해할 수 있지만, 준비가 부족한 상태에서의 과도한 진흥책과 지원책은 지자체 주민들에게 잘못된 메시지를 전하여 섣부른 투자로 지역을 더욱 어렵게 만들 수 있다.

자속가능한 개발에 큰 영향을 주는 지역관광개발계획에 대해서도 체계적 검토가 요구된다. 지역에서 만들어 공표한 지역관광개발계획이 실제적인 관광수요와 투자수요에 기반하고 있는지? 아니면 감

1) 정책은 관광문제 해결을 위하여 정부가 선택한 행동이며, 제도란 정치체제에 영향을 미치는 정형화된 규범체계임(이연택, 2016).

성적인 열정하에 이루어지기를 원하는 것들만을 나열한 계획은 아닌지? 객관적이고 냉정한 질문과 피드백이 요구된다. 수요에 기반하지 않은 개발계획은 지속적으로 추진될 수 없고 계획을 따라가지 못하는 부진한 개발은 환경적으로나 정치적으로 부담이 된다.

둘째, 관광개발 관련 지식의 축적이다. 지식이 축적된 지역은 관광개발의 속성, 외부환경 및 지역여건들에 대한 이해가 높다. 지역민의 지력이 높을 때 왜곡된 정책은 배척되고 합리적인 정책이 선택될 수 있다. 또한, 각 이해관계자는 타 이해관계자의 입장에서 생각해 보고자 노력한다. 관광개발에서 갈등이 발생하지만 이해수준이 높기 때문에 합의는 합리적으로 빨리 이루어진다.

하지만 지식의 축적은 단시간에 이루어지지 않기에 부의 축적보다 어려울 수 있다. 원론적이지만 지속적인 교육이 주요해결책이다. 이러한 맥락에서 많은 지자체가 추진하고 있는 공무원들이나 지역주민을 대상으로 한 아카데미 사업들은 의미가 크다. 특히 형식적인 행사가 아니라 교육의 효과 증대를 위하여 자치단체장이 처음부터 끝까지 참석하는 아카데미는 큰 박수를 받아야 한다.

셋째, 각 분야별 이해관계자 간의 합의를 도출할 수 있는 리더십이 있어야 한다. 정치의 중요성을 시사한다. 정치의 본질은 사람들 사이의 의견차이나 이해관계를 둘러싼 갈등을 해결하는 데 있기 때문이다. 지속가능한 개발의 개념이 대두된 주 배경은 환경훼손에 대한 우려이다. 하지만 그동안에 지속가능한 관광개발 관련 논의는 환경뿐만 아니라 경제 및 사회 분야로 확대되고 있다. 환경, 경제 및 사회 등

각 요인들 간의 상호작용이 서로 조화를 이룰 때만 지속가능성이 이루어질 수 있다는 인식 때문이다.

지속가능한 개발을 달성하기 위해서 개발로 인한 환경훼손도 막아야 하지만, 사회적으로는 국민의 관광수요를 수용해야 하고, 경제적으로는 지역의 소득증대를 도모해야 한다. 환경훼손 방지만을 위하여 관광개발을 규제할 때 적정 수용량보다 수요가 커져서, 개발된 관광지에 과부하가 걸리거나 관리가 부실한 미개발지로 수요가 이전되어, 환경을 더 훼손시킬 수 있다. 한편, 민간기업의 수익모델 창출이 어려운 경우 투자는 위축되어 국민의 관광향유 여건이 나빠져 국민의 행복도는 떨어지게 된다. 결국 관광개발의 지속가능성을 위해서는 환경, 사회 및 경제적 차원에서의 적절한 합의점을 찾아내야 한다. 합의점은 수식에 의해서 정해질 수 없고, 이해관계자 간의 협의 및 합의에 의하여 결정되어야 하는데 정치가 담당해야 할 주요 역할이다.

지속가능한 관광개발은 지역이 지향해야 할 개발 목표로서 타당하나 수사적 어휘나 좋은 아이디어만으로는 이루어지지 않는다. 이해관계자 간의 공감과 참여를 촉진할 수 있는 정책과 제도 그리고 합리적인 정책 및 제도에 표를 줄 수 있는 지역의 역량이 결집되었을 때 성취될 수 있다. 또한, 이해관계자 간 합리적 합의의 도출을 가능하게 하는 정치의 역할은 중요하다.

4 어느 것이 더 환경친화적인가?

느낌과 본질의 차이가 큰 경우가 많다. '환경친화적'이란 의미도 그 중 하나이다(Glaeser, 2011). 도심 외곽 전원주택에 사는 사람과 도심 고층아파트에 사는 사람의 경우 누가 더 환경친화적 삶을 살고 있나? 전원주택 주변 숲은 철마다 만들어내는 색과 소리가 다르다. 주택의 넓은 마당에는 거주자의 취향에 맞는 조경을 할 수 있다. 아침마다 조경수에 물을 주며 나무와 교감을 하면서 정신적 회복을 느낀다. 반면, 도심 고층 아파트의 삶은 답답하다. 철이 바뀌어도 항상 회색빛 콘크리트와 자동차 소음뿐이다. 그나마 외부와 접하라고 만들어 넣은 테라스도 거실 공간의 확장을 위한 욕심 때문에 막아버렸다. 도심의 오염된 공기를 차단하기 위하여 창도 항상 닫혀있다. 닫힌 공간에서의 공기의 질은 공기정화실이나 공기청정기의 필터링 수준에 비례한다.

전원주택의 삶이 훨씬 환경친화적으로 느껴지는 것이 당연하다. 하지만 소비하는 에너지의 관점에서 보면 생각은 달라진다. 전원주택의 경우 출퇴근을 위하여 매일 100km 이상을 운전해야 한다. 독립된 가옥의 경우 외벽의 비율이 높아 냉난방비도 만만치 않고 정원수에 주는 물도 에너지를 소비한다. 반면 도심의 고층아파트는 일터와 가깝다. 출퇴근이 대중교통과 도보로도 가능하다. 아파트 가구별 독립된 정원은 없지만 단지 내 조성된 넓은 공원은 다양한 자연을 즐길 수 있게 해 준다. 시간 쉐어링을 잘하면 개인적으로 넓게 이용할 수 있고 관리비는 1/N만 부담하면 된다. 에너지 소비 관점에서는 도심 고층 아파트에서의 삶이 훨씬 환경친화적이다. 어떤 삶이 좋고 나쁘고를 이야기하는 것이 아니다. 겉으로의 느낌과 본질의 차이를 지적한 것이다.

이제는 관광산업에 대하여 유사한 질문을 던져보자. 관광산업은 환경친화적 산업인가? 우리는 오래전부터 관광산업을 굴뚝없는 산업으로 환경을 오염하지 않는 산업으로 인식하고 있다. 다른 2차 산업처럼 공장에서 연기를 뿜어내지 않으니 공해를 유발하지 않는 것처럼 느껴진다. 하지만 관광은 보이지 않는 곳에서 많은 에너지를 소비한다. 관광객을 이동시켜 주기 위해 항공기는 많은 양의 기름을 사용해야 한다. 대형 항공기로는 김포에서 제주까지 3,400갤런 정도가 소비되고 인천에서 미국 LA공항까지는 34,000갤런 정도의 연료가 소모된다고 한다. 돈으로 환산하면 각각 600만 원, 6000만 원이 넘는다. 호텔에서의 숙박에도 매일 교체되는 이불 시트, 타월, 목욕용품 등 많은 자원이 소모된다. 어차피 숙박비는 지불되었기에 절약의 미덕을 찾기는 어렵다. 관광객은 집에서와는 다르게 과한 소비를 즐긴다. 공정관광과 관광객의 윤리의식을 자극하는 안내문을 접하게 되지만 그 효과는 그렇게 큰 것 같지 않다.

이번에는 고층과 저층 숙박시설에 대해 생각해 보자. 어느 유형이 더 환경친화적인가? 자연환경 여건이 좋은 선진국에서 오래 생활했거나 해외 유명 관광지 방문 경험이 많은 분들이 종종 우리나라 관광개발에 대하여 부정적 평가를 한다. 특히 대부분 관광단지에 조성되어 있는 고층 숙박시설의 문제점에 대해 지적한다. 환경친화적 개발을 강조하면서 자주 비교의 대상으로 등장하는 사례가 동계올림픽이 열렸던 캐나다 휘슬러(Whistler)의 저층 숙박시설이나 미국 국립공원의 통나무집 등이다. 그렇다면 저층시설이 고층시설보다 환경친화적인가? 물론 사용자의 입장에서는 자연에 접한 아름다운 경관의 저층 숙박시설이 환경친화적이다. 하지만 숙박시설의 건설비용이나 관리비용 등을 생각하면 달라진다. 저층의 경우는 단위 면적당 초기투자비가 크고 관리비가 많이 든다. 시설이 수평으로 퍼져있어 실제 사용면적 비율이 낮고 유틸리티와 서비스 동선이 길기 때문이다. 신도시의 경우 고층 아파트보다 단독주택의 분양가와 관리비가 높은 이유와 같다. 또한, 저층형의 경우 대규모 관광단지에 요구되는 숙박수요를 충족시키기 위해서는 고층보다 훨씬 넓은 면적의 형질변경이 불가피하다.

〈사진〉 캐나다 휘슬러(whistler) 스키장

그렇다면 캐나다 휘슬러의 저층 숙박시설이나 미국 국립공원의 통나무집은 어떻게 가능한가? 먼저 밴쿠버와 인접한 휘슬러의 경우 보유한 자원의 여건이 우리와는 매우 다르다. 스키장으로서 천혜의 조건을 갖추고 있기에 일년 내내 거의 스키장을 오픈할 수 있다. 슬로프는 자연적으로 형성되어 있고 눈도 대부분 자연설이다. 사업여건이 월등히 좋다. 집적된 고층 숙박시설의 개발 없이도 수익모델의 창출이 용이하다. 미국 국립공원의 통나무집은 항상 사람이 가득차 있고 예약이 어렵다. 하지만 국립공원은 수익을 추구하는 관광지가 아니다. 국립공원 지정 및 관리의 핵심은 자연 및 생태자원의 보존에 있다. 자연의 보존은 일반인들이 자연의 의미와 가치에 대한 인식이 높을 때 훨씬 용이하기에 국립공원은 환경학습을 위하여 자연의 일부를 일반인에게 개방하고 통나무집과 같은 편의시설을 제공해 준다. 시설이 제한되었기에 이용율도 높고 숙박비도 싸지 않다.

관광지 시설 개발 시 고층이 저층보다 우선해야 된다는 주장은 결코 아니다. 환경친화적 관광개발의 절대적 대안은 없다는 이야기이다. 관광개발의 방식은 환경, 경제, 사회적 요인 등 다양한 요인에 의하여 영향을 받는다. 개발의 입지, 시장 및 투자 여건 등에 대한 심층적 분석을 바탕으로 결정해야 한다. 그 결정 과정에서 개발과 관련된 이해관계자의 욕구 및 가치관이 반영되어야 하는 어렵고 복잡한 일이다. 다양한 시야에서 분석하고 결정해야 한다.

영국의 경험주의 철학자 프랜시스 베이컨(Francis Bacon)은 '선입견과 편견이 있는 경험은 유용하지 않다'고 하였다. 그는 참된 지식을 얻지 못하게 하는 우상으로 종족, 동굴, 시장 및 극장의 4가지를 들었다. 선진국 사례에 대한 긍정적 선입관과 좁은 시각은 우상이며 타파의 대상이다.[2)] 유용한 지식의 획득을 어렵게 할 뿐 아니라 왜곡된 지식의 습득은 잘못된 결정을 하게 한다(Russell, 1996).

5 생태관광개발, 면죄부인가?

지속가능한 관광개발과 연계하여 자주 거론되는 방안이 생태관광개발이다. 생태관광개발은 '환경훼손의 임계치를 넘지 않는 범위 내에서 생태계의 관광적 활용을 통하여 관광객, 생태계, 지역주민 모두 득을 볼 수 있게 하는 전략적 개발'로 정의될 수 있다. 생태관광개발을 통하여 관광객은 다양한 생태자원에 접할 수 있게 되어 환경적 지식을 습득할 수 있고, 경험의 확대를 통해 만족도도 높일 수 있다. 생태계 관리의 최전선에 있는 지역주민은 생태관광객 유치에서 발생하는 소득으로 경제적인 혜택을 볼 수 있게 된다. 또한, 생태계의 경제적 가치에 대한 인식증대로 생태계의 보호와 관리에 대한 지역의 관심이 증대되어 생태계는 관광개발 이전보다 더 잘 보존될 수 있다.

2) 선진국 저층 콘도 및 통나무집에 대한 일방적 선호는 권위와 한정된 경험에 기반하기에 극장 및 동굴의 우상에 해당됨.

지역사회에게 주는 경제적 편익이 생태자원에 대한 보존 동기로 연계되는 구조가 형성되기 때문이다(김성일 · 강미희, 2002; 김성일 · 박석희, 2001; 최영국 · 임상연, 2005; Butler, 1989; Reid, 1991). 사회적 이슈가 지속적으로 유지되고 소기의 성과를 달성하려면 경제적 이슈와 연계가 필요한데 생태관광개발이 그러한 경우이다.

생태관광개발이 지향하는 바는 앞에서 논의되었던 지속가능한 개발의 철학과 유사해 보이지만, 생태관광개발의 한계는 분명히 인식되어야 한다. 아스피린이 해열과 진통에 도움이 되지만 큰 병을 근원적으로 고치기는 어렵다. 마찬가지로 생태관광이 지역경제 활성화나 환경보존적 관광개발에 도움이 되지만 생태관광개발의 한계는 개발을 통한 수용능력이 크지 않다는 것이다. 자연자원이 생태계의 본질을 유지하면서 진화하기 위해서는 인간의 이용이 많으면 안 되기에 생태관광에서 이용의 임계점은 낮을 수밖에 없다. 우리나라의 경우 생태관광지로서 개발이 가능한 지역은 자연공원의 일부인데, 모든 지역이 생태관광지로 개발되어도 총 수용력은 적어 빠르게 증가하는 국민관광수요의 일부분만 수용할 수 있다.

가끔 외국의 생태관광의 사례를 인용하면서 왜 우리의 관광개발은 자연친화적이지 못하고 시설집약적이고 소비지향적이냐는 질문을 하는 경우가 있는데 우리에게는 그럴 만한 이유가 있다. 우선 인구밀도가 높기 때문에 자연친화적 관광만으로는 국민관광수요를 적절히 수용할 수 없다. 앞에서 논의되었듯이 국민관광수요가 적절히 수용되지 않았을 때 개인적, 사회적 그리고 환경적 차원의 문제로 지속가능한 관광개발이 어렵게 된다. 성공적인 생태관광개발의 사례는 대부분 축복받은 나라에 있다. 숲에서 생산되는 목재만으로도 먹고 살 수 있거나, 국민의 수와 호수의 수가 비슷하거나, 양이 인구보다 20배씩 많은 나라들의 경우이다. 자원이 부족한 우리의 개발모델은 그들과 다를 수밖에 없다.

한편, 생태관광개발의 수익성은 제한적이다. 지자체가 관광개발에 관심을 갖는 주된 이유는 지역경제 활성화에 있지만 생태관광개발이 원칙을 지켜 개발의 임계점을 준수했을 때 개발을 통한 수익모델 창출은 매우 어렵다. 그래서 대부분의 생태관광개발은 공공이 주도하게 된다. 생태관광개발은 공공재 공급의 의미가 크기 때문이다. 한때 민간에 의하여 서해안 지역에 갯벌을 소재로 한 생태관광사업이 추진된 적이 있었지만 현재까지 남아있는 관광지는 많지 않다.

종종 지자체 생태관광개발의 성공사례로 연 300만 명 이상을 유치하는 관광지가 소개되면서 생태관광개발로 인한 지역경제 파급효과가 홍보된다. 하지만 방문객이 300만 명이 넘는 관광지는 본질적으로 생태관광지가 될 수 없다. 생태관광지의 경관개선을 위하여 갈대숲을 인위적으로 잘라주고 있는데 생태관광지의 핵심은 생태자원이지 경관이 아님이 간과되고 있다. 이러한 개발에 대하여 생태라는 이름을 사용하여 개발에 대한 면죄부를 준다는 비난이 있다. 기분은 언짢겠지만 틀린 말은 아니다.

하지만 위에서 언급된 이유 때문에 생태관광개발에 대한 관심과 투자가 축소되는 것은 바람직하지 않다. 한 시기를 지배한 관광유행어로 끝나서도 안된다. 생태관광이 대중적 자연관광으로 변하는 것은 더욱 가슴 아픈 일이다. 선진국 수준의 생태관광 개발은 기대하기 어렵더라도 개념의 유효성은 분명 존재한다. 생태관광지 개발관련 지속적인 정부의 관심과 투자는 필요하다. 생태관광을 통한 자연자원의 보존, 생태관광 학습을 통한 국민의 환경의식 제고, 생태관광사업을 통한 지역균형발전 기여 등은 국가 발전의 큰 힘이 되기 때문이다. 공공의 역할과 생태관광개발의 한계를 생각하면서 지역 실정에 적합한 생태관광의 개발방식을 모색해야 한다.

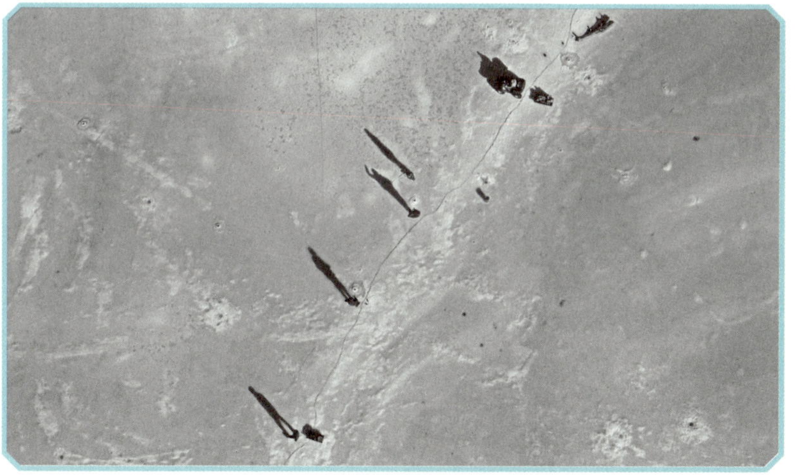

〈사진〉 미국 버몬트(Vermont)주 오케모 마운틴(Okemo Mountain) 호수에서 낚시하는 사람들

Ⅱ

관광개발의 접근방식

1. 내생적 개발인가, 외생적 개발인가?
2. 하향식 개발인가, 상향식 개발인가?
3. 균형 개발인가, 불균형 개발인가?
4. 성장거점전략은 유효한가?
5. 자원과 시장, 어느 것이 우선인가?
6. 대안적 관광개발의 의미는?

1 내생적 개발인가, 외생적 개발인가?

지자체의 관광개발에 요구되는 자원의 발굴이나 자원의 새로운 가치를 창조하는 힘은 어디에서 오나? 지리적으로 단순히 구분하면 지역 내와 지역 밖이다. 일반적으로 전자를 내생적 개발, 후자를 외생적 개발이라고 한다. 내생적 개발은 자립적이고 외생적 개발은 외부 의존성이 높은 것 같아 내생적 개발에 호감이 더 갈 수 있다. 하지만 어느 한 방식이 항상 우월하지는 않다. 지역의 특성 및 외부 환경 등에 따라 두 방식의 장점과 단점은 달라지기 때문이다(김용웅, 2001; 박종화 외, 2016; 심원섭, 2017; 정홍열, 2017).

내생적 개발 방식은 관광개발에 있어 지역의 자원, 자본 및 인력을 활용하는 방식이다. 개발계획 및 경영도 지역인력이 담당하고 투자도 지역 자본으로 한다. 이러한 이유로 투자규모가 적고 경영방식이 단순한 소규모 관광개발에 적합하다. 하지만 내생적 개발로 초기 투자비가 크고 회임기간이 길며 경영방식이 복잡한 대규모 개발사업을 추진하기는 어렵다. 지역안에서 관광개발 경영전문가 그리고 자본력이 있는 투자자를 찾는 것이 불가능하기 때문이다. 이런 문제를 해결하기 위하여 지역이 관광개발의 큰 그림을 그리고 시간이 걸리겠지만 필요한 투자재원을 지역의 힘으로 조성하여 개발을 추진하자는 안이 제기되기도 한다. 투자재원이 지역에서 조성되었기에 투자이익도 지역으로 돌아가고 경영 주체도 지역이기에 지역의 고용률은 높아지고 지역경제가 활성화되면서 삶의 질도 증대될 수 있다는 것이다.

하지만, 이러한 논리에는 간과하기 쉬운 함정이 있다. 지역이 추진하는 관광개발의 경쟁력 저하 개연성이다. 세계화의 흐름 속에서 소비자의 선택의 폭은 넓어졌고 소비자의 선택을 받기 위하여 국내외 유명 관광지들 간의 경쟁은 점점 치열해지고 있다. 내생적 개발을 위하여 준비하는 동안 경쟁 관광지들은 기다려주지 않는다. 오히려 지속적인 투자와 경영혁신을 통하여 경쟁력의 차이를 더 벌려놓을 것이다. 모든 일에는 때가 있고 때를 놓치면 상황은 더욱 힘들어진다.

지역 스스로 문제를 해결하는 내생적 개발이 지나치게 강조되었을 때 개방경제체제하에서 낙후지역의 경쟁력은 더욱 약화될 수 있다. 일반적으로 침체지역은 자원이 부족하고 입지여건도 좋지 않다. 산업기반이 미약하여 인구가 외부로 유출되면서 지역의 성장동력도 약하다. 이러한 여건에서 외부의 자극이나 도움없이 스스로의 힘으로 침체에서 벗어나기 위한 전략이 만들어지고 실행될 수 있을까? 더욱이 시장의 수요와 경쟁구도가 복잡하고 변화가 심한 관광개발사업을 내생적 개발 패러다임하에서 성공시키기는 더욱 어렵다.

지역중심의 내생적 개발은 지역이 개발한 관광지가 성숙단계에 접어들어 인지도가 높아지고 지역의 독자적 사업추진 역량이 구비되어 있을 때 유용하다. 관광지 개발 초기나 성장단계에서는 현실적으로 어렵다. 일정수준의 역량이 형성될 때까지는 외부의 도움을 받는 것이 타당하다. 몇몇 소규모 관광개발 사례를 제외하고 내생적 개발로 성공한 사례를 찾기 어렵고, 소규모 개발 성공사례의 경우에도 대부분 외부와의 협력이 있었다.

한편, 외생적 개발은 외부의 도움을 받아 자원을 발굴하고 개발하여 성장을 도모하는 전략이다. 지역의 성장을 위해서 힘이 필요한데 내부의 힘이 부족하니 성장에 요구되는 힘을 외부에서 빌려온다. 결국은 외부 자본, 기술, 기업의 유치가 성공의 관건이지만 외부의 힘을 지역으로 이전시키는 일이 그렇게 단순하지는 않다. 외부의 힘이 해당 지역만을 생각하고 있지 않고 조금이라도 유리한 곳으로 가서 더 큰 수익을 창출하려고 하기 때문이다. 지역은 관광개발관련 외부 자본과 전문인력의 유치를 위하여 상대적으로 유리한 조건을 만들어내야 하지만 쉬운 일이 아니다. 투자처로서 지역의 상대적 여건과 잠재 투자 기업들의 재정 상황, 투자 동기, 투자 조건 등을 파악하여 투자시장에 소구할 수 있는 전략을 만들어 내야 한다. 고도의 노하우가 요구되는데, 이런 일들은 지역에서 하기 어렵기에 외부의 도움이 필요하다.

외생적 개발의 또 다른 문제는 지역경제의 외부의존성이 커지고 지역의 자율성이 저하되는 것이다. 관광개발로 고용은 창출되지만 대부분의 상위직들은 외부에서 충원되고 지역주민들이 일하는 곳은 하위직이다. 이런 여건에서 시간이 흘러도 관광경영의 노하우가 전수되기는 어렵다. 지역의 노동력과 자원들이 단순한 생산수단으로 전락하게 되면서 지역의 정체성은 사라지고 성장 잠재력도 악화될 수 있다. 또한 외생적개발 시 개발수익이 외부로 유출될 개연성이 높다. 투자가 대부분 외부에서 이루어졌으니 수익도 외부로 빠져나가게 된다.

이러한 여건에서 지역이 느끼는 상대적 박탈감은 클 수밖에 없다.

하지만 이러한 박탈감은 지역관광개발의 문제라기보다는 지역에서 극복해야 할 과제로 보는 것이 타당하다. 투자자는 자선을 추구하는 천사도 아니지만 지역을 수탈의 대상으로 생각하는 악마도 아니다. 큰 리스크를 수반하는 관광개발사업이 창출하는 수익을 지역에 환원시키려고 하지 않고, 지역의 고용창출을 위해 경영을 지역주민에게 의뢰하지도 않는다. 하지만 관광개발이 지역에 대한 수탈이 되어 지역의 성장이 어려울 때 그들의 사업도 지속적으로 성장할 수 없음을 잘 알고 있다.

내생적 개발과 외생적개발을 이분법적으로 좋고 나쁜 개발 패러다임으로 구분하려는 생각은 타당하지 않다. 지역의 여건을 고려하여 신중하게 선택할 개발 패러다임들 중 하나로 생각해야 한다. 모든 것을 자력으로 하려고 하거나 또는 외부에만 의존하려는 것은 타당하지 않기 때문이다. 일정 역량이 갖추어질 때까지 외부의 도움은 필요하지만 외부의존도는 점차 낮아져야 한다. 외생적개발은 외부에 의존하기 위한 전략이 아니라 내생적 개발의 역량을 키우기 위한 과정으로 보는 것이 타당하다. 혼자 할 수 없음에도 자존심을 앞세워 스스로 힘을 키우겠다는 생각은 어리석을 수 있다.

2 하향식 개발인가, 상향식 개발인가?

지역의 문제해결을 위한 지역개발전략은 다양한 관점에서 논의될 수 있다. 그중 하나는 개발계획수립이나 집행에 있어 하향식(top down)과 상향식(bottom up)에 대한 논의인데 점차 상향식 개발에 대한 중요성이 강조되고 있다(김용웅, 2001; 대한국토 · 도시계획학회, 2016a; 박종화 외, 2016; Stohr, 1980).

하향식 개발은 중앙정부가 지역개발의 촉진을 위한 계획과 실천 전략을 짜고 집행한다. 지역경제성장에 도움이 된다고 판단하는 잠재력이 높은 지역과 주력산업을 결정하고 집중적 투자를 도모한다. 따라서 불균형 개발전략과 성장거점전략[3] 등의 일환으로 선택된 지역에는 대규모 개발사업과 관광단지 등이 조성된다. 경제, 사회, 문화 및 정치의 발전은 몇 개의 선택된 주체에 의해서만 생성될 수 있다는 것이 이 방식의 기본 철학이다. 즉, 지역개발과정에서 선택과 집중투자는 불가피하기에 중앙정부에 의한 하향적 지역개발이 요구된다는 것이다.

하향식 개발의 문제는 중앙정부 능력의 한계와 지방정부 자치권 손상에 있다. 아무리 의도가 좋아도 중앙정부가 지역의 정서나 어려움을 제대로 파악하지 못하고 만든 정책이 지역에 도움이 되기 어렵다. 또한 정치적으로 정책이 결정되는 경우도 문제이다. 유권자에게 인기있는 정책이 항상 지역발전에 도움이 되는 것은 아니기 때문이다. 정책의 겉모습이 그럴 듯해서 지역에서 환호를 보내지만 실효성 없는 경우 오히려 지역에 상처만을 남기고 지역성장을 방해한다.

3) 제1장 II-3,4 참조요망.

한편, 1970년대 중반 이후 성장거점전략에 대한 비판과 분배의 중요성이 대두되면서 하향식 개발보다는 상향식 개발전략이 설득력을 얻게 되었다. 1995년부터 본격적으로 시작된 지방자치제도와 지방자치권의 강화도 상향식 개발의 필요성을 증대시켰다. 상향식 개발은 개발의 주체가 되는 각 지자체의 특성과 지역민의 의견을 반영하는 데 유리하다. 수익 극대화 차원에서의 생산요소의 배분전략보다는 지역이 보유한 자원의 잠재가치 극대화 전략이 우선되기 때문이다. 또한, 개발과정에서 학습효과가 발생하여 지역의 역량이 제고될 수 있다. 중앙정부가 하달하는 정책만 집행하는 의존적 자치단체는 성장이 늦을 수밖에 없기 때문이다.

급격한 변화 및 경쟁 속에서 국가성장을 위한 유연적 혁신이 강조되면서 상향식 개발의 의미가 더욱 부각되고 있다. 주변 경제 · 사회환경의 급속한 변화 및 불확실성 속에서 즉시적이고 유연적 대응을 위해서는 지자체의 역할이 중요해졌다. 혁신이 국가라는 거대한 단위에서 일어나기는 어렵고, 성장의 핵심이 되는 혁신의 단위로선 지자체가 국가보다 우위에 설 수 있기 때문이다.

상향식 관광개발의 경우 실천력 있는 관광개발계획의 작성을 위한 지자체의 역량은 매우 중요하다. 계획은 어차피 전문가가 작성을 하니 내부에서 전문가 그룹을 잘 선정하거나 외부전문가를 영입하면 된다고 생각할 수 있다. 하지만 지역의 역량이 미흡할 때 전문가 그룹의 합리적 분석을 바탕으로 한 계획안의 채택이 어려워지게 된다. 합리적 계획안이 지역정서와 다른 경우 표를 의식해야 되는 자치단체장은 여론에 부합되는 결정을 내리기 쉽기 때문이다. 여론은 왜곡될 수 있고 여론의 수준은 지역주민의 수준에 비례한다.

하향식 개발과 상향식 개발 모두 장점과 단점을 갖고 있다. 하향식 개발은 선택과 집중에 의한 투자로 성장을 도모할 수 있지만, 중앙정부 능력의 한계와 지방정부의 자치권 손상으로 지역문제 해결을 어렵게 할 수 있다. 상향식 개발은 지자체의 특성을 반영할 수 있고 분배의 중요성을 강조하지만 비성숙된 여건하에서의 상향식 개발은 성장의 파이를 줄게 하여 분배의 의미를 퇴색시킨다. 어느 한 방식이 다른 방식보다 항상 좋거나 나쁠 수 없다. 국가 및 지자체의 정치여건과 개발을 추진하는 지자체의 역량, 입지특성 및 내외부 환경 등에 따라 각 방식의 의미는 크게 달라지기 때문이다.

3 균형 개발인가, 불균형 개발인가?

공간적 균형 개발은 개발이 특정지역에 쏠리지 않고 지역별로 차이가 나지 않는 개발을 지향한다. 국가정책의 목표에서 국가적 통합성 및 사회적 형평성이 경제성장 및 투자 효율성보다 우선순위에 있다. 지역성장의 균형을 위하여 성장이 늦은 지역에 대한 정부의 지원이 크고 성장보다는 국민의 기본 수요 충족을 우선시하며 개인의 자유보다 국가의 역할을 강조하는 국가에서 많이 선택하는 전략이다. 하지만 개인의 자유나 개방경제체제를 지향하는 국가의 경우에도 경제성장 과정에서 발생한 지역 간 불균형의 문제를 해결하기 위하여 필요시 도입한다(김용웅, 2001; 대한국토 · 도시계획학회, 2016a; 박종화 외, 2016). 정부의 지역관광개발 활성화 정책은 공간적 균형개발 전략과 관련이 있다. 관광지 지정, 문화 및 생태녹색관광지원 개발사업 및 농어촌관광 휴양시설사업 등은 낙후지역 관광개발지원을 통하여 국토의 균형개발을 도모하기 때문이다.

공간적 균형개발의 문제는 지자체의 개발여건이 각각 다른 상황에서 균형개발을 추구하는 경우 지역 및 국가의 경쟁력 확보가 어려울 수 있다는 것이다. 특히 글로벌화의 진전으로 자금의 이동이 자유로워진 환경 속에서 국가지원에 의한 지역활성화정책이 약효를 발휘하기 어렵다는 생각이다. 정부지원을 마중물로 한 자립적 지역활성화가 요구되는데 상대적으로 뒤처진 지자체에게는 지나친 기대가 될 수 있다. 역량이 낮은 지자체가 시장의 흐름과 민간의 투자수요를 이해하면서 혁신동력을 창출하는 것은 매우 어렵기 때문이다.

정책 결정의 순수성에 대해서도 의문이 생길 수 있다. 공익의 추구보다는 지역이기주의 또는 표심에 의해서 정책이 결정될 수 있기 때문이다. 정치적 배경에서 선택된 사업은 시장에서 성공하기 어렵다. 특히 시장수요에 민감한 지역관광개발사업의 경우 문제는 더 커진다. 시장은 정책보다 수요에 순응하기 때문에 정부 실패의 개연성이 매우 높을 수밖에 없다.

한편, 공간적 불균형개발전략은 다양한 지역에 균일하게 투자하기보다는 입지적 우위성이 높은 소수지역을 선택하여 집중 투자하는 방식이다. 규모의 경제, 집적경제는 공간적 불균형개발전략의 배경을 설명하는 주요 개념이다. 투자지역의 효율적인 성장을 도모하고 성장의 공간적 확산을 추구하기 때문에 '집중화된 분산화전략'이라고도 한다. 하지만 선택된 특정지역의 성장이 주변으로 확산되는 실제 사례를 찾기는 쉽지 않다. 오히려 저발전 지역의 투자요소마저 성장지역이 빨아들여 저발전 지역의 침체가 심화되는 경우를 자주보게 된다(김용웅, 2001; 대한국토 · 도시계획학회, 2016a; 박종화 외, 2016).

투자지역에 발생할 수 있는 집적의 불이익도 문제이다. 집적지역에 대기오염, 수질오염, 악취, 소음 및 교통혼잡 등이 발생되고 주택, 용지 및 용수의 부족 등이 유발될 수 있다. 또한, 지역 간 소득과 생활수준의 차이가 커져 위화감과 갈등이 발생하게 되며 그대로 방치하였을 때 사회적 비용을 발생시키면서 지역성장을 방해한다.

지역에 대규모 관광개발이 이루어지는 경우 지역은 개발로 인한 환경적, 사회적 차원에서의 부정적 영향을 감수해야 한다. 지역의 경관이 바뀌고 이해관계자 간 갈등이 발생할 수 있기 때문이다. 외부자본에 의하여 투자가 이루어졌기에 개발수익의 외부유출은 불가피하며 지역 내 고용 창출 효과도 관광업무의 특성상 기대만큼 크지 않다. 이와 같은 이유로 지역자원을 활용하여 창출된 부가가치가 대부분 외부로 빠져나간다는 비난이 발생할 수 있다.

관광개발정책에서 견지해야 할 전략으로 공간적 균형개발 또는 불균형 개발의 선택은 단순하지 않다. 국가 및 지자체의 정치적 성향뿐만 아니라 입지, 시장 및 기업의 투자여건 등에 영향을 받기 때문이다. 변수들의 영향관계에 대한 객관적 분석의 틀 안에서 선택한 전략의 논리성과 정합성이 검증되어야 한다.

4 성장거점전략은 유효한가?

앞에서 논의되었던 공간적 불균형개발전략의 대표적 사례가 성장거점전략이다(김용웅, 2001; 박종화 외, 2016; 정홍열, 2017; Boudeville, 1966; Blair, 1991). 성장거점전략의 뿌리는 페로우(F. Perroux)의 성장극 이론(growth pole theory)에 있다. 성장극 이론에 의하면 경제성장은 특정한 극에 불균형하게 집중되는데 극의 성장은 원심력에 의하여 주변으로 방사되고, 주변의 발전은 구심력에 의하여 다시 극으로 모여든다고 한다. 여기서 성장극이란 경제성장의 분극현상을 주도하는 발전 추진적 기업을 의미한다. 발전 추진적 기업의 주도로 이뤄낸 경제성장이 주변으로 퍼져나가고 주변지역의 경제성장이 다시 발전 추진적 기업으로 집결되는 '순환 누적 인과'를 통하여 경제성장이 촉진된다는 것이다.

페로우의 비공간적 개념인 성장극이 지역개발 및 계획분야에서는 공간단위의 개념으로 적용되면서 '성장거점 이론(growth center theory)'으로 발전된다. 동 이론에 의하면 경제성장은 공간적으로 집중(극화)되어 거점을 형성하고 거점과 타 지역은 지배(dominance)와 종속(dependence)의 관계를 형성한다고 한다. 기업들의 집적지역인 거점은 선도기업들의 기업가 정신과 혁신에 의한 추진효과(propulsive effect)로 성장이 촉진된다. 거점지역 성장은 원심력에 의하여 주변으로 확산(spread effect)되고,[4] 주변지역의 성장이 구심력에 의하여 거점지역으로 다시 모여드는 역류효과(backwash effect)[5]를 발생시킨다.

독일의 지리학자 크리스탈러(Walter Christaller)의 중심지 이론(central place theory)도 성장거점전략의 타당성을 지지해 준다. 중심지 이론에 의하면 모든 사물은 태양과 행성과의 관계처럼 핵을 중심으로 배열되는 중심지향적 원리를 갖고 있다고 전제하고, 3차산업의 입지 원리를 중심지, 배후지, 최소요구치, 도달범위 등의 개념으로 설명한다.[6] 동 이론은 관광지 간의 관계 설명에도 유용하다. 거점관광지 주변에 위치한 관광지들은 관광객 유인에 있어 거점관광지의 영향권 안에 있고, 관광거점도시의 개발은 도시의 관광중심성을 높여 주변지역 관광발전에 긍정적 역할을 할 수 있기 때문이다.

중심지 역할을 하는 거점의 핵심은 거점 스스로의 성장에 있다. 성장을 위하여 거점은 성장에 유리한 조건을 구비해야 한다. 선도적 산업이 집적되어 있고, 전 · 후방 연계효과가 크게 발생할 수 있는 곳이어야 한다. 스웨덴의 경제학자 뮈르달(Gunnar Myrdal)은 주변지역보다 상대적으로 유리한 성장조건을 갖고 있는 중심도시가 성장거점

4) 낙수효과(trickling down effect)라고도 함.

5) 극화효과(polarization effect)라고도 함.

6) 중심지는 주변지역에 재화나 서비스를 제공하는 기능이 모이는 곳이며 배후지는 중심지가 제공하는 재화와 서비스를 받는 공간임. 최소요구치는 중심지의 기능 수행에 가능한 최소한의 수요나 시장규모이며, 도달범위는 중심지가 수행하는 기능이 도달가능한 범위임.

으로 타당하다고 이야기하고 있지만 성장거점도시 요건에 대한 구체적 연구는 아직 미흡하다.

성장거점전략은 지역개발에서 부딪히게 되는 많은 문제를 해결하는 데 도움이 될 수 있다. 첫째, 어차피 한정된 재원으로 모든 개발대상지에 대한 투자가 어려운 여건에서 집중적 투자를 통한 거점의 조성은 규모의 경제 창출을 가능하게 한다. 또한, 거점지역의 성장은 배후지역의 인구를 거점으로 흡수하여 타 도시로의 유출을 막아주는 효과도 있다. 둘째, 지역의 성장을 위하여 쇄신은 필수적인데 다양한 인적자원과 산업성장의 기본 인프라를 구비한 거점이 쇄신에 유리하다. 거점은 경쟁력 있는 기업의 유치가 용이하고 집적경제를 통한 산업의 전문화를 도모할 수 있기 때문이다. 셋째, 주민들의 삶의 질 향상을 위한 복지정책에서 거점은 규모의 경제를 추구할 수 있다. 일정 규모의 이용인구를 보유한 거점이 의료, 편의 및 복지시설 등의 투자 및 운영의 효율성 차원에서 유리하다. 거점에 투자한 시설은 거점만이 아니라 거점과 네트워크화된 주변지역 주민의 삶의 질 개선에도 기여할 수 있다.

하지만 거점전략은 개념적, 경험적으로 여러 문제를 보이고 있는 것도 사실이다. 첫째, 거점지역 투자이익의 역외유출이다. 거점지역의 투자는 많은 경우 외부에 의존하게 되는데, 투자를 통한 수익이 밖으로 빠져나가기만 하고 거점과 주변지역에 재투자가 이루어지지 않을 때 거점의 지속적 성장은 어려워지게 된다. 둘째, 거점지역 성장이 주변으로 확산되기 이전에 거점의 선도산업이 쇠퇴하는 경우이다.

거점지역의 성장이 중단됨으로써 거점개발전략의 실효성은 상실된다. 셋째, 거점지역과 주변지역의 격차가 심화되는 문제이다. 거점과 주변지역 간 경제기반의 차이로 투자는 거점으로만 집중하게 되고, 투자가 배제된 주변 낙후지역은 저발전 상태를 지속하게 되어 지역 간 격차는 점점 커진다. 한편, 거점의 성장이 주변으로 확산될 때까지 시간이 오래 걸려 정책의 실효성이 약화될 수 있다. 정책집행자의 인내가 요구되지만 단기적 성장에 급급하여 정책이 포기되거나 변형될 수 있다. 넷째, 거점지역 내에서 규모의 불경제 발생 개연성이 크다. 개발의 부작용으로 인한 대기 및 수질오염과 혼잡 및 소음공해 등으로 거점의 생활환경이 나빠져 전문가 집단과 기업이 거점으로 이주를 꺼릴 수 있다. 또한, 거점지역 임금 및 임차료 상승과 공공서비스 가격인상도 기업의 투자처로서 거점의 매력을 감소시키는 요인이 된다.

앞에서 논의된 성장거점전략의 장점과 단점을 관광개발에 연계하여 생각해 보는 것은 의미있다. 장점으로 제시한 세 가지는 관광개발에서도 유효하다. 거점에 집적되는 다양한 관광시설은 투자 및 관리의 효율성을 제고하고 융합적 상품 및 서비스 개발로 계절성을 극복하며 대량관광의 수용을 가능하게 한다. 또한, 관광단지 내 시설은 주변 소규모 인구 거주지역 주민들에게 여가 및 복지시설의 역할을 할 수 있다. 최근 증가하고 있는 지역 골프장 클럽하우스의 지역커뮤니티센터로의 활용은 좋은 사례이다.

첫 번째 문제로 제기된 투자수익의 외부유출은 지자체 관광개발에서도 불가피하다. 어차피 관광개발의 속성상 초기투자비가 크고,

회임기간이 길어 외부투자 의존도가 높을 수밖에 없다. 외부투자비율이 높은 경우 수익의 역외유출은 불가피하다. 하지만 관광개발은 자원성에 대한 의존도가 커서 새로운 투자대상지의 선정조건이 타 산업에 비하여 까다롭다. 관광산업은 어느 곳에서나 입지할 수 있는 '탈족산업(foot-loose industry)'이 아니다. 즉, 기투자한 거점지역이 활성화되면 타 지역에 대한 신규투자보다는 거점을 기반으로 투자를 확대하는 것이 유리하기에 수익의 외부유출보다는 거점으로의 재투자 개연성이 크다.

두 번째로 제기된 거점지역 선도산업 쇠퇴[7]의 문제는 크지 않다. 관광수요의 지속적 증가 추세를 감안할 때 거점지역 관광산업의 쇠퇴 가능성은 상대적으로 낮다. 관광산업의 성장이 테러 및 전염병 등의 이유로 위축된 적이 있었지만 회복속도는 항상 예상보다 빨랐다. 관광은 높은수준의 '위기 탄력성(crisis resilience)'을 갖고 있다. 인간에게 내재되어 있는 관광권에 대한 욕구가 강하기 때문일 것이다. '세계관광기구(UNWTO)'가 1999년에 제정한 '관광윤리강령(Global Code of Ethics for Tourism)에서 관광에 대한 보편적 권리를 강조한 이유도 그 때문이다(최승담, 2019).

세 번째로 제기된 거점과 타 지역 간 격차의 문제가 관광개발에서 발생될 개연성은 낮다. 성장거점전략과 연계된 '허브 앤 스포크(Hub

7) 거점 내 입지하는 선도산업의 조건으로 제시되는 성장속도, 동태성, 높은 소득탄력성, 혁신성, 규모의 경제, 원심력과 구심력의 발생, 주변 산업과의 연계 등의 차원에서 선도산업으로서 관광산업의 요건은 높음.

& Spoke)' 개발 패러다임이 그 이유를 설명해 준다(〈그림 1-1〉). '허브 앤 스포크' 개발방식에서는 관광지 간의 위계가 허브를 중심으로 형성된다. 시장의 수요가 일단 허브로 흡수된 후 스포크를 통하여 주변 소규모 관광지로 확산되는 구조이다. 동 패러다임하에서 허브인 거점과 스포크로 연결되는 주변 소규모 관광지는 상호 경쟁관계라기보다는 보완적 관계가 된다. 대규모 유통단지는 주변 소규모 상가의 수요를 뺏어가지만 허브인 거점관광단지는 오히려 단지로 유입된 수요를 주변관광지로 이동시켜준다. 다양한 경험을 추구하는 관광객이 허브에서 얻는 경험과 주변 소규모 관광지에서 얻는 경험은 다르기 때문이다(한국관광공사, 2019; 최승담, 2008; Ahn & Choi, 1992; Choi, 1997b).

실증적 사례로 강원도 지역에 있는 '허브나라 공원'과 '이효석 생가'는 주변 '평창 휘닉스 파크' 관광단지 개발 후 수요가 오히려 증가

그림 1-1 '허브 앤 스포크(Hub & Spoke)' 개발방식

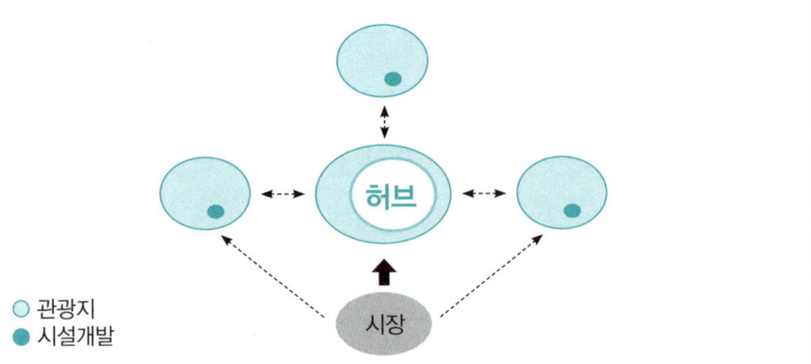

출처: 최승담(2008).

하였다. 단지로 워터파크, 스키 및 골프를 즐기러 온 관광객들의 상당수가 주변 관광지들을 찾기 때문이다. 거점 주변에 입지한 작은 관광지들은 거점에게도 도움이 된다. 관광객이 거점과 주변관광지를 함께 묶어 이미지화 하면서 거점의 유인력이 커지기 때문이다.

네 번째 문제로 제기된 거점지역 규모의 불경제 발생 개연성은 낮다. 관광지로 인한 오염발생은 크지 않다. 관광지의 오염은 관광지 유인력을 악화시키기에 계획 및 관리 기능의 강화를 통하여 방지되기 때문이다. 관광지 과밀 및 혼잡의 문제도 타 산업에 비하여 상대적으로 해결될 수 있는 여지가 크다. 이는 관광지 방문객에게 높은 이용밀도가 항상 부정적 영향을 주고 있지는 않기 때문이다. 오히려 많은 사람 때문에 관광지의 유인력이 커지는 경우도 많다. 관광 행태 및 선호도 등을 반영한 창의적인 공간구성 및 운영 프로그램은 오히려 고밀화된 이용에서 오는 문제를 긍정적 요인으로 전환시킬 수 있다(권연경 · 최영석 · 최승담, 2015).

5 자원과 시장, 어느 것이 우선인가?

지자체가 개발할 자원을 결정하는 방식은 크게 2가지로 구분될 수 있다. 지역이 보유하고 있는 자원 중 가장 좋은 것을 선택하는 방식과, 시장에 존재하는 큰 수요를 선택한 후 선택한 수요와 가장 잘 부합하는 자원을 지역에서 찾아내는 방식이다. 일반적으로 전자를 자원주도 개발방식(product-led approach), 후자를 시장주도 개발방식(market-led approach)이라고 부른다. 어느 방식을 택할 것이냐는 지역의 자원보유상황이나 외부환경에 따라 다르다. 지자체는 두 방식의 장단점을 이해한 후 합리적 결정을 해야 한다(최승담, 1995b; 1998; Gunn, 1994; Gunn & Var, 2002; Inskeep, 1991).

자원주도개발방식의 장점은 지역을 가장 잘 아는 지역민 중심의 개발을 통하여 지역이 보유한 자원의 가치를 극대화시킬 수 있다는 것이다. 자원 본래의 가치가 잘 드러남으로써 지역 정체성과 지역의 자부심을 제고시킬 수 있다. 개발은 소규모가 되어 환경이 보존되고 외부의 투자가 필요치 않아 개발수익이 역외유출 없이 지역으로 환원된다. 앞에서 논의되었던 환경 및 경제적 관점에서 지속가능한 개발과 부합할 수 있다.

하지만 자원가치를 중심으로 생산된 상품과 서비스의 수요가 너무 적거나 수요의 위치가 멀어 실제 구매로 이어지지 않을 수 있다. 자원의 계절적 특성상 성수기와 비수기의 수요 차이가 커서 수익모델의 창출도 현실적으로 어렵다. 수익성 제고를 위하여 적극적 개발을 원하는 경우에도 자원보존을 위한 법적 규제가 강하여 가용지 확보가 어렵고 도입할 수 있는 시설도 제한적이다.

한편, 시장주도 개발방식은 잠재소비자 니즈 분석에서 출발한다. 현재의 니즈도 읽어내야 하지만 미래의 니즈 변화도 내다볼 수 있어야 하고 단기, 중기, 장기적 관점에서 세분화된 예측도 필요하다. 잠재소비자는 니즈를 기반으로 몇 개의 그룹으로 나눠지고 그 그룹 중

타깃으로 선정한 그룹 니즈에 부합되는 상품과 서비스를 개발해야 한다. 시장 니즈에 부합하는 수익모델을 찾다보면 개발은 복합적이고 규모도 커지는 경향이 있어 환경보존에 대한 관심은 다소 약해질 수 있다. 초기 투자비가 큰 경우 외부기업의 투자와 수익의 외부유출이 발생하게 되어 투자자와 지역주민 간 갈등 발생의 개연성이 크다.

하지만 장점도 많다. 무엇보다도 계절성 극복 전략 구축이 용이해진다. 개발에 있어 자원 의존도가 높지 않기에 규제가 까다롭지 않다. 다양한 시설의 집적이 용이하며 유연성 있는 시설 운영으로 계절성의 문제를 극복할 수 있기에 수익모델을 창출할 수 있는 여지가 크다. 환경훼손의 비난을 받을 수 있지만 수용력을 감안할 때 환경훼손율은 낮다. 집약된 공간에서 관리가 이루어지기에 초기개발단계에서의 일부 환경훼손을 제외하면 단지개발로 인한 오염의 문제는 크지 않다. 대규모 관광단지에서 나오는 오폐수를 정화한 물에서는 1급수에서만 생존가능한 민물고기들이 서식하고 있다.

시장주도개발방식의 대표적 사례는 서울 잠실의 롯데월드이다. 롯데월드의 부지가 있는 서울 송파구 잠실역 부근에서 관광개발 자원을 찾기는 어려웠다. 주변 석촌호수는 오염되어 악취가 발생했고 우범지대화에 대한 우려도 컸다. 하지만 이곳에 세계적 실내테마파크인 롯데월드가 건설되어 연 800만 명 이상의 관광객을 유치하고 있다. 롯데월드가 입지한 잠실역 주변은 2,000만 명 수도권 시장의 중심으로 탁월한 접근성을 갖고 있다. 계절과 날씨에 관계없이 테마파크 수요를 수용하기 위하여 실내공간을 조성하였기에 눈, 비, 황사 등의 걱정없이 일 년 365일 영업이 가능하다.

그렇다고 시장주도 개발방식이 대규모 시장에 기반한 대규모 개발만을 의미하지는 않는다. 지역이 보유한 자원의 소규모 개발에서도 시장이 강조되어야 함은 마찬가지이다. 자원의 가치는 다양한 관점에서 창출될 수 있다. 근원성, 연상성, 화제성 등이 논의된다(엄서호, 2007). 자원의 가치창출을 위하여 자원의 상대적 우위, 자원의 연상 이미지 및 자원의 사회적 이슈 등이 활용되어야 하는데 모두 다 시장에 의하여 결정되는 것들이다.

지역관광개발 여건에 따라 자원주도개발과 시장주도개발의 장점과 단점은 달라진다. 예를 들어 지역이 탁월한 역사문화 및 자연자원을 보유하고 있고 급속한 경제 활성화를 원하지 않는 경우 자원 주도 개발의 장점이 크다. 대체할 수 없는 자원의 매력 덕분에 지역의 관광유인력은 지속될 수 있고 정해진 수용력 안에서도 지역의 관광활성화와 경제활성화는 가능하다. 하지만 지역이 보유한 자원의 유인력이 크지 않은 경우, 시장의 수요를 바탕으로 한 개발의 의미는 커진다. 물론 지역의 여건이 관광을 활용하여 굳이 경제활성화를 추구할 필요가 없다면 개발을 하지 않으면 된다. 하지만 지역의 경제활성화를 도모한다면서 자원성 중심 개발을 선택하는 것은 현명해 보이지 않는다. 개발에 실패한 대부분의 관광지는 개발여건과 전략 간의 불일치를 간과했다(문화체육관광부, 2019b; 김영준, 2011; 김향자, 2010).

〈사진〉 캐나다 위니펙 트레일(Winnipeg Trails) 시소[8)]

6 대안적 관광개발의 의미는?

기존 대규모 관광개발의 문제점을 해결할 수 있는 대안으로서 새로운 개발 패러다임이 모색되어 왔다. 대규모 관광개발이 야기하는 문제점에 대한 비판에서 출발하였기에 일반적으로 규모가 작은 지역 중심의 개발을 이야기한다. 규모가 작으니 소규모 지역자본으로 개발할 수 있고 환경친화적일 수 있다는 생각이다. 감성적으로 설득력이 있어 보이나 우리가 추구해야 하는 지속가능한 관광개발의 관점에서는 한계가 있는 것 같다.

8) 캐나다 위니펙시는 과거 철로였던 위니펙 트레일(Winnipeg Trails) 상에 2019년 공모전 당선작품(Sylvia Choi & Daegeon Jeong)인 시소를 설치하여 화제성을 기반으로 지역자원의 가치를 제고하였음.

먼저, 공격 대상이 되고 있는 기존 대규모 거점관광개발 방식에 대하여 살펴보자. 개발의 규모가 크기 때문에 형질변경의 면적이 넓어져 환경훼손은 불가피하다. 골프장과 스키장 건설을 위해서 수십만 또는 수백만㎡의 땅이 파헤쳐져야 한다. 산지가 많은 우리나라의 경우 토목공사량은 다른 나라들에 비하여 훨씬 많다. 토목공사로 깎여나간 땅에 녹화가 이루어지지만 원래의 수목생태보다 좋아지기 어렵다. 대규모 시설의 조성으로 초기 투자비가 수천억 원 내지 수조 원이 되니 외부자본의 유입도 불가피하고 수익도 외부로 빠져나갈 수밖에 없다. 개발은 지역에서 이루어졌는데 이익이 대부분 외부로 빠져나가기에 지역주민의 박탈감은 매우 크다.

이러한 문제에도 불구하고 거점관광개발에는 충분한 이유가 있다. 거점개발은 규모의 경제와 범위의 경제를 추구할 수 있기 때문이다. 다양한 시설의 집적으로 실존하는 대량, 가변적 수요를 수용할 수 있다. 계절별로 차별화된 시설 및 서비스의 조합을 통하여 계절성 문제를 극복할 수 있고, 집적된 시설의 운영 효율화를 통하여 수익 극대화도 도모할 수 있다. 거점개발은 기본적으로 시설집약화(clustering)의 이점을 극대화 시킨다. 인프라개발 및 사후 관리의 경제성과 함께 마케팅 활동에서도 시너지 창출이 용이하기 때문이다.

이와는 다르게 지역주민을 중심으로 하는 소규모 개발은 지역의 환경을 보존할 수 있고 개발을 통한 수익이 지역에 환원되면서 지역은 성장하고 지역민의 후생이 증대될 수 있다. 하지만, 수요의 규모가 매우 크고 복합적이며 계절 간 차이가 매우 큰 우리 여건에서 자원중심 소규모 개발의 역할은 제한적이다. 대규모 수요를 수용할 수 없고 관광객의 다원적 니즈를 채울 수 없어 수익모델 창출이 어렵다. 수익모델이 창출되는 경우에도 수익규모가 크지 않아 낙후된 지역경제 활성화 전략으로서의 의미는 약해진다.

그렇다고 대안적 차원에서 지역중심 소규모 관광개발을 현실성이 결여된 무의미한 개발전략으로 보는 것은 타당하지 않다. 거점개발의 문제를 보완하기 위한 방안으로의 역할을 찾는 것이 중요하다. 이러한 맥락에서 관광개발전략으로서 논의되었던 '허브 앤 스포크(Hub & Spoke)' 개발 패러다임의 의미는 크다. 동 패러다임에서 거점으로서의 허브와 소규모 관광지는 상호 보완재로서 동반자 관계에 있을 수 있다. 허브와 소규모 관광지는 홀로 있기보다는 연계되었을 때 시너지를 창출할 수 있기 때문이다. 시너지의 극대화를 위한 발전된 패러다임의 개발을 위한 지속적 노력이 요구된다.

III

관광개발의 추진주체

1. 관광개발은 누가 주도해야 하나?
2. 공공 관광개발의 문제는?
3. 민간은 왜 관광개발에 투자하나?
4. 디벨로퍼의 역할은?
5. 주민참여가 제 역할을 하려면?
6. 공익성과 수익성은 상충되나?

1 관광개발은 누가 주도해야 하나?

지자체의 관광개발은 누가 주도하여 추진하는 것이 합리적인가? 관광개발에 있어 각 주체가 갖고 있는 장단점이 있기에 개발대상의 특성이나 외부환경요인에 따라 각 주체의 역할은 달라진다. 〈그림 1-2〉는 관광개발의 주체가 되는 공공, 민간, 지역 섹터와 각 섹터가 합쳐지는 혼합섹터의 유형을 설명해 주고 있다(김사헌 · 김규호 · 박세종, 2016; 김상태 · 박상곤 · 김동현, 2016; 김용웅, 2001; 김향자, 2010b; 박종화 외, 2016; 박주영, 2015; 윤정원 · 박다현 · 반장식, 2013).

그림 1-2 관광개발 주체별 섹터 구분

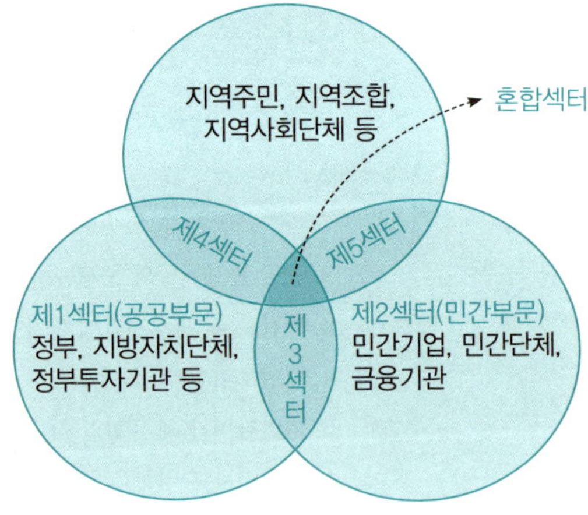

공공에 의한 관광개발사업의 장점은 개발에 있어 공공이 보유한 다양한 수단을 활용할 수 있는 것이다. 공공은 개발을 지원하는 정책을 만들 수 있고 걸림돌이 발견되면 규제를 추가하거나 없앨 수 있다. 재정지원을 위한 예산도 확보할 수 있어 필요시 예산지원을 통하여 민간투자 유인의 마중물 역할을 한다. 또한, 민간이 투자를 꺼리는 비영리시설에 대한 공공의 투자는 지역의 삶의 질 개선에 기여하게 된다. 이와 같은 이유로 특정 프로젝트에 대한 공공의 투자는 프로젝트에 대한 긍정적 신호가 되어 개발에 대한 지역과 주민들의 호응을 유도할 수 있다.

하지만 공공에 의한 개발사업에서 많은 문제가 드러나고 있는 것도 사실이다. 공공은 남의 돈을 남을 위하여 쓰기에 자기가 자기를 위하여 쓰는 경우보다 낭비가 클 수밖에 없고, 사업에 대한 책임소재가 불분명하여 계획이나 진행과정 등이 합리적이지 않을 수 있다. 공익성이라는 명분하에 경제적으로 무책임한 투자가 정치적 목적으로 이루어질 개연성이 높다.

복잡한 의사결정과정은 급속한 시장변화에 부응하는 경영전략의 집행시점을 놓치게 한다. 기배정된 예산항목과 집행절차를 준수해야 하는 공공이 시장변화에 민감하게 반응하여 예산을 집행할 경우 감사에서 문제가 되기 때문이다. 하지만 시장은 공공의 의사결정 절차를 감안하여 행동하지 않기에 경영의 효율성은 저하된다.

민간에 의한 관광개발의 장점은 민간의 창의적인 기획과 경영능력이 적극 발휘될 수 있다는 것이다. 민간은 시장을 읽고 예측하며 시장과 공급여건에 기반한 마케팅 전략을 개발하고 집행하는 능력을 보유하고 있다. 성공한 CEO의 대부분은 시장에서 일반인에게는 보이지 않는 미래의 니즈를 읽어내는 탁월한 능력을 갖고 있다. 수요를 읽는 힘과 창의적 사고는 어려운 여건에서도 수익모델을 창출해낸다. 예를 들어, 골프장의 분양을 위하여 파7홀 및 이벤트홀 등 독특한 홀을 개발하여 소비자의 관심을 끌어낸다.[9] 불경기로 콘도의 분양이 어려우면 오히려 고가의 분양전략 및 선택적 마케팅으로 잠재구매자의 '기호소비'[10] 심리를 자극시킨다. 하지만 수익모델 창출이 어렵다는 판단이 서면 투자를 포기하기 때문에 민간에 투자를 맡기면 과투자를 방지하는 메커니즘이 작동하게 된다.

민간기업에 의한 관광개발의 단점은 사업의 공익성이 약화될 수 있다는 것이다. 수익모델 창출에 충실해야 되는 민간의 입장에서 환경보호나 지역복지 등의 문제가 높은 우선순위에 있기는 어렵다. 사업에 투자되는 자본이 외부에서 조달되기에 투자수익도 외부로 빠져나가게 된다. 지역자본과 지역인력의 활용이 강조되지만 현실적으로는 미약하다. 민간투자에 의하여 발생하는 이러한 문제들은 지자체

9) 금강산 골프장은 170만m^2로 통상 27홀을 조성할 수 있는 규모이나 18홀의 골프장으로 조성하였는데, 낮은 부지비용과 높은 건설 및 운영비용 감안 시 타당한 전략으로 판단됨. 그 결과, 넓은 페어웨이, 1km에 가까운 홀, 누구나 홀인원이 가능한 이벤트홀, 비로봉 및 동해안을 볼 수 있는 경관설계 등을 가능케 하여 독자적인 유인력을 창출하고 있음.

10) 물건의 기능보다는 그 물건을 통해서 얻을 수 있는 사회적 위신과 권위가 반영된 소비행위임.

가 관광개발을 원하는 경우 일정부분 감수하고 극복해야 할 구조적 문제이지만 정서적으로 개발에 대한 여론을 나쁘게 만들면서 안정적인 사업 수행을 어렵게 한다.

지역주도형 관광개발은 지역주민이나 지역단체에 의한 개발로 개발의 자주성이 강조된다. 관광개발에 대한 투자가 지역자본에 의하여 이루어지고 경영도 지역주민이 중심이 된다. 개발계획에 주민의 의사가 적극적으로 반영될 수 있기에 지역자원의 남용이나 훼손을 방지할 수 있다. 개발을 통한 이익이 지역으로 가고 지역주민의 고용이 증대되면서 지역 경제는 활성화된다. 앞에서 언급했던 외부 민간기업 투자에 의한 문제점을 극복하기 위한 대안으로서 의미를 갖는다.

하지만 문제는 지역이 자본과 경영 노하우를 갖고 있지 못하다는 데 있다. 관광개발사업에 관심을 갖고 있는 대부분의 지역은 제1차 산업을 기반으로 하고 있다. 관광개발 관련 주민들의 역량이 높지 않고, 지역 자본도 형성되어 있지 않다. 이런 여건하에서 관광개발의 초기단계부터 지역중심의 개발을 시도하는 것은 무리일 수 있다. 오히려 위험부담이 큰 관광개발사업의 실패 시 주민의 부담이 커져 지역은 더 어렵게 된다. 관광개발사업은 농업 및 생활자재 구입, 생산 농산물판매 및 자금대출 등 지역중심으로 운영되는 지역협동조합의 업무보다 훨씬 복잡하고 위험요소가 많다.

한편, 혼합형 개발방식은 앞에서 언급된 세 주체가 둘 또는 세 개씩 조합을 이루어 개발하는 방식이다. 조합 유형에 따라 제3섹터, 제4섹터, 제5섹터 및 혼합섹터로 분류된다. 혼합형 개발방식의 장점은 각 섹터의 장점을 모두 활용할 수 있다는 것이다. 즉, 민과 관 그리고 지역이 갖고 있는 장점 중 상대적으로 우위에 있는 것이 조합될 수 있다. 예를 들어 민과 관이 합칠 때 민의 창의적 경영능력과 관의 행정능력이 접목될 수 있다.

문제는 의도한 대로 비교우위의 것만 선택되어 시너지를 창출하기 어려운 경우이다. 오히려 비교 열위의 것만이 조합되어 상황을 더 나쁘게 할 수도 있다. 시너지의 창출을 위해서는 각 섹터 간의 역할을 명확히 하여 분쟁을 초래하는 일이 없도록 해야 하며 혼합섹터 안에서 구성원 간의 끈끈한 유대감의 창출도 필수적이다. 하지만 기본적으로 조직의 목적과 업무환경이 달랐던 민, 관 그리고 지역 구성원 간 협력적 모델의 창출은 쉽지 않다.

2 공공 관광개발의 문제는?

공공 주도하에 추진되는 관광개발 사업에 대한 인식은 부정적이다. 관광개발의 성과가 낮았기 때문이다. 많은 지자체는 관광개발사업을 추진하면서 중앙정부의 자원을 요청해 왔는데 부담을 느낀 중앙정부는 사업에 대한 심의를 강화하고 있다. 공공이 주도하는 관광개발사업의 대부분은 지역관광활성화라는 목적을 앞에 내세우지만 잘못된 개발은 지역경제 활성화에 기여할 수도 없고 오히려 문제만을 야기하기 때문이다. 공공의 사업참여는 참여 명분이 타당할 때 정당화될 수 있다(김사헌, 1997; 김사헌 외, 2016; 김상태 외, 2016; Friedman, 1980). 구체적으로 공공관광개발의 타당성은 언제 인정받을 수 있나?

첫째는 관광개발을 통하여 공공재적 성격의 관광재화를 공급할 수 있을 때이다. 공공재는 모든 사람이 공동으로 이용하는 집합적으로 소비되는 재화이다. 경제학자 새뮤얼슨(Paul A. Samuelson)이 1954년 정부지출의 명분으로 처음 공공재의 개념을 제시하였다. 공공재는 '비배제성'과 '비경합성'을 갖고 있어 민간에 의한 공급이 어렵기 때문이다. 대표적인 공공재로 국방, 경관, 방송, 도로 등이 있다. 이러한 재화는 한 사람의 소비가 다른사람의 소비를 배제시킬 수 없는 비배제성과 소비 시 다른 사람과의 경쟁을 요구하지 않는 비경합성의 특성을 갖는다. 즉, 많은 사람이 필요로 하나 일단 공급되면 모두 돈을 안 내고도 사용할 수 있기 때문에 민간기업은 공급하려고 하지 않는다(나성린, 2014).

국가가 공급하여 국민의 후생을 키워야 하지만 조건은 공공재 공급에 의한 국민 후생의 크기가 공공재 생산을 위하여 투입된 예산보다 커야 한다. 하지만 공공재라고 무조건 국가가 공급해야 할 필요는 없다. 공공재의 성격을 갖지만 민간에 의하여 공급되는 것이 더 효율적일 수 있다. 예를 들어 공영방송인 미국의 ABC, NBC, CBS, 한국의 SBS는 민간회사이다. 최근 신규로 개설되는 많은 도로도 민간이 투자하고 운영한다.

관광 관련 주요 공공재로는 자연경관, 관광인프라 및 문화재 등이 있다. 이러한 재화들은 비경합성과 비배제성이 강하다. 예를 들어 자연경관은 주요한 관광재이고 자연경관을 보전하는 데는 많은 예산이 소요된다. 하지만 한 관광객이 자연경관을 보고 있다고 다른 관광객의 경관감상을 방해하는 경우는 드물다. 또한 경관보존에 필요한 경비를 지불하지 않은 사람에게 경관감상을 막기도 어렵다. 하지만 경관이 훼손되면 우리는 많은 것을 잃게 되기에 공공은 경관보존에 관심을 갖고 예산을 지출한다.

둘째는 공공의 참여로 '규모의 경제'를 추구할 수 있을 때이다. 규모의 경제란 개발의 생산요소 투입량의 규모가 커지면서 생산비가 절약되고 수익이 증가하는 현상이다. 물론 규모의 경제성이 작용할 수 있는 임계점이 있어 그 임계점을 넘어가면 오히려 수익이 작아지는 규모의 불경제가 발생한다. 관광개발에서 규모의 경제성은 생산비의 절약만을 의미하지 않는다. 규모의 경제는 범위의 경제와 연관된다. 규모가 클 때 다양한 시설의 집적을 통하여 공급되는 상품 및 서비스 개발에서 유연성과 혁신을 가져다줄 수 있기 때문이다. 예를 들어 나홀로 콘도의 경우 콘도의 투숙객 수는 주변 관광목적지 방문객 수에 의존한다. 하지만 관광단지 안에 골프장, 스키장, 테마파크 및 워터파크 등과 함께 입지한 콘도는 관광단지가 계절별로 창출하는 수요 덕분에 콘도의 수요와 수익성이 크게 제고된다.

문제는 민간기업의 투자역량이 부족해 대규모 관광단지를 기획하고 투자할 수 없는 경우이다. 대규모 관광단지 개발에는 1조 이상의 초기 투자비가 요구될 수 있고, 수익성 창출까지는 이삽십 년 가까이 소요된다. 버틸 만한 힘을 갖춘 민간기업을 찾는 것이 어려울 수 있다. 특히, 개발도상국의 경우이다. 이 경우 정부는 공신력, 행정력 그리고 공공예산 등을 기반으로 관광개발에 참여하게 된다. 경주 보문관광단지 개발사업과 제주 중문관광단지 개발사업은 1975년과 1978년에 공기업인 한국관광공사에 의하여 추진되었다. 외래 관광객의 유치를 통한 경제 활성화가 필요했지만, 민간기업은 관광단지 개발사업에 투자할 수 있는 힘이 부족했기 때문이다.

셋째는 공공의 관광개발사업 참여가 사업에 대한 시장의 신뢰를 높일 수 있을 때이다. 공공의 참여를 통하여 사업의 든든한 후원자가 있다는 시그널링(signaling)을 시장에 보낼 수 있기 때문이다. 관광개발사업은 사업의 불확실성이 크고 장기간의 투자를 요하는 사업이다. 사업의 성패를 좌우하는 관광수요가 외부환경변화에 따라 민감하게 변한다. 금융위기, 메르스, 테러, 사스 등이 주요 검색어가 될 때 관광수요는 급격히 하락한다. 민간기업의 입장에서는 문제해결을 위한 경영수단이 제한적이지만 공공은 유사시 개발사업의 지원을 위한 다양한 수단을 갖고 있다. 정부가 보유한 전문 인력풀을 활용하여 실질적인 개선책을 강구할 수 있고, 도로 및 공공서비스 시설의 공급을 확대하거나 예산 및 기금의 지원도 가능하다. 필요시 수요의 확대를 위한 제도개선을 추진할 수 있는데, 대체휴일제 및 휴가제도 개선 등이 주요 사례이다. 민간주도개발에 의한 시장실패를 방지할 수 있는 것도 공공의 개발시 신뢰가 제고되는 이유가 된다. 공공은 환경파괴, 문화재 훼손 및 독점 등 개발과 관련된 부정적 외부효과의 해소를 위하여 보다 적극적으로 대처할 수 있다.

넷째는 관광개발이 국가균형발전에 기여할 수 있을 때이다. 국가균형발전이란 “지역 간 발전의 기회균등을 촉진하고 지역의 자립적 발전역량을 증진함으로써 삶의 질을 향상하고 지속가능한 발전을 도모하여 전국이 개성있게 골고루 잘 사는 사회를 구현하는 것”[11)]을 의미한다. 국가균형발전의 필요성이 대두된 것은 70년대 이후 수도권과 동남해안권 중심의 경제성장이 지역 간 성장의 불균형을 초래했기 때문이었다. 지역균형 발전의 수단으로 특히 관광개발이 부각되었다. 성장에서 소외되었던 지역들은 2, 3차 산업 입지로서는 불리했지만, 잘 보존된 지역자원을 활용한 관광개발을 통하여 지역성장을 도모할 수 있다는 판단에서였다. 낙후지역을 대상으로 한 공공의 투자가 마중물의 역할을 하여 민간의 투자를 유도할 수 있다면 국가균형발전 차원에서 공공 투자의 의미는 크다.

하지만 공공의 개발사업 참여 시 수반되는 문제도 많다. 첫째는 비효율성이다. 시장메커니즘에는 수요, 공급 및 가격의 조정원리가 있지만 정부의 개입과정에서는 이러한 조정기제가 없다. ‘수익비용 대응의 원칙’이 작동하지 않아 종종 필요이상의 비용이 지출된다. 노벨 경제학상 수상자 밀턴 프리드먼(Milton Rose Friedman)은 그의 저서 『선택할 자유(Free to Choose)』에서 인간이 돈을 쓰는 4가지 경우에 대하여 설명하고 있다(Friedman, 1980). 누구의 돈을 쓰고 있냐의 차원에서 자기 돈과 타인의 돈으로 구분되며 누구를 위해 돈을 쓰나

11) 국가균형발전 특별법(2017.12).

의 차원에서는 자기와 타인으로 구분된다. 〈표 1-2〉에서 I번은 절약도 하고 높은 가치를 추구하지만, II번은 절약은 하지만 추구하는 가치는 높지 않다. III번은 헤프지만 높은 가치를 추구하고, IV번은 헤프고 추구하는 가치가 낮다. 가장 나쁜 경우가 타인의 돈을 타인을 위해서 쓰는 IV번의 경우이다. 공공이 관광개발관련 예산을 지출하는 경우가 여기에 해당한다. 예산사용의 효율성이 떨어질 수밖에 없다.

〈표 1-2〉 돈의 지출 유형

	지출대상	
돈의 소유자	나	타인
나	I	II
타인	III	IV

출처: Friedman(1980).

비효율성은 공공조직에 확대에서도 나타난다. 공기업의 관광개발참여의 명분이 약해져도 공기업이 존재하면서 신규사업이 계속 개발된다. 공익성을 부각시키면서 사업성이 부족한 사업들도 무리하게 추진되는 경우도 있다. 관광진흥보다는 조직의 존재를 위한 프로젝트라는 비난이 생기기도 한다.

둘째는 수요변화에 민감하게 대처하기 어렵다는 것이다. 기업은 시장을 향한 예민한 신경망을 통하여 수요를 파악하지만 공공에게는 그러한 신경망이 없다. 시장의 변화보다는 상사의 의도나 상급기관 감사에 더 민감하게 반응할 수밖에 없고 의사결정과정이 복잡하고 관료적이다. 예를 들어 관광시설 분양의 경우, 분양시점과 분양가격의 설정은 매우 중요하다. 경기침체나 안보위협 등으로 외부여건이 좋지 않을 때 민간기업은 분양일자를 연기하거나 가격을 낮추어 분양여건을 개선할 수 있다. 하지만 공공은 경직된 경영환경 속에서 시장상황에 부합되는 혁신적 경영전략 구축에는 소극적이다. 시장여건이 변했음에도 분양을 계획대로 진행하다보니 결과는 매우 안 좋다.

셋째는 성과의 평가가 매우 어렵다는 것이다. 공공참여의 주 명분인 공공재 공급, 투자역량제고, 균형발전, 신뢰성 제고 등에 대한 평가는 정성적이기 때문이다. 현대 경영학의 아버지로 일컬어지는 피터 드러커(Peter Ferdinand Drucker)는 "측정할 수 없으면 관리할 수 없고, 관리할 수 없으면 개선할 수 없다."고 했다(Drucker, 2007). 공공개발사업에 대한 평가가 어려우니 사업의 발전적 진화도 어렵다. 개인도 공공의 의사결정에 그렇게 민감하지 않다. 개인이 100만 원짜리 물건을 사는 경우보다 공공의 100억 원 예산 결정에 대한 관심과 참여는 적을 수 있다. 공공의 의사결정관련 정보획득 및 참여에 드는 비용은 크지만, 프로젝트의 실패가 개인에게 주는 손실은 작게 느껴지기 때문이다. '합리적 무관심(rational inattention)'의 경제논리가 적용된다.

공공의 관광개발 참여는 공공재의 공급, 국가 균형발전 및 시장실패의 방지 등을 위하여 요구되지만 부작용도 클 수 있다. 공공의 조직은 경직되어 있고, 시장의 수요와 투자여건을 파악하는 신경망이 없기 때문이다. 공공의 관광개발 참여에 있어 의사결정자와 계획가의 역량 그리고 지역민의 판단력과 참여의식이 매우 중요한 이유이다. 관광개발계획을 정치적 스펙터클(Spectacle)[12)]로 생각하는 의사결정자, 을로서의 무책임한 계획가, 합리적 무관심의 유권자, 모두 공공관광개발의 적이다.

3 민간은 왜 관광개발에 투자하나?

성공적인 지역관광개발을 위하여 민간기업의 투자동기를 이해하는 것은 매우 중요하다. 민간의 역할이 점차 증대되고 있고 공공이 사업 주체인 경우에도 민간의 투자 없이 사업이 완성될 수 없기 때문이다. 지역관광개발의 활성화를 위하여 지자체는 민간의 투자동기부여를 위한 여건을 조성해야 한다(김사헌, 1997; 김사헌 · 김규호 · 박세종, 2016; 신해수 · 최승담, 2016; 2018; 최승담, 1996). 민간은 관광개발에 투자하여 무엇을 얻어내려고 하나?

첫째, 이윤이다. 민간은 관광단지의 조성, 시설개발, 분양 및 판매 등의 과정을 통하여 이윤을 창출하려고 끊임없이 노력한다. 기업이 고객의 만족도, 체류시간 및 서비스 퀄리티 등에 민감한 것은 고객

12) 일반적으로 스펙터클(spectacle)은 특별한 또는 새로운 볼거리의 의미로 사용됨. 미디어 연구관점에서는 자연경관이나, 도시건축물뿐만 아니라 이벤트나 표상 등을 포괄하는 개념임. 프랑스의 철학자 기 드보르(Guy Ernest Debore)는 자본주의 사회를 표상과 이미지로 가득찬 스펙타클의 사회(the society of the spectacle)로 규정하면서 스펙터클은 종교적 환상의 물질적 재구성으로 우리의 진실한 삶을 시각적으로 부정하고 있다고 함(Debore, 1992).

에 대한 배려보다는 이윤을 위함이다. 기업은 이윤추구를 통해서 기업을 존속시키고 지역의 경제를 활성화시키고 고용을 창출한다. 기업이 이윤창출 없이 지역에 선심만 쓰다가 파산한다면 기업의 선심은 지역에게 오히려 해가 된다. 실직자를 양산하고 세수가 줄고 결국 지역인구도 줄어들게 된다. 민간투자를 유치해야 되는 지역의 입장에서는 민간이 수익모델을 창출할 수 있는 호의적 여건을 만들어 주려고 노력해야 한다.

둘째, 기업의 이미지 제고를 위하여 관광개발에 투자한다.[13] 기업의 이미지는 기업이 생산하는 상품, 서비스뿐만 아니라 기업이 보유한 부동산과 연계하여 형성된다. 금융기업이 유명건축가가 설계한 랜드마크적 본사건물을 도심에 크게 짓는 데에는 이런 이유가 있다. 주요 대기업들이 대규모 관광시설을 보유하고 있는 것도 기업 이미지와 관련이 있다. 우리의 관광개발 여건이 안 좋아 수익모델차원에서는 의문이 생기지만, 주요 대기업들은 테마파크, 리조트, 골프장, 스키장 등이 포함된 관광단지를 보유하고 있고 단지의 명품화를 위하여 시설의 관리 및 서비스 제고에도 많은 투자를 하고 있다.

셋째, 기업은 관광개발을 통하여 부동산의 가치를 높이고자 한다. 관광시설을 마중물로 보유한 부동산의 효용도를 제고할 수 있기 때문이다. 예를 들어, 주거단지와 관광단지의 복합화는 부동산의 가치를

13) 최근 지역의 역사 · 문화와 관련하여 지자체가 조성한 한옥시설물을 기업이 위탁받아 운영하려는 사례가 있음. 기업은 영빈관이나 연수시설 등으로의 활용을 통해서 기업의 이미지를 제고할 수 있고 지역과의 유대강화로 지역의 협력을 유도할 수 있음.

상승시킬 수 있다. 전원형 주거단지가 관광단지 안에 입지할 때 주거단지에 대한 소비자의 선호도는 올라갈 수 있다. 관광단지 안에 있는 골프장, 스키장, 워터파크 등은 단지 내 거주민들에게 확 트인 경관과 다양한 스포츠 및 휴양기회를 제공해 준다. 또한, 주거단지 거주민은 충성도 높은 고객이 되어 관광단지에게 득이 된다.

하지만, 관광단지개발 자체가 부동산가격의 상승을 기대한 투기라는 시각에는 동의하기 어렵다. 관광단지 조성에 필요한 초기투자비는 규모가 매우 커서 사업실패 시 기업이 감당해야 할 재무적, 경영적 부담은 심각하고 기업의 이미지도 큰 타격을 입게 된다. 현실적으로 부동산 가격 인상의 폭이 초기 시설 투자비를 만회하기도 용이하지 않다.[14] 또한, 관광단지로 조성된 수백만m^2의 대규모 부지를 새로운 용도로 전환하는 것은 어려운 일이며 대규모 자본을 보유한 새로운 매입자를 찾는 것은 더더욱 어렵다.

넷째, 기업가의 개인적 선호도도 관광개발 투자에 영향을 준다. 이윤추구, 이미지 제고 및 부동산 가격상승 등 기업가치의 제고만이 투자동기는 아니다. 성장과정에서 인상 깊은 관광지나 관광시설을 접한 기업가는 투자여력이 있는 경우 유사한 사업에 도전한다. 특히 회귀본능이 작동하여 성장했던 고향에 타 지역보다 우선하여 투자하게 된다. 우리나라 주요 관광시설물들의 입지를 보면 기업가 고향과 관련이 있는 경우가 많은데 우연만은 아닌 것 같다.

14) 골프장의 홀당 조성비는 30억 원 이상, 클럽하우스는 100억 원 이상임. 테마파크의 신규 어트랙션 개발에는 100억 원 내지 수백억 원이 요구됨.

지자체가 추진하는 관광개발사업이 성공하려면 민간의 관광개발 투자동기를 이해하고 동기에 부응하는 여건을 만들어주어야 한다. 기업이 잠재시장의 니즈파악을 위하여 항상 민감해 있듯이 공공은 잠재투자자를 찾아 발벗고 나서야 한다. 민간투자 유치에 있어 공공은 갑이 아니라 항상 절대적인 을이다.

4 디벨로퍼의 역할은?

디벨로퍼[15]란 부동산을 새로운 용도로 개발하여 이익을 창출하는 업체이다. 시장조사, 부지매입, 기획설계 및 분양업무 등을 총괄한다. 디벨로퍼의 핵심역할은 부동산 가치증대를 위한 새로운 용도를 찾아내는 것이다. 가치 창출을 위해서 시장의 흐름과 부동산의 잠재가치를 읽어내는 날카로운 통찰력, 세심한 기획능력 및 시스템적 사업능력이 요구된다. 부동산을 기반으로 하는 디벨로퍼의 사업은 가치창출을 통하여 방대한 이윤을 가져올 수 있지만 위험부담도 크다. 특히 관광개발사업의 경우 초기투자비가 크고 회임기간이 길어 디벨로퍼는 적극적인 개발 마인드와 함께 사업의 지속적 추진을 위한 자본력과 지구력을 갖고 있어야 한다(손진수 · 이상영, 2011; 이태희, 2014; 창성남 · 박헌수, 2012; 한슬기 · 김정빈, 2016).

15) 디벨로퍼의 법적용어는 부동산개발업이고 디벨로퍼와 관련된 법으로는 '부동산개발업의 관리 및 육성에 관한 법률'이 있음.

관광분야의 디벨로퍼는 크게 공공 디벨로퍼와 민간 디벨로퍼로 구분된다. 중앙정부, 지방자치단체, 공사 등은 공적 디벨로퍼가 되어 부동산을 관광용도로 개발할 수 있다. 70년대 개발이 시작된 대표적 관광단지인 경주 보문관광단지나 제주 중문관광단지의 경우 한국관광공사가 디벨로퍼의 역할을 했다. 단지개발의 실효성에 대한 여러 논란이 있었지만 우리나라 관광발전에 대한 기여도는 부인할 수 없다. 2000년도에 관광단지로 지정된 용유 · 무의 관광단지는 인천 경제자유구역청이 디벨로퍼였다. 인천국제공항과 연계한 배후관광단지로서 공항과의 상호 시너지를 창출하려는 의도였으나 투자유치가 어려워 결국 2017년도에 관광단지의 지정이 취소되었다.

공공이 디벨로퍼가 되어 추진되었던 관광개발 사업에 대한 평가는 그리 후한 것 같지 않다. 공공이 부지를 구입하고 용도변경 후 마스터플랜을 작성했다. 마스터플랜에 의하여 구획된 부지를 민간 투자자에게 분양했고, 민간투자자는 분양받은 부지에 마스터플랜에서 지정한 시설을 개발해야 했다. LH공사가 신도시 개발 시 사용했던 개발방식과 유사하다. 아파트 개발에서는 큰 성과를 거두었던 방식이었지만 관광단지 개발에서는 문제가 드러났다.

아파트단지와 관광단지는 기본적으로 사업의 성격이 다르기 때문이다. 아파트단지는 도입되는 시설의 사업성이 유사하지만, 관광단지의 경우 도입되는 시설의 종류도 다양하고 시설별 사업성도 다르다. 아파트 단지개발처럼 부지를 구획하여 분양하기가 어렵다. 관광단지 전체의 사업성 및 지역 파급효과가 극대화될 수 있는 계획이 수립되어도 구획된 부지별 수익성의 차이가 커지고 수익성이 마이너스가 되는 부지도 발생할 수 있기 때문이다. 중문, 보문단지의 경우 고급 숙박시설이 많고 상대적으로 위락시설이 부족한 이유는 개발당시 지역 내 고급 숙박시설이 부족하여 분양에 유리했기 때문이다. 이러한 고급숙박시설은 지역의 휴양기능을 제고했다는 차원에서 의미가 크다. 하지만 부정적으로 해석하면 두 관광단지는 단지 스스로 신규 수요를 창출하지 않고 제주와 경주가 이미 창출해 놓은 숙박수요를 흡수만 했던 셈이다. 관광단지 개발당시 복합적 관광시설이 더 있었으면 새로운 수요를 창출하여 제주도와 경주의 관광을 더 활성화시킬 수 있었다는 아쉬움이 있다.

공공이 디벨로퍼가 되는 경우 사업성이 높은 사업은 투자를 원하는 민간기업 간 경쟁을 유도할 수 있다. 민간기업 간 경쟁이 된다는 것은 디벨로퍼의 입장에서는 좋은 조건의 투자사업자를 결정할 수 있기에 고무적이다. 좋은 조건이란 부지 구입 및 공공시설 투자 등에서 경쟁사보다 높은 액수를 의미한다. 하지만 투자자 선정을 단순히 돈의 금액만을 기준으로 하는 것은 문제가 될 수 있다. 과도한 금액의 제시로 선정되었다면 사업자가 적자를 감수하며 사업을 계획대로 완결시키는 것은 어렵기 때문이다. 사업성이 미흡한 프로젝트에 도전하는 민간기업의 경우 투자 동기가 순수하지 않을 수 있다. 민간 투자자가 제시하는 사업의 내용을 꼼꼼하게 살펴야 한다. 제안서에서 사업성을 보여주기 위하여 사용한 수치들이 논리적으로나 경험적으로 신뢰성과 타당성을 입증할 수 있어야 한다.

한편, 민간 디벨로퍼의 주요 역할도 공공 디벨로퍼와 유사하게 관광개발을 위한 대규모 부지와 개발전략을 공급하는 것이다. 시장에 기반한 창의적 아이디어의 창출이 사업성공의 핵심이다. 미국의 경제학자 헨리 조지(Henry George)[16]는 그의 저서『진보와 빈곤』에서 부동산으로 인한 소득을 불로소득으로 보았지만 디벨로퍼에게는 불로소득이 아니다. 그들의 관찰과 분석과 창의력 없이 부동산의 가치 창출은 불가능하다. 동일한 부지도 시장정보를 기반으로한 주변 부지와의 연계방식 및 용도 설정에 따라 그 가치가 크게 달라지기 때문이다. 하지만 아이디어만으로는 한계가 있다. 아이디어와 사업에 대한 신뢰가 결합될 때 아이디어는 실질적 가치를 창출한다. 디벨로퍼의 신뢰를 높이는 최선의 방법은 디벨로퍼가 직접 제안사업에 투자하는 것이다. 일만 벌려놓고 빠지는 디벨로퍼가 아니라 끝까지 같이 간다는 시그널링(signaling)이 된다. 디벨로퍼가 기획력과 함께 자금력도 갖고 있어야 하는 이유이다.

아쉽게도 민간 디벨로퍼에 대한 인식이 긍정적인 것 같지 않다. 관광개발에서 안 좋은 경험도 있다. 하지만 디벨로퍼의 본질은 관광개발에서 요구되는 부지와 사업전략의 공급처이다. 투명한 시장질서의 확립으로 소비자의 신뢰 획득을 위한 디벨로퍼의 노력과 함께 디벨로퍼가 부동산의 가치를 제고하는 스마트한 기획가이며 투자자로

16) 미국의 경제학자이며 사회개혁론자임. 빈곤의 원인을 토지소유제도로 보고 토지공유의 필요성을 설파하였고, 모든 정부재정을 땅에 대한 지대만으로 충당하는 '단일 토지세'를 주장하였음(George, 1981).

인식되기를 기대한다.

5 주민참여가 제 역할을 하려면?

관광개발에서 지역주민의 참여란 정책결정이나 집행과정에서 지역주민이 개입하여 관광개발에 영향을 주고자 하는 구체적이고 실천적인 행위를 의미한다.[17] 지역주민의 참여유형은 크게 제도적 참여와 비제도적 참여로 구분되는데 참여방식의 선정기준은 관광개발의 성격이나 지역의 여건에 따라 달라진다(〈표 1-3〉).

지역관광개발의 성공을 위하여 개발과정에서 지역주민의 참여는 중요하다(김남조 · 조광익, 1998; 유인혜 · 고동완, 2009; 이연택, 2004; 한국관광공사, 2007). 지역관광개발은 지역의 많은 변화를 가져오고 그 변화는 지역주민의 삶과 직결되기에 개발의 주요 이해당사자인 주민이 개발과정에 참여하여 그들의 의견을 반영하는 것은 당연한 일이라고 할 수 있다. 하지만 급속한 민주화와 분권화 과정에서 성숙하지 못한 지역주민 참여는 갈등과 사업지체 등 많은 부작용을 야기시킬 수 있다. 그럼에도 지역주민의 참여가 활성화되어야 하는 이유는 무엇인가?

17) 본고에서의 정의는 협의적 정의임. 광의적으로는 관광개발관련 정책결정에 영향을 미치려고 의도하는 모든 행위를 말함.

〈표 1-3〉 지역주민참여의 유형별 특성

구분		의미	문제점
제도적 참여	반상회	• 정부시책 홍보, 주민의 여론 수렴 목적으로 세대주 또는 주부로 구성	• 관주도의 획일적, 파행적 운영 • 부정적 인식 팽배
	공청회	• 정책결정에 앞서 이해관련 주민 및 전문가들의 의견을 수렴하는 절차	• 홍보의 부족 • 초기단계의 주민정취가 없음
	공고, 공람 및 공표	• 특정 계획에 대한 공고 및 주민열람, 일반주민의 의견 제출	• 정보획득과정이 용이하지 않음 • 전달내용의 이해정도에 따라 효율성이 달라짐
	위원회·심의회	• 전문지식 그룹이 주민을 대표하여 정책 및 개발계획을 수립 및 평가에 참여	• 행정당국에 의한 선정으로 지역주민참여의 의의가 미약
	주민자치 조직	• 농어촌 지역주민들이 특정 이슈에 따라 조직한 마을내부조직	• 마을내부조직을 통합할 수 있는 자치조직 없음
	행정 모니터 제도	• 여론보고자를 위촉하여 수집된 여론을 수시로 행정기관에 보고토록 함	• 특정 정책에 따른 주변반응을 살펴볼 수 있으나 광범위한 적용은 어려움
비제도적 참여	간담회	• 시·군의 기관장이 주민의 의사와 욕구를 듣고 행정에 반영	• 일부 주민의 행정에 동조 • 행정기관의 정보 미공개로 대화과정에서 주민이 일방적으로 들을 수 있음
	세미나·워크숍	• 특정 이슈 및 사업내용에 주민 및 사회적 관심을 끌 수 있음	• 발표내용의 소개 및 홍보에 불과하며 쌍방향의 지역주민참여 어려움
	주민 협의회	• 주민과 지방정부의 담당자가 함께 토론과 실행계획을 수립하며 정책집행을 평가	• 이해집단 간 이해부족과 갈등 발생

출처: 최영국 · 임상연(2005).

첫째, 관광개발계획에는 지역의 사회, 문화 및 경제적 철학 등이 반영되어야 하는데 지역주민과의 소통 없이는 반영이 어렵기 때문이다. 예를 들어 지속가능한 관광개발과 관련된 각론의 결정을 계획가에게만 맡길 수는 없다. 개발의 주체, 개발의 속도, 개발의 규모 등의 결정은 논리적 분석보다는 지역주민의 생각을 이해하면서 협의와 합의의 과정을 통하여 결정해야 하기 때문이다. 지역에 깔려있는 기본적인 정서에 대한 고려 없이 계획가의 눈에만 좋아 보이는 관광개발계획은 성공적으로 수행되기 어렵다. 사업이 많이 진전된 후 문제가 발견되면 지역은 딜레마에 빠지게 된다.

둘째, 지역주민의 참여과정에서 다양한 이해관계자 간의 소통은 학습의 기회를 제공한다. 학습은 지역의 역량을 축적하는 최선의 방법이다. 합의과정을 통하여 합리적 의사결정 방식에 대한 배움도 생기고 민주적 의사결정을 통하여 지역사회에 대한 믿음과 자긍심이 강화된다. 주민 상호 간 신뢰감과 공동체 의식이 고양되면서 지역의 사회적 자본이 축적된다.

셋째, 지역주민의 의견수렴은 관광개발정책의 환류를 위한 유용한 수단이다. 지역에 대해서는 그 지역주민이 가장 잘 안다. 전문가들에 의하여 만들어진 계획과 제도는 현실적 아이디어 풀을 보유한 지역주민들의 참여를 통하여 보다 실천력 높게 수정되고 보완될 수 있다. 하지만 지역주민 참여가 배제되었을 때 주민 불만은 커지게 되고 이해관계자 간의 갈등이 야기될 뿐만 아니라 저항으로까지 진전되어 엄청난 행정적 부담을 가져올 수 있다.

넷째, 주민참여 활성화를 통하여 추진되고 있는 관광개발프로젝트에 대한 지역의 관심과 지지를 도모할 수 있다. 개발과정에 적극 참여하는 주민을 학습시키고 이해시키는 것이 효과적이다. 그들은 단순한 지지만이 아니라 프로젝트를 모니터링하면서 문제를 지적하고 대안을 제시해 준다. 또한, 지역에 왜곡된 정보가 퍼져 있을 때, 이를 수정해 주고 필요시 여론형성의 주체가 되어 프로젝트에 우호적인 환경을 조성해 준다.

하지만 지역관광개발사업 추진에 있어 주민참여가 항상 좋은 결과만을 가져다 주는 것은 아니다. 준비가 안 된 주민참여는 오히려 많은 문제를 야기할 수 있다. 주민의 참여가 협의와 조정의 과정이 아니라 특정 계층의 이익만을 일방적으로 주장하는 통로가 될 때이다. 사회적 비용이 발생하며 합리적이지 못한 결정으로 경제적 손실이 따른다. 지역주민 참여가 의미를 갖기 위해서 지역이 갖추어야 할 것들이 있다. 겉으로 드러나는 형식적인 제도보다는 소프트한 분야에서의 지역의 역량인데 역량강화는 다양한 관점에서 이루어져야 한다.

첫째는 관광개발에 대한 지역주민의 지식축적이다. 일반적으로 지역주민은 관광개발에 대하여 친숙하지만 관광개발의 본질은 잘 모르는 경우가 많다. 친숙한 것과 아는 것은 분명 다르다. 관광개발로 인한 장단기적 이익과 손실에 대해서 명확히 이해하고 있어야 한다. 아무리 전문가가 심혈을 기울여 지역에 부합되는 계획을 만들어도 지역주민이 이해하지 못해 낮은 점수를 준다면 계획안은 실현될 수 없다. 반대로, 의사결정권자의 눈치만 살핀 허접하지만 화려한 계획안에 주민이 동조하면 잘못된 계획은 집행될 수밖에 없다.

둘째는 지역의 리더십과 팔로우십이다. 개발주체에게 요구되는 리더십은 권위적인 '나를 따르라'의 리더십이 아니다. 의견을 듣고 중재하고 합의점에 이르게 하는 포용적, 민주적인 리더십이어야 한다. 권위적 리더십의 문제는 사람 중심적이어서 다음 세대로 이어지기 어렵다. 포용적, 민주적 리더십이 형성된 곳에서는 리더가 계속 양육되어 간다. 지역주민에게 요구되는 팔로우십도 무조건적 순종을 의미하지 않는다. 논리적이고 타당한 것에 대한 팔로우십이다. 제시되는 안이 지역이 설정한 미래비전과의 정합성이 높으면 개인적으로는 손해라도 따라야 한다.

셋째는 참여성과에 대한 신뢰이다. 지역주민 참여가 법적요건의 충족이나 구색을 맞추기 위한 요식행위가 되어서는 안 된다. 관광개발의 주체가 참여자 의견에 귀를 기울이고 의견의 반영을 위하여 노력하고 있음이 지역주민에게 인지되어야 한다. 의견 반영이 어려운 경우는 그 이유가 적절한 절차를 통하여 의견제시자에게 설명되어야 한다. 아무리 다양한 참여방식이 제공되고 ICT 기술의 발전으로 직접적 참여가 용이해졌다 해도 피드백이 없을 때 참여는 약화된다. 진행되는 관광개발프로젝트에 대하여 직접적인 이해관계가 없는 계층의 참여도 중요하다. 그들은 공정한 판단자가 될 수 있기 때문이다.

주민참여는 성공적 관광개발의 추진을 위한 귀중한 자원이며 계획 및 개발과정에서 사업의 체계적 모니터링을 위한 귀중한 수단이다. 그러나 준비되지 않은 주민의 참여는 오히려 많은 문제를 야기할 수 있기에 주민참여만이 능사는 아니다. 주민의 지력, 리더십과 팔로우십, 신뢰는 지역주민 참여가 소기의 목적을 달성하기 위해 전제되어야 할 주요 키워드이다.

6 공익성과 수익성은 상충되나?

관광개발계획이나 개발에 대한 평가시 적용되는 주요 잣대 중 하나는 공익성이다(김영준 · 오훈성, 2016; 김윤영, 2010; 박경렬, 2014; 윤주, 2019; 최자은 · 김향자, 2014). 공익성이란 '영리를 목적으로 하지 않고 공공의 이익을 도모하는 성질'을 의미한다. 관광개발이 개인이나 특정계층의 이익만을 추구하지 않고 지역 전체의 이익을 도모해야 한다는 것이다. 이러한 이유로 관광개발사업에서 공익성이 강조될 때 사업의 주체는 민간보다는 공공이 선호된다. 민간기업이 개발의 주도권을 가졌을 때 특정 기업이나 계층의 이익이 강조될 수 있다는 우려와 민간보다는 공공이 개발계획에서 공익성을 강조할 수 있다는 인식 때문이다.

하지만 이러한 인식에는 몇 가지 문제가 있다. 우선은 공공능력의 한계이다. 지역관광개발에서 민간투자는 필수적이지만 시장과 투자환경을 잘 모르는 공공이 민간투자를 유인하는 것은 매우 어렵기 때문이다. 투자유치만을 위하여 민간에게 과도한 이익이 가게할 수도 있고 수익창출이 어려운 계획으로 민간투자를 유도하려는 무모한 일도 할 수 있다. 관광개발의 노하우가 필요하지만 단시간에 축적되기는 어렵다. 우리나라처럼 순환보직제가 실행되는 경우 더욱 그러하다. 업무에 대한 노하우가 부족할 때 담당 공무원은 보수적으로 변한다. 조금이라도 위험요소가 있거나 감사에 문제가 될 수 있는 일은 하지 않으려고 한다. 민간기업들의 창의적 아이디어의 활용을 위하여 제도적 뒷받침이 필요한 경우에도 잘 움직여 주지 않는다. 이러한 이유로 공공의 계획이 겉으로는 화려하지만 시장에 감흥을 주지 못하는 경우가 많다.

한편, 지역 관광개발이 자치단체장의 정치적 수단으로 활용될 개연성이 있다. 사업은 순수하게 비즈니스적인 관점에서 접근해야지 정치적 논리가 개입되면 성공하기 어렵다. 정치적 수단으로 지역관광개발이 추진되는 경우 개발은 공익성과 더 멀어질 수 있다. 표를 얻어야 하는 자치단체장의 입장에서 사업의 타당성보다는 사업을 통하여 유권자의 마음을 움직이는 것이 더 중요할 수 있기 때문이다. 실현성 있는 계획보다는 유권자의 마음만을 움직이는 계획이 자주 만들어지는 이유이다.

이러한 유형의 계획은 실천 가능한 것보다 바라는 것들로 채워진다. 지자체가 바라는 것 중에 허브(hub)관광단지가 있다. 많은 지자체에서 동북아 허브관광단지 계획이 발표되었다. 하지만 상식적으로 우리나라의 관광수요는 그 많은 허브관광단지를 성공시킬 만큼 규모가 크지 않다. 계획이 허구로 입증되었을 때, 또는 인프라 구축예산 집행 후 민간투자가 이루어지지 않았을 때 지역이 감당해야 할 고통은 생각보다 크다. 표만을 의식한 개발계획으로는 정상적인 민간 투자를 유치하기 어렵다. 무리한 사업추진으로 예산만 낭비하기 십상이다.

정부는 공익성, 민간은 수익성만 추구한다는 이분법적 생각은 타당하지 않다.[18)] 공익성과 수익성의 추구는 다투어야 할 정책목표가 아니라 협력하고 조정해야 할 목표로 보아야 한다. 공익성이 지나치게 강조되면 지역의 성장을 도모하기 어렵다. 그렇다고 수익성만 부각하면 경제적 성장은 얻을 수 있지만 사회적, 환경적으로 더 큰 손해를 볼 수 있다. 민간의 불법은 처벌해야 하지만 이윤추구 욕구를 색안경을 쓰고 볼 필요는 없다. 기업은 투자를 통하여 이윤을 추구하지만 고용을 증대시키고 지역의 재정확보에도 기여한다. 투자의 성공으로 지역의 경제를 활성화시켜 지역주민의 삶의 질을 개선시켰다면 공익적 기능을 충분히 했다고 볼 수 있다. 출발은 영리추구였지만 결과는 공익적일 수 있다.

18) 공익성만으로 공공의 개발사업 참여를 지지하는 것은 타당하지 않음. 공공의 관광개발 사업참여 명분은 '공공재'의 공급이지 '공익성'이 아니기 때문임.

관광개발 성공했나

CHAPTER 02

관광개발계획

Ⅰ 관광개발계획의 역할과 한계

Ⅱ 관광개발계획의 내용

Ⅲ 관광개발계획과 수요

I

관광개발계획의 역할과 한계

1. 공공계획의 속성은?
2. 절차적 계획이론이란?
3. 정책 집행의 수단으로서 계획의 역할은?
4. 지자체는 관광개발계획을 세워야 하나?
5. 공공이 관광개발계획을 작성하는 경우는?
6. 민간이 관광개발계획을 작성하는 경우는?
7. 관광개발계획은 무엇이 다른가?

1 공공계획의 속성은?

공공의 계획이란 중앙정부, 지자체 및 공공기관이 주체가 되어 수립하는 계획을 말한다. 공공계획에서 계획의 주요가치는 '공공이익의 보호'이다. 공공이익을 위하여 계획은 시장을 간섭하게 된다. 공공기관이 공공이익을 추구하는 것이 당연해 보이지만 무엇이 공공이익이냐에 대해서는 많은 논란이 있을 수 있다. 기본적으로 공공이익은 그 국가와 지역이 선택한 정치 유형에 따라 달라질 수밖에 없다. 국민이나 지역민이 개인의 자유를 유보하면서 국가에 큰 역할을 기대한다면 공공이 적극적으로 나서서 이런저런 일에 개입하는 것이 공공이익이 될 수 있다. 하지만 반대의 경우 공공이 가급적 조용한 것이 공공이익에 도움이 된다(김상태 외, 2016; 김용웅, 2001; 대한국토 · 도시계획학회, 2016a; 문정호 외, 2006; 박종화 외, 2016).

구체적으로 관광개발 관련 공공의 이익은 앞에서 논의되었던 공공의 관광개발 참여 명분과 관련이 있다. 공공은 '공공재의 공급', '규모의 경제추구', '시장의 신뢰제고' 및 '국가균형 발전'을 위해 관광개발에 참여한다.[1] 이 중 처음 셋은 시장실패로 인한 자원 재분배 정책의 일환이고 마지막은 지역 간 성장 차이의 극복을 위한 지역개발정책의 일환으로 이해될 수 있다. 공공의 계획은 시장실패와 불균형 성장의 문제를 해결할 수 있는 시설, 공간 및 재정 차원의 전략을 제시함으로

1) 제1장 Ⅲ-2 참조 바람.

써 공공의 관광개발을 지원하고 공공의 이익을 추구하게 된다.

공공계획은 미래에 예상되는 기회와 위험요인을 분석하고 이를 기반으로 합리적인 목표를 설정한 후 설정된 목표달성을 위한 행동지침을 제시해야 한다. 공공계획의 수립은 신뢰성과 합리성을 기반으로 한 자료의 수집, 분석, 대안설정 및 선택 등을 위한 고도의 지적 활동과정이다. 하지만 아무리 지적능력이 뛰어나도 인간의 미래예측 능력에는 한계가 있기에 결정된 계획내용을 무조건 고수하는 것은 어리석은 일이다. 변화되는 상황에 따라 수정 및 보완이 요구된다. 청사진의 제시로 종결되는 계획이 아니라 과정으로서의 계획이 중요한 의미를 갖기 때문이다.

한편, 계획을 통하여 추구하고자 하는 목표 및 수단 등에 대한 고심 없이 늘 하던 대로의 관행적 계획은 문제가 된다. 계획에 영향을 주는 내외부의 여건이 빠르게 바뀌고 있기 때문이다. 예를 들어 제1차 관광개발기본계획의 출발점인 1992년도와 4차 관광개발기본계획을 준비해야 하는 2020년도의 계획 환경은 크게 다르다. 경제 · 사회, 정치 및 기술 분야에서 큰 발전이 있었고 이러한 발전이 국민의식, 시장구조 및 정부 역할 등에 미친 영향도 매우 크다. 이런 정책환경 변화에 대한 심층적 분석 없이 기존의 골격으로 계획을 수립하여 시장을 간섭하는 것은 매우 어리석은 일이다.

개발과 계획은 서로 잘 어울린다. 앞에서 언급했듯이 개발은 양적, 질적 변화를 수반하는 상향적이고 소망스러운 변화를 의도적으로 추구한다. 공공은 계획을 통하여 의도적으로 발전적 변화를 모색하기에 계획이 배제된 개발은 타당하지 않을 수 있다. 하지만 공공계획에는 시장의 흐름을 바꾸려는 의도가 들어있다. 시장실패 시 간섭은 필요하지만 지나친 경우는 해가 되고 실패가 아닌 것을 실패라고 오인하는 경우에 문제는 심각해진다.

2 절차적 계획이론[2)]이란?

계획의 유형은 여러 관점에서 논의될 수 있다. 그중 하나는 특정 계획대상과 관계없이 계획 자체가 추구하는 이념, 목표, 원칙, 절차 및 제도 등에 관한 절차적 이론이다. 절차적 관점에서 계획이 지향해야 하는 바에 대한 다양한 논의가 있어 왔지만, 일반적으로 5개 유형으로 구분된다(대한국토 · 도시계획학회편지, 2016b; 문정호 외, 2006; 정환용, 2009).

첫째는 종합적 계획(Synoptic Planning)이다. 종합적 계획에서는 목표, 문제, 수단 및 제약조건 등 모든 내용을 종합적으로 제시한다. 일반적으로 목표설정, 정책대안의 설정, 수단의 규명, 결정의 집행의 4단계를 거치지만 필요시 각 단계별로 환류가 이루어진다. 인과관계를 명확히 설명하는 결정론적 모형과 계량적 분석을 사용하여 계획 내용이 보기에 체계적이고 깔끔하며 계획에서 제시되는 목표연도의 성과

2) 계획의 절차적 이론(procedural theories)과 대비되는 특정 계획분야의 전문지식에 관한 이론을 실체적 이론(substantive theories)이라 함. 지역 관광개발계획 시 적용될 수 있는 성장거점전략이론이나 네트워크 이론 등이 실체적 이론에 해당됨.

를 기대하는 것은 기분 좋은 일이다. 하지만 외부환경의 변화가 매우 빠르고 다양한 가치가 경쟁하는 환경 속에서 총체적으로 설정한 목표와 목표달성을 위한 해법의 유효기간에 대하여는 의문이 생긴다. 종합적 계획이 유효하기 위해서는 전지전능한 계획가가 요구된다.

둘째는 점진적 계획(Incremental Planning)이다. 보기에는 그럴 듯하지만 현실성이 떨어지는 총합적 계획에 대한 비판에서 출발한다. 점진적 계획은 인간의 지적능력의 한계를 인정한다. 미래에 대하여 부족한 지식으로 만든 총체적 계획의 신뢰도와 타당도가 떨어지고 실현될 수도 없음을 비판한다. 성취할 수 없는 것에 에너지를 쏟기보다는 제한된 수의 과제를 선별하여 지속적인 계획의 수정과 보완을 통해 문제를 해결해 나가는 것이 낫다는 것이다. 현실적 대안으로 보이지만 계획의 논리적 일관성 확보나 최적의 해결대안을 모색하는 데 한계가 있다. 그때그때 눈에 보이는 문제의 해결만 모색하다 보면 미시적 미봉책만 제시되고 근원적 문제는 간과될 수 있기 때문이다.

셋째는 교류적 계획(Transactive Planning)이다. 계획을 통한 목표의 달성보다는 계획과정에서 계획과 관련된 이해관계자 간 교류와 합리적 의사소통을 강조한다. 계획의 결과물보다 이해관계자 및 계획가 간의 교류와 대화를 통한 사회적 학습과정 형성의 중요성을 시사하고 있다. 이와 같은 이유로 계획평가 시에도 계획을 통한 경제적, 물리적 차원의 가시적 성과뿐만 아니라 계획과정에서의 공동체의 성장을 중요시한다. 교류적 계획이 이루어지기 위해서는 계획 주체의 성숙과 권한, 그리고 계획주체에 대한 신뢰가 있어야 하기에 현실적으로 적용이 어렵다.

넷째는 옹호적 계획(Advocacy Planning)이다. 계획이 공공의 이익을 추구해야 한다는 전통적인 생각에서 벗어나서 사회적 약자의 대변을 강조하고 있다. 다원적 가치가 혼재하는 사회에서 단일계획안보다 다원적 계획안의 수립을 지향하면서 계획수립 시 사회적, 환경적 영향평가를 요구한다. 옹호적 계획은 내용상 정치성이 커서 특정 계층으로부터 표를 얻기 위한 수단으로 이용될 개연성이 있다. 또한, 계획의 기술적인 측면이 과소평가되고 있는 것도 옹호적 계획의 약점이다.

다섯째는 급진적 계획(Radical Planning)이다. 계획을 통한 단편적인 문제의 해결보다 거시적 사회구조 개혁에 관심이 크다. 사회 및 의사결정구조 등을 거시적 관점에서 비판하면서 상대적으로 열악한 계층의 이익보호 방안을 모색한다. 급진적 계획은 집단행동을 통해 계획의 목표를 단기적으로 달성할 수 있다는 믿음하에 구체적이고 실천적인 집단행동을 추구한다.

한편, 기논의된 5개 유형 이외에 관심을 두어야 할 유형으로 협력적 계획(Collaborative Planning)이 있다. 현재의 전반적인 계획에서 지향하는 모형으로 거버넌스(governance) 활동[3]의 이론적 단초를 제공하고 있다. 협력적 계획은 이해관계자 간 합리적 의사소통[4]을 통한

3) 공식적 · 비공식 정책행위자들의 네트워크를 기반으로 이들의 상호작용 및 협력을 통해 사회문제를 해결하는 정부의 운영 방식임(이연택, 2016).

4) 독일의 비평사회학자 위르겐 하바머스(Jurgen Habermas)는 합리적 토론의 전제조건

공통분모의 도출이 이상적인 계획임을 주장한다. 계획작성의 주체는 계획가 및 전문가가 아니라 모든 이해관계자가 되며 계획과정이 합리적 대안도출의 과정일 뿐 아니라 사회적 학습과정임을 강조한다. 협력적 계획에서의 계획가는 성찰적 실무자로서 자기만이 아니라 이해관계자도 문제를 잘 알고 있다고 가정하고 그들의 생각을 공유하려고 노력해야 한다. 계획가에게 요구되는 것은 전문적 지식이나 기술보다 집단토론, 성찰적 대화, 대인관계 기술 등 사회적 자본의 축적을 도모하는 기술이다(서순탁, 2002).

지자체가 관광개발계획을 작성하는 경우, 절차적계획이론 관점에서 지역의 도움이 되는 유형을 생각해 봐야 한다. 절차적 계획으로서 계획 유형에 대한 선택은 지자체의 사회, 경제 및 정치적 여건에 따라 달라지며 혼합된 유형의 선택도 가능할 수 있다. 가장 나쁜 것은 관성에 의하여 늘 하던 대로 하는 것이다. 이 경우 기본전제는 계획 대상지역의 내외부 환경이 과거와 동일하다는 것이다. 하지만 모든 것이 빠르게 변하고 있는 상황에서 합리적 전제라고 보기 어렵다. 전제가 잘못되어 있으면 계획의 결과도 잘못되기에 계획의 투자된 에너지가 빛을 내기보다는 오히려 상황을 더 어렵게 할 수 있다.

으로 이해가능성, 진실성, 공정성, 성실성을 제시하였음(Habermas, 1984; 1987). 관광개발계획 수립 시 이해관계자와의 합리적 의사소통을 위해서 관광개발계획의 내용은 이해관계자가 이해할 수 있게 작성되어야 하며, 신뢰성 없는 자료의 사용이나 자료해석의 왜곡이 있으면 안되고, 특정계층의 이익이 반영되어서는 안 되고, 계획작성 및 피드백 과정이 성실해야 함을 의미함.

3 정책 집행의 수단으로서 계획의 역할은?

한편, 공공계획은 정부정책의 집행을 위한 수단으로서 다양한 역할을 할 수 있다(대한국토 · 도시계획학회, 2016a; 이연택, 2016; Alexander, 1988). 첫 번째 역할은 계획을 통한 규제이다(Regulatory Planning). 힘을 가진 계획이 국민 또는 지역민의 의사결정권과 행동을 규제한다. 이 경우 규제는 국가와 지역의 공공 목표를 이루기 위한 수단이 되어야 한다. 마스터 플랜이 작성되고 땅의 용도가 정해지고 용도에 부합되지 않는 시설의 도입은 엄격히 금지된다. 규제를 위한 권한이 공공에 부여되기에 계획의 힘은 매우 강하다. 지역균형발전 정책의 일환으로 수도권 정비계획에서 수도권 지역에 대규모 관광단지 개발을 허용하지 않는 것은 규제 계획의 주요 사례이다.

둘째는 계획을 통한 분배(Allocative Planning)의 실현이다. 계획이 공공이 보유한 자원을 공정하게 분배하기 위한 수단이 된다. 공공자원의 배분은 예산 배정, 세금 감면, 세금 지원 및 자원 배정의 형태 등으로 나타날 수 있다. 관광개발기본계획이나 권역별 관광개발계획에서 시장성은 떨어지지만 지역 균형발전 차원에서 관광지를 지정하고 예산지원, 세금감면 및 토지이용상의 혜택을 부여했다면 이는 분배계획에 해당한다. 관광개발을 통하여 전국이나 광역적 차원에서 분배의 형평성을 도모하고 있기 때문이다.

셋째는 계획을 통한 명령(Imperative Planning)이다. 계획을 통하여 구체적 개발의 내용이 이해관계자에게 지시적으로 선포되고 강요

된다. 계획의 내용은 매우 구체적이며 계획주체의 의지가 계획에 강하게 반영된다. 앞에서 언급된 규제계획도 명령적 특성을 갖는다. 계획 주체의 강력한 권한하에 계획이 집행되기에 빠른 시간에 성과를 내기에 유리하다. 사회주의 국가에서 많이 선택되는 계획유형이다.

넷째는 계획을 통한 조언(Indicative Planning)이다. 계획을 통하여 정부나 지자체의 정책방향과 전략 등을 알려주기 위함이다. 조언계획의 목적은 이해관계자에게 정책의 내용을 이해시키고 설득시키고자 함에 있다. 계획을 통하여 토지이용의 원칙 및 방향과 함께 규제와 촉진정책의 골격을 제시한다. 명령적 계획이 강제적이고 세부적임에 반하여 조언계획은 이해당사자의 이해와 자발적 참여를 도모한다. 4차 산업혁명이 관광활동에 미치는 영향을 분석하고 이에 기반하여 도시 및 지역관광개발의 방향을 제시하는 경우 조언계획에 해당된다.

공공에 의한 구체적 계획작성 이전에 계획의 역할과 수단을 명확하게 규정하는 것은 매우 중요하다.[5] 그렇지 않으면 계획은 보고서 자체로서는 충실해 보일 줄 모르지만 실천력이 약해져 지역발전에 도움이 되기 어렵다. 오히려 시장의 흐름을 왜곡시켜 합리적 관광개발에 장애물이 될 수도 있다. 계획의 실효성이 제고되려면 계획의 역할과 수단은 지자체 실정에 맞게 정해져야 한다. 계획의 역할과 수단의 결정은 계획가의 몫이라기보다는 지역의 과제이다. 정해진 의사결정

5) 계획의 역할과 수단은 언급된 4가지의 일부 또는 정부가 선택될 수 있음. 예를 들어 우리나라의 국토관련 최상위 계획인 '국토종합계획'은 규제, 분배, 명령 및 조언계획의 성격이 혼합되어 있음.

체제안에서 지역이 고민하고 협의하여 결정해야 한다.

간혹 계획의 역할과 수단 등에 대한 선택을 계획가에게 요구하는 경우가 있는데 이는 타당하지 않다. 계획가의 전문성을 존중하는 것처럼 보일 수 있지만 지역의 문제를 지역 스스로 해결할 능력이 없다는 증거가 될 수 있다. 만약 계획가가 이러한 요구를 받아들이는 경우 계획가 개인의 신념에 따라 지역이 움직이는 꼴이 된다. 지역의 철학이 반영 안 된 계획은 무의미하여 집행되어서도 안되고 순조롭게 집행되기도 어렵다.

4 지자체는 관광개발계획을 세워야 하나?

대부분의 지자체는 관광개발과 관련된 두툼한 계획서를 갖고 있다. 계획에서 제시되는 비전과 전략 등은 대부분 지역관광개발 활성화와 관련되어 있다. 지역 내 동북아 허브를 개발하겠다는 적극적인 계획도 있고, 지역 내 부거점관광지를 개발하겠다는 다소 소극적 계획도 있지만 지역이 관광개발을 원하고 있다는 전제가 깔려 있다.

하지만 관광개발을 전제로 한 계획은 문제가 있다. 왜냐하면 지역의 관광개발은 '모든 사람들이 공감하는 이슈(valence issue)'[6]가 아

6) 지자체 구성원 대다수의 지지를 받는 'valence issue'는 지역의 가치를 의미하는 것으로 지역 구성원들의 의견이 갈리는 'position issue'(예: 핵 폐기장 설치, 부가세 인상 등)와 대비되는 개념임(유재원, 2018).

니기 때문이다. 관광개발은 지역의 번성과 성장을 위한 수단이지 절대 지역의 궁극적 목표가 될 수 없기에 계획 작성 이전에 지역이 관광개발을 원하고 있는가에 대한 질문부터 던져야 한다. 하지만 지역이 관광개발을 원하는 경우에도 관광개발계획을 세워 집행하는 것은 타당하지 않을 수 있다. 지역의 관광개발 잠재력에 대한 냉정한 평가가 우선되어야 하기 때문이다. 잠재력이 없는 경우에 수립하는 무리한 계획은 실천되기 어렵고 지역에 해를 줄 수 있다.

잠재력이 높은 경우에도 지자체가 관광개발계획을 세워 반드시 집행할 필요는 없다. 지역의 잠재력이 높아도 개발이 활성화되고 있지 않거나 개발로 인한 부정적 외부효과가 클 때에만 문제해결의 수단으로 계획을 수립하고 집행하는 것이 원칙이다. 시장이 큰 무리 없이 돌아가고 있음에도 사소한 문제해결을 위한 계획은 오히려 해가 될 수 있다. 내버려 두면 저절로 아물 상처에 자꾸 손을 대어서 곪게 하는 것과 같다. 하지만 현실적으로 지자체에서 관광개발이 'valence issue'가 되는 경우 관광계획의 수립은 필요하다. 우리나라 여건에서 지역관광개발이 시장의 힘만으로 활성화되기는 어렵기 때문이다. 민간투자는 부진하고 환경훼손 및 이해관계자 간 갈등이 발생하고 있는 것이 현실이다. 이런 여건에서 계획이 불필요하다는 주장을 하기 어렵다.

구체적 계획수립에 앞서 계획주체가 해야 할 중요한 고민은 관광개발의 활성화를 위한 지자체의 역할이다. 그중 중요한 것은 정책집행의 수단으로 계획이 어떤 역할을 할 것인지를 결정하는 것이다. 즉,

앞에서 논의되었던 계획의 수단으로서 규제, 분배, 명령 및 조언 등과 관련한 선택이 요구된다. 4가지의 수단은 상호배타적이지 않기에 지역의 여건을 감안하여 선택적 조합이 요구된다. 예를 들어 '규제'나 '분배'의 수단은 관광개발 대상지의 선정을 통하여 달성할 수 있다. 낙후된 지역에는 관광지나 관광단지의 지정을, 이미 과개발되거나 활성화된 지역에는 신규개발의 입지를 억제하는 방식이다. 명령과 조언은 규제나 분배와는 다른 차원의 이야기다. 규제나 분배정책의 강도와 관련이 있다. '명령'은 직접적으로 '조언'은 간접적으로 계획의 힘이 작용한다.

계획수단을 조합하는 일은 매우 중요하지만 어려운 일이다. 지역의 정서, 정치적 이념, 배후 시장여건 및 경쟁지역과의 관계 등에 따라 다르기 때문이다. 계획주체는 수단의 선택을 위하여 많은 고민을 해야 하는데 합리적 선택을 위해서는 내공과 책임감이 요구된다. 하지만 현실적으로 그런 고민을 하는 지자체를 발견하기는 쉽지 않다. 늘 하던 대로 하거나 다른 사례를 따라하는 경우가 대부분이다. 지역 관광개발계획의 실천성이 낮아지는 주요 이유이다.

5 공공이 관광개발계획을 작성하는 경우는?

공공이 관광개발계획을 세우는 경우 명분이 중요하다. 명분이라 함은 앞에서 언급된 '공공이익의 보호', '절차적 이론' 및 '정책집행 수단' 등의 관점에서 타당성이다. 명분이 없지만 정책 결정자의 개인적 선호나 정치적 목적으로 수립되는 계획은 예산의 낭비일 뿐 아니라 관광발전에도 해가 된다. 구체적으로 우리나라의 경우 공공의 관광개발계획은 어떤 배경과 여건하에서 작성되고 있나?

첫째, 법의 요구에 의하여 중앙정부 또는 지방정부가 계획을 작성하는 경우이다. 법정계획이라고 하며 절차적 계획 이론 관점에서 총체적 계획에 해당된다. 관광진흥법에 의하여 중앙정부는 10년마다 관광개발기본계획을, 광역자치단체장은 5년마다 권역별 관광개발계획을 작성해야 한다.[7] 이 경우 중앙정부와 지자체는 앞에서 논의된 계획의 역할과 수단 등을 설정하고, 국가와 지역발전에 도움이 될 수 있는 관광개발계획을 의무적으로 작성해야 한다.

둘째, 중앙정부 및 지자체가 정책의지를 갖고 작성한다. 일반적으로 특정지역을 지원하기 위한 계획으로 정책집행의 수단으로서 분배계획에 해당되는 경우가 많다. 계획수립 자체가 정부의 지원을 시사하고 있기에 해당 지역의 입장에서는 정치적 선물이 된다. 계획안에 지역경제활성화를 위한 방안 등이 제시되고 예산지원 및 민간투자활성화를 위한 제도개선 등이 계획에 담긴다. 남해안, 서해안, 동해안 관광벨트 계획이 대표 사례이다(한국관광공사, 1999; 2005). 계획을 통하여 중앙정부 차원에서 3개 해안지역에 대한 활성화 방안이 논의되고 추진되었으나 실적은 기대에 미치지 못했다. 이러한 유형의 계획

7) 제4장-12를 참조 바람.

은 계획에 대한 객관적 평가 체계의 작동이 어렵고 정책 의존성이 강하여 성과 없이 끝날 개연성이 크다. 미흡한 시장 여건하에서 실질적 지원책이 미비하거나 지역의 역량이 부족한 경우 계획이 지속적으로 실행되기가 어렵기 때문이다.

셋째는 공공이 직접 대규모 관광개발사업에 투자하기 위하여 계획을 작성하는 경우이다. 지역의 관광개발 잠재력이 크지만 민간의 역량부족으로 투자를 기대할 수 없기에 공공이 직접 나서는 경우이다. 정치적 계획으로서 점진적 계획의 성격이 강하다. 공공의 예산조달능력, 행정력 및 공신력은 사업추진의 큰 힘이 되고 이러한 힘은 민간투자로 이어질 수 있다. 한국관광공사에 의하여 추진된 보문, 중문, 화원관광단지 개발이 그 대표적 사례이다. 공공이 큰 그림을 그린 후 부지를 조성하고 민간의 투자를 유도했다. 하지만 시장에 민감해야 하는 관광개발사업에서 공공의 경영역량은 한계를 보일 수 있고 사업추진 명분이 약해졌지만 공공이 계속 사업을 추진하는 경우 비효율이 발생할 수 있다.

공공의 관광개발계획 수립 시 공익성이 강조되어야 하지만 개발사업의 수익성도 함께 고려하여 민간투자가 활성화되도록 해야 한다. 관광개발을 통해 추구하는 국민 관광수요 충족, 관광자원 가치증대, 자원 보호, 국토 균형개발 및 지역경제활성화 등은 민간의 적극적인 참여 없이 성취되기 어렵기 때문이다. 공공은 계획작성 시 민간투자 유치를 위하여 관광소비자의 행태 및 기업의 투자수요를 정확히 이해해야 한다. 공공에 의한 성공적 관광개발계획의 핵심은 공익성과 수익성이 조화를 이루는 사업내용과 개발방식을 창출하는 데 있다.

앞에서도 언급되었듯이 관광개발에서 공익성과 수익성은 서로 보완되고 조화를 이루어야 할 개념이다. 관광개발사업은 대부분의 사업비를 공공예산에서 조달하는 공원 개발이나 문화자원 보존사업 등과는 차원이 다르기 때문이다.

6 민간이 관광개발계획을 작성하는 경우는?

민간은 수익창출을 위하여 관광개발사업에 참여한다. 제1장에서 민간의 투자동기로 논의되었던 이윤, 이미지 제고 및 부동산 가치 상승 등은 모두 투자기업의 수익과 관계되는 것들이다. 민간은 사업투자를 통하여 얻을 수 있는 직간접 수익이 지출보다 크다는 판단이 설 때 계획을 수립하고 타당성을 검토 후 투자에 참여한다. 민간이 관광개발에 투자를 위하여 계획을 작성하는 배경은 크게 2가지이다.

첫째, 수익성을 확보할 수 있는 독자적인 사업 개발을 위하여 계획을 수립하는 경우다. 기업 스스로 사업성 있는 계획을 만들고 관련 기관으로부터 사업승인을 받아 사업을 추진한다. 투자여건과 시장 수요에 부합하는 사업을 개발하였을 때 사업의 성공확률은 높다. 이 경우 민간의 시장을 읽는 힘과 창의성은 매우 중요한 역할을 한다. 오랫동안 투자여건과 시장 수요를 모니터링해 온 민간은 상품, 서비스, 홍보, 가격 및 교통 등과 관련 시장에 소구하는 전략을 잘 찾아낼 수 있다. 홍천 오션월드, 원주 오크밸리 등이 주요 성공사례이다. 워터파크의 구성아이템, 콘도 분양 방식, 홍보 모델의 선정 등은 창의적이었고 시장으로부터 큰 호응을 얻었다.

하지만 민간이 단독으로 사업을 하는 경우, 관광개발에 요구되는 대규모 개발부지 확보가 어려울 수 있다. 대규모 부지는 소유주가 많고 필지의 용도가 복잡해 부지의 매입과 용도변경에 많은 돈과 시간이 소요된다. 특히 '알박기'와 부정적 개발정서 등이 지역에 존재할 때 일은 더 힘들어진다. 부지의 용도 및 도입시설 등과 관련된 규제와도 싸워야 하는데 법으로 허용된 시설물 풀(pool) 안에서 수익모델을 갖춘 시설물 조합을 찾는 것도 단순하지는 않다. 특히, 법의 내용이 경직되어 있을 때 융합에 의한 창의적 아이디어를 활용하기 어렵다. 또한, 상위법정계획이 창의적 개발계획수립에 장애요인이 될 수도 있다. 공공에 의하여 지나치게 세부적으로 그려진 상위계획의 내용이 지역현실에 부합되지 않을 경우, 민간의 창의성을 억누를 수 있다.

둘째, 공공이 사업시행자가 되어 시행하는 사업에 참여하기 위하여 계획을 수립하는 경우다. 민간은 관광단지나 관광지 등 공공이 주체가 되어 추진하는 사업들 중 일부에 투자할 수 있다. 이 경우 민간이 세우는 계획은 공공이 그린 큰 그림에 의하여 제약을 받는다. 민간은 기작성된 공공 계획의 프레임 안에서 수익성 있는 사업을 개발해야 하기 때문이다. 이미 정해진 것이 많아 민간의 혁신성, 창의성 등은 제약을 받을 수 있지만 장점도 크다. 앞에서 언급되었던 부지의 확보 및 부지의 용도변경 등에 요구되는 복잡한 절차 및 시간으로부터 자유로울 수 있기 때문이다.

한편, 계획의 역할과 배경이 다르기에 계획에 포함되는 내용도 공공의 경우와 다르다. 관광개발계획 시 민간기업의 주요 관심은 수익을 창출할 수 있는 사업의 내용이다. 계획의 핵심은 시장의 수요와 공급여건을 감안하여 사업의 종류와 규모를 정하는 것이다. 사업의 종류와 규모가 잘못 정해지면 아무리 배치, 조경 및 시설 계획이 뛰어나도 시장의 선택을 받을 수 없어 수익 창출이 불가능해진다. 사업의 추진 방식도 신중히 결정해야 한다. 동일 시장을 대상으로 한 동일 시설 개발의 경우에도 개발할 수 있는 법적 근거는 다양하기 때문이다. 행정절차, 세제 및 비용 등의 차원에서 개발방식의 장단점을 분석하여 합리적인 선택을 하는 것이 중요하다.

7 관광개발계획은 무엇이 다른가?

공공의 관광개발계획은 계획의 접근방식이나 계획가의 역할 등의 관점에서 도시, 지역 및 교통 계획 등 타 분야 공공개발계획과는 차이가 있다. 첫째, 계획작성 시 통합적 접근의 중요성이 매우 크다(Gunn, 1994; 1997; Inskeep, 1991). 관광개발에 영향을 주는 요인은 다양하고 요인들간의 관계도 복잡하기 때문이다. 관광계획분야의 선각자인 건(Clare A Gun)교수는 관광계획 시 넓은 시야와 다원적 접근을 요구하고 있는데 같은 맥락이다. 시장, 자원, 시설, 교통, 마케팅 등 관광을 구성하는 체계에 대한 통합적 이해가 없는 개발계획은 유용할 수 없기 때문이다. 자원, 시설 및 교통인프라 등 하드웨어 분야뿐 아니라 시장 및 마케팅 등 소프트웨어 분야에 대한 이해도 요구된다. 특히 4차산업혁명이라고 일컬어지는 과학기술의 혁명적 발전이 관광개발분야에 미치는 영향은 광범위하고 복잡하여 관광계획에 있어 통합적 접근의 의미는 더욱 커진다.[8)] 계획팀은 다양한 전문가로 구성되어야 하며 전문가들의 소통과 협력이 극대화될 수 있는 리더십이 존재해야 한다.

한편, 통합적 접근을 위해서는 부처 간 긴밀한 교류와 협력이 요구된다. 예를 들어 주요 공공계획인 '관광개발기본계획'의 경우 계획의 주체는 문화체육관광부이지만 계획의 수립 및 집행을 위하여 다양한 부처와의 협력이 요구된다. 최근 관광개발에 대한 관심증대로 해양수산부, 농림수산부, 산림청 등에서도 관광개발사업을 추진하고 있다. 이러한 노력은 관광시설 및 서비스 공급의 다원성 및 관광기회 확대 차원에서 고무적이지만, 각 부처의 개별적 정책집행은 불필요한 갈등과 비효율을 가져올 수 있다. 각 부처가 추진하고 있는 바다, 농촌, 산림 관련 관광개발사업 등과 관광주무부서인 문화체육관광부의 사업들과의 협력적 연계는 사업의 효과를 높이고 불필요한 자원 및 예산의 낭비를 방지할 수 있다.

둘째, 공공에 의한 계획이기에 계획에서 관광개발 사업의 공익성이 강조되어야 하지만, 민간투자가 실현될 수 있도록 계획에서 제시되는 사업의 수익성이 확보되도록 해야 한다. 도시, 지역 및 교통 등

8) 4차산업혁명과 관광개발에 대한 논의는 제2장의 Ⅲ-6을 참고 바람.

타 분야 계획에서의 시설조성은 대부분 정부 예산에 의하여 추진되지만 관광개발계획의 완성은 결국 민간투자에 의하여 이루어져야 하기에 계획내용이 민간 투자동기를 유인할 수 있어야 한다. 하지만, 중앙 또는 지자체 계획안에서 구체적인 사업과 사업별 수익성 분석 내용을 자세히 제시하는 것은 무리가 있다. 투자여건 등이 모호한 상태에서 세부적 계획내용은 시장에 잘못된 정보를 줄 수 있기 때문이다. 관광개발계획에서는 조언적 차원에서 개발의 기본적 방향과 틀만 제시하고 그 틀 안에서 민간의 창의적 사업모델의 창출을 유도하는 것이 타당하다. 어차피 민간은 수천억 원 또는 수조 원 규모 관광개발 사업 집행 전에 심층적 분석을 해야 하기 때문이다.

셋째, 계획가의 폭 넓은 지식과 조정능력이 요구된다. 타 분야 계획에 비하여 이해관계자들의 구성이 복잡하고 주문이 많다. 계획과 관련된 다양한 계층의 사람들이 일정 부분 관광관련 지식과 경험을 갖고 있기에 전문성 제고를 위한 부단한 노력 없이 계획가가 계획과정에서 리더십을 발휘하기 어렵다. 계획가의 전문성에 대한 신뢰없이 이해관계자들로부터 협력과 동의를 유도하기는 매우 힘들기 때문이다. 계획가는 거시적 또는 미시적 문제에 대하여 끊임없이 학습하면서 역량을 키워가야 하며 이해관계자들과의 대화에서 한 단계 위에 있을 수 있어야 한다. 관광개발 관련 다양한 요소들의 영향을 종합할 수 있는 계획가의 능력은 이해당사자들을 설득하는 데 큰 힘이 될 것이다.

공공 관광개발계획은 타 분야 공공계획보다 복잡하고 까다롭다.

계획에 영향을 주는 요인이 다양하고 계획의 집행을 위한 재원도 공공과 민간으로부터 조달해야 하기 때문이다. 계획과정에서 부처 간의 통합적 접근이 필요하며, 계획내용에서 공익성과 수익성이 조화를 이루어야 한다. 또한, 관광에 대한 이해관계자들의 친숙도는 다양한 의견 분출로 이어지기에 이를 통합, 조정할 수 있는 계획가의 역량과 리더십은 매우 중요하다.

Ⅱ

관광개발계획의 내용

1. 계획에서 정책의지는 반영되어야 하나?
2. 계획은 수정되어야 하나?
3. 관광개발권 지정의 기준은?
4. 벤치마킹의 함정은?
5. 비용 · 편익 분석의 의미는?
6. 공공 관광개발계획의 체크 포인트는?
7. 관광개발 계획가에게 요구되는 역량은?

1 계획에서 정책의지는 반영되어야 하나?

지방자치단체의 관광개발계획 안에 정책의지가 반영되어 계획의 목표치가 분석에 의한 추정치와 다른 경우를 종종 본다. 〈그림 2-1〉은 목표치와 관련된 지역의 정책의지의 유형을 보여준다. X축은 연도이고 Y축은 지역을 방문하는 관광객 수이다. X축상의 ㉯는 계획연도이고 ㉰는 계획의 목표연도이다. 계획의 목표연도인 ㉰지점에서의 지역 방문객 수를 예측하기 위하여 ㉮부터 ㉯연도까지의 과거 통계자료가 활용되었다. 그래프상에서 ㉮와 ㉯ 사이의 실선은 ㉮부터 ㉯ 사이의 관광객의 방문추세를 가장 잘 설명하는 함수이고 편의상 선형으로 가정하였다. 선형 함수의 기울기를 ㉰시점까지 동일하게 적용했을 때 ㉰시점에서의 수요는 ⓒ가 된다.

이 경우 계획의 주체인 자치단체의 장은 정책의지를 감안하여 지역의 목표 방문객 수를 결정해야 한다. 5개의 대안을 가정하였다. ⓒ는 분석결과를 기반으로 한 추정치이다. 다가올 미래인 ㉯부터 ㉰ 사이의 내외부 환경이나 정책의 내용이 과거가 되어버린 ㉮부터 ㉯ 사이의 경우와 유사하다는 전제에서의 추정치이다. 일반적으로 택하는 수요예측의 방식이다. ⓐ는 ⓒ보다 매우 높게 잡은 목표치이고 ⓔ는 ⓒ보다 매우 낮게 잡은 목표치이다. 한편 ⓑ는 ⓐ와 ⓒ 사이에 중간 정도의 잡은 목표치이고, ⓓ는 ⓒ와 ⓔ 사이의 중간 정도의 잡은 목표치이다. 이 경우 계획의 목표치로서 선정해야 할 가장 적절한 것은

ⓐ부터 ⓔ 중 어느 것일까?

가끔 지자체 공무원을 대상으로 위의 질문을 해 본다. 지역에 따라 다소 차이가 있지만 공통되는 점은 목표치의 경우 ⓐ와 ⓑ의 경우가 ⓓ와 ⓔ의 경우보다는 항상 많다는 것이다. 다수의 사람들은 ⓑ를 선택한다. ⓐ는 부담스럽고 ⓒ는 그저 그렇고 ⓓ와 ⓔ는 뭔가 약해 보여 ⓑ가 합리적인 도전이라고 생각하는 것 같다. 그러면 지역이 선택한 목표치는 ⓑ가 되어야 하나? 사실 답은 없다. 왜냐하면 목표치의 결정은 지역의 가치적 판단에 기반해야 되기 때문이다. 목표치는 지역이 선택해야 하는 지역의 의무이자 권한이다. 지역주민의 여론을 반영하여 자치단체장이 결정해야 한다. 물론 자치단체는 합리적인 여론이 형성될 수 있도록 적절한 정보를 제공하고 학습기회를 확대해야 한다.

정책목표 설정과 관련하여 미국 카멜(Carmel)시의 사례는 우리에게 시사하는 바가 크다. 미국 캘리포니아의 카멜시는 작고 아름다운 휴양도시이다. 도시는 쾌적하고 조용하며 거주민 중 예술가와 실버층의 비중이 높다. 하지만 조용했던 도시가 외부로부터의 방문객이 갑자기 증가하면서 붐비기 시작했다. 유명한 서부활극의 주인공인 클린트 이스트우드(Clint Eastwood)가 카멜시의 시장이 되었기 때문이다. 클린트 이스트우드를 만나려는 많은 팬들 덕분에 카멜시의 관광산업이 활성화되었다. 이런 경우 대부분의 관광지는 관광객 증가에 고무되어 유치 방문객 목표치를 ⓐ나 ⓑ로 상향조정한다. 새로운 관광인프라 투자가 일어나고 서비스 개선을 위한 예산이 증대되고 도시 관광청(Tourism Bureau)의 역할도 강화된다. 하지만 카멜시는 반대로 목표치를 낮추었다. 지역주민은 관광산업의 과도한 활성화보다는 조용하고 쾌적한 지역환경의 보존을 원했기 때문이다. 목표를 낮추기 위해 그들은 수요를 줄이는 디마케팅(demarketing) 전략을 선택해야 했다.

관광수요는 크게 증가하고 있으며 관광산업의 성장속도도 타 산업에 비해 매우 빠르다. 관광산업진흥이 지역경제활성화에 크게 기여할 수 있지만 지역사회에 해를 끼칠 수도 있다. 관광산업 진흥은 지자체가 무조건적으로 실행해야 하는 정책이 아니다. 지역이 고심하여 선택해야 하는 정책 중 하나이다. ⓐ나 ⓑ로 목표치를 높게 잡는 것이 문제가 될 수는 없다. 하지만 목표는 변했는데 정책수단이 기존과 동일하다면 큰 문제이다. 추세를 반영한 추정치인 ⓒ와의 차이를 줄이기 위해 공공예산도 늘리고 민간투자의 활성화를 위한 제도개선과 지원책 등을 강구해야 한다. 한편, 필요에 따라서는 제시된 그래프에서 ⓓ와 ⓔ의 선택도 필요하다. 하지만 수요를 낮추는 일도 간단치 않다. 지역을 오겠다는 관광객을 어떻게 막을 것인가? 경우에 따라 ⓐ와 ⓑ로 수요를 올리는 전략보다 더 어려울 수 있다.

우리나라의 경우 대부분 지자체 관광개발계획의 목표치는 추세보다 높게 잡혀있다. 일반적으로 지역주민들이 높은 목표치를 선호하기 때문인 것 같다. 지역에는 아직까지 '개발DNA'가 남아있는 것 같다. 상대적으로 소외되었던 지역의 성장욕구가 커서 높은 목표치의 설정은 지역발전을 위한 자치단체장의 적극적인 모습으로 인식되고 주민들은 가상의 미래를 기대하면서 감성적 위안을 받을 수 있다. 하지만 근거없는 낙관은 위험하며 큰 손해를 가져다줄 수 있다. 불필요한 예산낭비도 문제이지만 더 큰 문제는 지역에 좌절감을 안기는 것이다. 지역의 좌절감은 쉽게 떨쳐버리기 어려워 계속해서 지역을 괴롭힌다. 지역이 컴퓨터라면 F5키로 리셋 후 다시 시작하면 되지만 지역 정서의 리세팅은 매우 어렵고 에너지도 많이 소모된다.

독일의 사회과학자 막스 베버(Max Weber)는 인간의 사회적 행위를 크게 4가지로 구분하였다. '목적 달성을 위한 합리적 행위', '가치 지향을 위한 합리적 행위', '목적없이 감정에 기반한 행위', '관습과 습관에 따른 일상적 행위'이다(이종수, 1992; Weber, 1920). 지자체 관광개발계획에서 높은 목표치를 선호하는 정서는 막스 베버의 행위구분

그림 2-1 목표 수요 설정의 대안

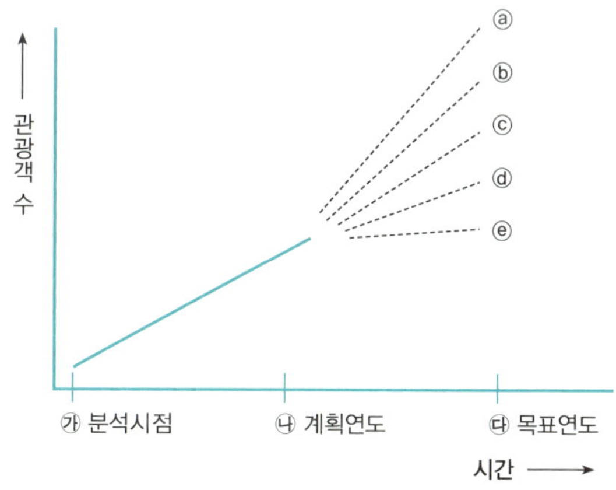

중 세 번째와 네 번째에 해당한다. 지역관광개발이 추구하는 관광객 목표치가 내외부 여건 고려 시 타당한가를 따지기보다는 정서적으로 느낌이 좋고 과거에 늘 그렇게 해왔기에 높게 정하는 것이다. 지자체는 감성에서 벗어나서 현실을 객관적으로 볼 수 있어야 하며 잘못된 관습도 버려야 한다.

2 계획은 수정되어야 하나?

한번 작성되어 공고된 지자체의 관광개발계획은 뚝심 있게 집행되어야 하나? 지역여건 및 외부환경의 객관적 분석과 이해집단의 의견을 반영하여 합리적으로 수립된 계획이라면 일관성 있게 추진하는 것이 원칙이다. 이러한 원칙이 깨지면 지자체 정책 집행의 중요한 자산인 신뢰를 상실하게 된다. 특히, 관광개발계획의 경우 민간의 투자를 유치해야 하는데 공공의 개발 방향과 지원책이 수시로 바뀌는 경우 미래에 대한 불확실성으로 민간은 투자에 대하여 두려움을 갖게 된다. 관광개발은 초기투자비가 크고 회임기간이 길어 개발과정에서 많은 위험이 존재하는데 계획이 자주 바뀌는 경우 위험은 증폭된다.

정치적 이유로 계획이 바뀌는 경우가 있는데 타당하지 않다. 이는 정권교체기에 자주 나타난다. 정치적 계획은 특정지역으로부터 환심을 사고 싶거나 기존 법정계획이 새정부 정치노선과 같지 않을 때 주로 만들어진다. 임의계획이지만 실질적으로는 법정계획 위에 군림

하기도 한다. 이러한 배경의 계획은 시장의 흐름을 방해할 수 있기에 바람직하지 않다. 처음에는 화려한 계획내용으로 주목을 받지만, 시장의 선택을 받지 못해 실패하는 계획을 많이 경험했다.

한편, 무분별한 계획수정은 기존 계획의 틀 안에서 투자한 프로젝트의 사업성을 저하시켜 이미 투자한 기업에게 피해를 줄 수 있다. 예를 들어 환경훼손의 우려로 복합관광단지 계획의 규모가 갑자기 축소되는 경우 단지 활성화를 전제로 호텔사업에 투자한 기업은 고통을 받게 된다. 단지 내 골프장, 워터파크, 테마파크 등의 이용객이 감소하면서 호텔투숙객이 줄기 때문이다. 계획내용의 수정으로 특정 이해관계자에게 불이익이 가는 것은 피해야 한다.

하지만, 원론적으로 계획은 지속적으로 수정되고 보완되어야 한다. 관광개발의 내외부 환경이 너무나도 빠르게 변하고 있기 때문이다.[9] 이러한 상황에서 과거의 경험과 지식을 바탕으로 한 미래예측의 유용성은 크게 저하될 수밖에 없다. 그렇다고 그때그때 상황을 분석하고 계획을 수정할 수는 없다. 딜레마에서 벗어나는 일은 계획의 유연성과 융통성을 확보하는 것이다. 계획에 많은 것을 구체적으로 담아내려는 관성과 욕심에서 벗어나야 한다. 지나치게 종합적이고 디테

---

9) 리차드 돕스(Richard Dobbs), 제임스 매니카(James Manyika), 조나단 워첼(Jonathan Woetzel)의 저서 『미래의 속도(No Ordinary Disrupiton)』에서는 미래의 변화를 산업혁명보다 10배 더 빠르고, 3,000대 더 크고, 300배 더 강한 것으로 설명함. 한편, 미래변화의 주요 키워드는 도시화, 기술발전, 인구구조의 변화와 글로벌화임. '미래의 속도'가 주는 시사점은 과거의 경험과 지식을 바탕으로한 미래예측의 한계 때문에 미래예측의 유효기간이 짧아지고 있다는 것임(Dobbs, Manyika & Woetzel, 2016).

일한 계획은 상황을 더 어렵게 하기 때문이다.

이러한 맥락에서 앞에서 논의했던 계획의 유형 중 총합적 계획이나 명령적 계획보다는 조언적 계획에 더 의미를 부여할 필요가 있다. 계획을 통하여 모든 것에 대하여 구체적으로 지시하는 것이 아니라 관광개발의 원칙 및 방향과 함께 규제와 촉진 정책의 골격만을 제시하는 것이다. 구체적 내용은 계획의 집행과정에서 상황에 부합되게 정책결정자 및 이해관계자들의 협력과 협의에 의하여 결정하면 된다.

하지만 총합적이고 구체적인 계획이 매력적으로 보이는 경우가 많다. 지역민에게 구체적인 메시지를 전하면서 희망을 줄 수 있고, 개발대상지로 선정된 지역으로부터 지지도 얻을 수도 있다. 언론기사로서의 가치도 높아 정책홍보에도 기여한다. 하지만 계획은 뮤지엄에 전시되는 미술작품이 아니다. 미술작품은 관람객에게 감동을 주면 되지만 계획은 지역민에게 단순한 감동을 주기 위한 것이 아니다. 미술작품은 오래되어도 진가를 발휘하지만 실천성이 없는 계획은 시간이 지나면 폐지에 불과하다.

하지만 유연성과 융통성의 계획도 수정과 보완은 필요하며 합리적인 수정과 보완을 위하여 지속적인 모니터링이 요구된다. 모니터링은 계획의 출발부터 이루어져야 하기에 처음 계획작성을 주도한 담당자가 지속적으로 모니터링 업무를 수행하는 것이 원칙이다. 계획의 배경과 내용을 잘 알고 있기 때문에 현실에서의 계획의 역할을 모니터링하면서 계획의 발전적 진화를 도울 수 있다. 하지만, 대부분 지자체의 경우 순환 보직체계하에서 담당자는 수시로 교체되며 계획수립과정에서 담당자가 바뀌는 경우도 있고 계획집행과정에서 모니터링을 하는 경우는 찾기 어렵다.

3 관광개발권 지정의 기준은?

공공은 특정지역의 관광개발을 도모하기 위하여 관광개발권을 지정하고 개발권의 육성을 위한 정책을 수립하여 지원한다. 관광개발권 지정의 명분은 자원, 입지 및 시장 등의 관점에서 타 지역과 차별화되는 잠재력이 있기에 개발권만을 위한 계획수립과 정책 집행이 요구되기 때문이다. 물론 반대로 지역여건이 너무 열악하여 관광적 관점에서 특별한 지원과 보살핌이 필요한 지역을 관광개발권으로 지정할 수 있다. 후자의 경우는 정치적 배경이 강하여 관광개발권의 지정이 단순할 수도 있으나, 전자의 경우는 관광개발권 지정효과의 극대화를 위하여 합리적 기준을 바탕으로 한 체계적 분석이 요구된다. 다양한 기준을 적용할 수 있는데 각 기준이 갖고 있는 역할과 한계를 이해하는 것은 중요하다(김향자 · 김성진, 2001; 심인보, 2002; 임화순 · 박종준, 2013; 최승담, 2002a).

첫 번째 기준으로 지역이 보유한 자원의 동질성이 있다. 동질적인 자원의 군집은 지역의 이미지 및 유인력 제고의 기회를 제공할 수 있기 때문이다. 제3차 관광개발기본계획에서 초광역 관광벨트로 지정된 '한반도 평화생태 관광벨트', '백두대간 관광벨트', '생태문화 관광벨트', '강변생태문화 관광벨트'는 모두 각 벨트안에 유사한 자원을 보유하고 있다. 하지만 자원의 동질성에 의하여 지정된 관광개발권의 역할은 한계가 있다. 자원의 동질성은 강한 유인력의 근원이 될 수도 있지만 다양성의 부족은 오히려 관광권의 경쟁력을 약화시킬 수도 있기 때문이다. 관광수요는 점점 복합적이고 다원화되고 있는데 동일한 자원을 중심으로 한 상품과 서비스의 제공으로는 관광객의 니즈를 지속적으로 충족시키기에는 한계가 있기 때문이다. 관광객들은 유사한 자원을 반복해서 방문하고 경험하는 것을 원하지 않는다.

또한 4계절이 뚜렷한 우리나라에서 유사한 자원을 바탕으로 한 관광개발은 수익모델 창출에 어려움이 크다. 특정시기에만 관광객이 몰려 영업일수가 매우 짧아지기 때문이다. 또한 유사한 자원 중심의 개발은 빠른 시장변화에 유연하게 대처하기 어렵다. 기상이변이나 전염병 등으로 자원의 유인력이 저하되거나 사회, 경제적 요인으로 시장의 수요가 급격하게 바뀌어도 새로운 상품과 서비스를 개발하기 어렵다. 넓은 관광개발권 안에 있는 유사한 자원을 묶어서 개발하면 시너지가 발생할 것이라고 생각할 수 있지만 다소 안일하다. 행정구역을 통합하면 정치적 힘이 커지지만 관광자원의 경우는 다르기 때문이다.

두 번째 기준은 행정구역이다. 관광개발권을 관할하는 행정주체와 관광개발 집행주체가 일치하기에 관광개발권 개발을 효율적으로 추진할 수 있다. 하지만 행정구역 단위를 중심으로 한 관광개발권 지정의 가장 큰 문제점은 관광객이 행정구역을 중심으로 움직이지 않는다는 것이다. 실제로 관광객이 목적지 선택시 행정구역이 주는 영향은 크지 않다. 교통수단의 발달로 관광객의 행동영역은 점차 광역화되고 있는데, 지자체 중심으로 관광개발권을 지정하고 분절된 개발계획을 세우는 것은 합리적이지 않다. 관광객은 목적지에서의 좋은 경험을 위해 국경도 건너간다. 아르헨티나에서 이과수 폭포를 방문한 관광객은 새로운 경관을 즐기기 위해 국경을 넘어 브라질로 기꺼이 이동한다. 미국 버펄로 나이아가라 폭포 관광객도 국경을 넘어 캐나다로 간다.

세 번째 기준은 전략적 개발 패러다임의 구축 가능성이다. 각 지역이 선택해야 할 개발 패러다임은 지역이 보유한 자원의 특성이나 시장 환경에 따라 달라진다. 새롭게 지정된 관광개발권이 전략적 패러다임의 구축을 위한 조건을 갖추고 있어야 한다. 예를 들어 광역적 차원에서 '허브 앤 스포크(Hub & Spoke)' 패러다임의 유용성을 인정하고 동 전략을 선택하는 경우 허브(hub)는 일정규모의 시장을 보유해야 하며 허브의 성장만이 아니라 성장의 주변확산을 이룰 수 있어야 한다. 관광개발권 선정 시 이러한 패러다임의 구축이 가능한 관광개발권의 입지, 규모 및 공간기능 등에 대한 분석은 매우 중요하다.[10)]

10) 제3차 국토종합개발계획은 국토의 균형개발과 세계화에 대응한 국토개발전략의 일환으로 7대 광역권을 설정함. 7대 광역권은 아산만권, 장항권, 광주·목포권, 광양만권, 대전권, 대구·포항권, 부산권이고 각 광역권을 행정, 산업, 해양 및 교역의 중심지로 육성하고자 하였음.

우리에게 관광개발권 지정에 있어 첫 번째, 두 번째보다는 세 번째 기준이 갖는 의미가 크다. 앞에서 논의되었던 개념과 이론들에 기반한 새로운 패러다임의 적용이 요구된다. 광역적 접근, 선택과 집중, 연계 및 확산 등은 새 패러다임의 주요 키워드이다. 해결책이 겉으로 쉽게 보이지는 않지만 넓고 그리고 깊게 꿰뚫어 보면 해결책이 드러난다. 이런 맥락에서 정책결정자와 계획가의 역량은 매우 중요하다. 새로운 패러다임의 계획은 실행이 어려울 수 있다. 지자체 독자적으로 해 보겠다는 관성과 싸워야 하고, 이해관계자 간의 복잡한 갈등도 해결해야 한다. 하지만 어려워도 답은 그 안에 있다.

4 벤치마킹의 함정은?

벤치마킹[11]이란 개인, 기업, 정부 등 경제주체가 사업성과를 높이기 위하여 가치있는 대상이나 사례로부터 배움을 얻는 행위이다. 배움이 유용하기 위해서는 대상 및 사례의 선정이나 분석 방식이 적절해야 하며 교훈의 도출과정도 논리적이어야 한다. 그렇지 않으면 배움은 왜곡된다. 관광개발의 경우 벤치마킹이란 성공한 개발의 내용, 전략, 운영 방식 등의 장점을 끄집어 내어 관광시설의 조성이나 서비스 공급 등에 활용하는 것이다. 올바른 정보의 획득과 적용은 타지역

11) 벤치마킹의 용어는 토목공사 시 구조물의 높이를 측정하기 위해 표시해 놓은 쇠막대 위의 기준점에서 유래했다고 함.

의 성공을 해당 지자체로 확장시킬 수 있다.

하지만 성공사례를 단순히 따라하는 벤치마킹은 위험할 수 있다. 지자체 관광개발에서 벤치마킹의 대상이 되었던 중국 계림의 '인상유삼저'라는 대규모 야외공연이 있다(최승담, 2012). 인상유삼저는 지역의 유삼저 설화를 바탕으로 하고 있다. 유씨네 아름다운 셋째 딸은 가난한 목동과 사랑에 빠지지만, 딸에게 돈 많은 지주의 유혹이 다가온다. 그러나 셋째 딸은 유혹을 뿌리치고 목동과의 순수한 사랑을 택한다는 순애보다. 우리에게도 비슷한 이야기는 많다.

이런 단순 스토리의 공연이 시작부터 연간 1백만 명의 관객을 동원했다. 성공의 비결은 무엇일까? 답은 세계적 명성을 갖고 있는 장예모 감독에게서 찾을 수 있다. 장예모 감독은 인상유삼저를 통하여 계림의 아름다운 강과 산을 배경으로 지방소수민족의 문화를 넓은 야외무대에 아름답게 구현하였다. 무대가 자연이기 때문에 소수민족의 문화는 4계절마다 색다른 분위기 속에서 소개된다. 장예모 감독이 만들어낸 빛과 소리는 강과 산을 배경으로 한 공연에서 아름다운 조화를 이룬다. 기발함과 웅장함 그리고 디테일로 관객을 감탄하게 한다. 공연의 성공으로 지역경제는 활성화되었고 지역인구도 6만 명에서 35만 명으로 늘어났다.

인상유삼저를 벤치마킹하여 모 지역의 K공사는 호수 위에 50억 원을 투자하여 수상공연장을 세웠다. 대규모 국제행사를 위한 수상공연은 갈채를 받았지만 한 번뿐이었다. 160억 원에 달하는 민자 유치가 실패로 돌아가면서 공연장은 애물단지가 되었다. 계획을 보면 인상시리즈를 넘어서는 혁신성도 없고 장예모와 같은 브랜드도 없으며 문화 콘텐츠도 진부했다. 큰 돈을 투자했으나 남은 것은 흉하고 쓸모가 없게 된 인프라, 비난 그리고 좌절뿐이었다.

한편, 다른 지역의 Y군은 430억 원을 투자한 수상무대를 설치하고 뮤지컬 공연을 기획했다. 기획안에 의하면 5년 뒤 1백억 원 이상의 수익과 1천억 원이 넘는 생산유발효과를 창출할 수 있다고 했다. 하지만 사업성공의 핵심인 민간투자가 이루어지지 않고 있다. 공공이 기획하여 투자한 프로젝트가 민간에 의하여 철저히 외면당했다.

인상유삼저를 벤치마킹하면서 겉으로 보이는 수상무대 설치와 대규모 야외 공연만을 생각하는 것은 무의미했다. 이보다는 한국적 색, 빛, 소리, 공간, 퍼포먼스의 형식 및 지역문화가 생생한 스토리 등에 대한 고민이 있어야 했다. 또한, 많은 사람을 유인할 수 있는 혁

〈사진〉 인상유삼저

신적 미의 창출과 공연의 브랜드파워 제고를 위한 노력이 강화되었어야 했다.

성공적인 벤치마킹을 위해서는 성공사례의 배경을 이해해야 한다. 서두르지 말고 자기 것으로 만들 수 있다는 확신이 설 때까지 철저히 분석해야 한다. 확신을 위해서는 객관적 검증이 요구된다. 성공사례의 경험을 쉽게 표준화하여 적용하는 것은 위험하다. 큰 위험이 도사리고 있기에 그럴 능력이나 에너지가 없으면 벤치마킹은 하지 않는 것이 낫다.

5 비용 · 편익 분석의 의미는?

공공주도 관광개발 사업의 추진여부를 결정하는 비용 · 편익분석[12]은 민간 사업참여의 주요 기준이 되는 재무성 분석보다 복잡하고 어렵다. 민간개발사업의 경우 돈의 흐름을 분석해서 정해진 기간 내에 수익을 창출할 수 있고 재무수익률(Financial Rate of Return : FRR)이 회사의 기대치보다 크면 사업에 참여하게 된다. 하지만 공공 관광개발사업의 비용 · 편익분석은 비용과 편익을 사회적 또는 국민 경제

12) 공공사업의 타당성을 검토하는 경제성 분석은 비용 · 편익분석(Cost-Benefit Analysis, CBA)과 비용효과 분석(Cost-Effectiveness Analysis, CEA)로 구분되지만 본고에서는 관광개발사업에 주로 사용되는 비용 · 편익 분석에 대해서만 생각해보기로 함. 비용효과 분석은 경제적 편익측정이 어려운 사회정책사업에 주로 적용되는데 분석의 목적은 주어진 목표를 달성하는 데 가장 적은 비용이 드는 효과적 대안을 찾는 것임.

적관점에서 측정해야 한다. 편익은 관광개발사업의 국민생산에 대한 공헌을 의미하고, 비용은 개발로 인한 국가자원의 낭비를 의미한다. 비용·편익 분석을 위해서는 1)비용과 편익 항목의 확인, 2)비용과 편익의 화폐가치화, 3)비용과 편익의 할인 및 4)타당성 여부의 판단(B/C, NPV, IRR)[13]의 과정을 거쳐야 한다(박희정, 1997; 손숙리 외, 2007; 한성민, 2015).

경제성 분석의 3), 4)단계야 기술적 분야라 컴퓨터의 도움으로 비교적 쉽게 처리할 수 있고, 1)단계의 비용과 편익항목의 설정도 단순하지는 않지만 합의에 이를 수 있다. 하지만 2)단계는 복잡하고 어렵다. 계량화가 용이하거나 현금흐름이 겉으로 드러나는 항목에 대한 계산은 비교적 순조롭다. 지역을 방문한 관광객의 총지출비용은 예상되는 총방문객 수에 일인당 지출액인 객단가를 곱하여 산출할 수 있다. 총방문객 수는 과거자료를 활용한 시계열 분석을 통하여, 객단가는 시계열분석이나 유사사례의 값을 사용하면 큰 문제가 없다.

하지만 시장에서 화폐로 거래가 안 되는 재화를 화폐가치로 전환하는 것은 이해관계자에 따라 생각이 달라 어려워진다. 예를 들어 1)단계에서 관광개발에 따른 편익으로 지역이미지 제고, 지역역량의 제고, 세계화인식 제고 등을, 비용으로는 환경훼손, 교통혼잡,[14] 공동

13) B/C (편익/비용 비율), NPV (순현재가치), IRR (내부수익률).

14) 교통혼잡으로 이동시간이 지연되었을 때 기회비용이나 심리적 불쾌감의 크기는 각 개인의 사회적 지위 및 성격 등에 따라 다르고, 동일인의 경우도 손실의 크기는 때와 장소에 영향을 받음.

체의식 상실 등을 선정할 수 있다. 선정된 항목 중 어느 것 하나 간단하게 화폐가치화 될 수 있는 것은 없다. 이해관계자의 입장에 따라 개발을 보는 관점이 다르고, 관점에 따라 각 항목의 평가가치도 달라지기 때문이다. 화폐가치의 측정을 위하여 속성가격함수(Hedonic Price) 측정법, 여행비용 측정법, 조건부가치 측정법(CVM : Contingent Valuation Method) 및 컨조인트 분석법(CAM : Conjoint Analysis Method) 등이 활용되고 있고 방법론상 많은 진전이 있지만 아직도 시장가격을 확인하는 것처럼 명쾌하지 않다.

비용·편익분석 결과의 신뢰를 퇴색시키는 많은 요인이 있지만 가장 큰 문제는 정보의 제약이다.[15)] 화폐가치화를 위해서는 정확한 정보가 필요하지만 추정에 의한 정보로 분석을 하다 보니 분석의 타당도나 신뢰도가 공격의 대상이 된다. 알고리즘상으로는 깔끔해 보이지만 입력된 데이터가 부정확할 때 결과도 부정확하여 분석의 의미는 퇴색된다.

한편, 비용·편익분석결과에 큰 영향을 주는 주요 요인으로 분석을 위하여 설정된 지역적 범위가 있다. 동일한 관광개발사업이어도 분석의 범위를 개발사업이 속한 기초지자체로 하는 경우와 광역지자체나 국가 전체로 하는 경우의 결과는 달라지기 때문이다. 기초자치단체에서 광역자치단체나 중앙정부의 지원을 받아 실행하는 관광개

15) 비용편익 분석관련 문제점으로는 정보의 제약 이외에도 분석에서 형평성(equity)이 배제되어 있고, 정치적 합리성에만 의존하고 있으며, 대상사업의 상호보완 및 경쟁적 성격을 고려하지 못하고 있는 점 등이 지적되고 있음.

발사업의 경우 비용 · 편익분석의 범위를 기초자치단체로 하면 분석의 값은 올라간다. 광역자치단체나 중앙정부로부터의 지원금이 편익으로 잡히기 때문이다. 하지만 비용 · 편익분석의 범위가 국가가 되면 분석결과는 많이 달라진다. 국가지원금은 비용이 되어 분석의 결과에 부정적 영향을 주기 때문이다. 예를 들어 국가지원금으로 지자체가 주최하는 국제컨벤션 행사의 경우 지자체에게는 비용 · 편익분석의 값이 1보다 크지만 국가에게는 1보다 작을 수 있다. 지역에게 유리한 것이 항상 국가에게 좋지는 않다.

비용 · 편익분석의 범위를 넓게 잡았을 때 분석결과가 좋아지는 반대의 경우도 있다. 바다의 항구와 내륙의 강을 연결해 주는 운하개발의 경우를 가정해 보자. 이 경우 비용 · 편익분석의 범위를 운하가 지나가는 지역으로 한정하면 편익에 해당하는 것은 물류의 개선으로 인한 수익과 운하를 활용한 관광수익이 전부이다. 하지만 비용 · 편익분석의 범위를 국가 전체로 보았을 때 운하의 건설로 내륙항이 개발되고 내륙항을 중심으로 새로운 도시의 발전축이 형성될 수 있다면 전체적 편익은 크게 증대될 수 있다.

비용 · 편익분석의 결과는 매우 조심스럽게 해석해야 한다. 숫자가 갖는 한계와 해석 시 빠질 수 있는 함정이 있기 때문이다. 숫자는 힘 있는 자에 의하여 의미가 왜곡될 수 있고, 무지한 자를 설득하는데 유익한 도구로 사용될 수 있다.[16)] 비용 · 편익분석의 결과만 보는

16) 통계를 고문하면 자백을 받는다는 말이 있음. 계량적 데이터 해석 시 빠질 수 있을 유혹에 대한 경고임. 숫자의 의미가 왜곡된 잘못된 정보에 의한 의사결정은 불행을 가져옴.

것이 아니라 내용을 세심히 점검해야 한다. 비용과 편익차원에서의 항목이 적절했는지? 항목별 투입된 값에는 현재의 경제사회적 여건이 잘 반영되어 있는지? 지역민과 일반국민의 가치관에 비추어 타당한지? 이러한 점검은 전문가의 몫만은 아니다. 지역민도 함께 고민해야 할 숙제이다. 여러 번 강조했듯이 관광개발이 성공하려면 관광개발에 대한 지역민의 관심과 학습능력이 중요하다.

하지만 앞에서 언급된 문제들 때문에, 비용편익분석에 대하여 부정적 태도를 갖는 것은 타당하지 않다. 단점보다는 장점이 훨씬 크기 때문이다. 분석 과정에서 도출되는 다양한 정보는 사업의 수정과 보완을 위하여 유용하다. 언급되었던 비용 · 편익분석의 문제들은 방법론을 배척하기 위한 명분이 아니라 방법론의 유용성 증대를 위하여 고민해야 할 내용들이다.

6 공공 관광개발계획의 체크 포인트는?

민간이 관광개발을 하는 경우 계획의 잘못으로 시장의 선택을 받지 못하면 개발을 축소하거나 중단해야 한다. 과개발을 방지하는 시장 시스템이 작동한다. 하지만 공공의 관광개발계획은 성격이 다르다. 시장의 호응이 없어도 '경로 의존성'에 의하여 그대로 진행되면서 국민의 세금을 낭비할 수 있다. 그래서 사업집행 전 공공이 작성한 관광지개발계획에 대한 평가는 매우 중요하다. 하지만 공공 관광개발계획을 평가하는 일은 단순하지 않다. 계획을 구성하는 요소와 영향 요인이 다양해서 검토해야 할 것들이 많기 때문이다. 하지만 너무 어렵게 생각할 필요도 없다. 설명회에 참석하여 계획가와 질의응답을 통하여 핵심내용을 확인해 보면 된다.

공공이 주관하는 지역관광개발계획을 설명하기 위하여 주민을 대상으로 하는 설명회가 열린다. 설명회가 진정한 의미의 청취의 장이 되기 위해서는 몇 가지 원칙이 존중되어야 한다. 독일의 비평사회학자 하버머스(Jürgen Habermas)는 열린 토론(open debate)의 전제조건으로 이해가능성(comprehensiveness), 진실성(truth), 공정성(rightness) 및 성실성(sincerity)을 제시하고 있다. 설명회의 보고자료가 이해하기 어렵거나, 오픈되지 않은 채 블랙박스 안에서, 특정계층의 이익을 염두에 두고 성실하지 않게 작성되어 계획의 내용에 신뢰가 가지 않는다면 설명회의 의미는 없게 된다(Habermas, 1984; 1987). 두꺼운 보고서가 작성된 후 마지막 단계에서 하는 설명회는 보고서의 문제가 발견되어도 수정하기가 어려워 큰 의미가 없다. 또한, 계획가가 보유한 정보 및 지식의 양이 훨씬 많아서 설령 계획이 잘못되었어도 쟁점의 디베이트에서 계획가가 항상 유리하다.

설명회에서 청중의 좋은 질문은 계획가를 긴장하게도 하지만 계획가에게 큰 도움을 준다. 제시되는 계획내용을 다양한 관점에서 점검하는 계기가 되기 때문이다. 역량있는 계획가라면 불편해하기보다는 고마운 마음을 갖게 될 것이다. 질문의 의미를 파악하여 계획에 반영하면 계획의 실천성이 커질 수 있기 때문이다. 설명회에서 많은 질문을 할 수 있겠지만 빠뜨리면 안 될 핵심적인 질문이 있다.

첫째는 공공이 사업에 참여하는 명분에 대한 질문이다. 가장 중요한 질문이 될 수 있다. 공공에 의한 관광개발의 주요 명분으로 공공재의 공급, 민간의 투자역량 보완, 국가균형발전, 사업의 신뢰제고 등이 있다. 하지만 이러한 명분이 있다 하더라도 공공의 참여가 수반하는 문제도 많기 때문에 꼼꼼히 따져봐야 한다. 공공의 비효율성 문제를 해결하기 위한 방안이 무엇인지? 시장변화에 순발력 있게 대응할 수 있는 보완책이 제시되고 있는지? 개발뿐만 아니라 관광지 운영에도 계속 예산을 써야 되는 구조는 아닌지?[17)] 불행하게도 이런 질문에 대하여 명쾌한 답을 하고 있는 보고서는 많이 보지 못했다.

둘째는 제시된 방문수요와 투자수요의 타당성에 대한 질문이다. 타당성의 평가는 여러 관점에서 접근할 수 있고 평가 방식도 다양하지만 우선 설명을 들었을 때 논리적으로 수긍할 수 있어야 한다. 기업의 관심은 골프장, 스키장, 워터파크 및 콘도 등을 연계한 복합관광단지개발에 있는데 지역의 자원을 기반으로 한 역사문화 관광단지에 민간투자를 유치하겠다고 하면 납득하기 어렵다. 지역 숙박시설의 이용률이 40~50%인 상황에서 관광지 내 호텔의 이용률을 90%로 설정한 경우 타당성을 인정하기 어렵다. 종종, 사업을 정당화하기 위하여 정책의지가 강조되는 경우가 있다. 최선을 다해, 열심히, 그리고 혁신적 사고로 사업을 추진하겠다는 것이다.

17) 공공에 의하여 개발된 I 치즈테마파크의 경우 운영을 위하여 재단법인이 설립되었고 매년 6억 원의 예산이 국고에서 지원되고 있으나 매년 1, 2억 원의 운영적자를 내고 있음.

하지만 근거제시 없이 정책의지만 강조하는 것은 무책임하다. 중요한 것은 정책의지와 정합성을 갖는 전략의 구체성이다. 전략 하나 하나가 정책의지와 맞아 떨어져야 한다. 추상적 언어의 나열로 수천억, 수조 원의 투자 사업을 추진하겠다는 정책결정자에게 진취적인 리더로 박수를 쳐 주고 표를 주는 것은 어리석다. 정치인의 구호는 감성이 아닌 이성으로 냉정하게 평가해야 한다. 감성적 판단은 잠시 기분을 좋게 할 수 있으나 시간이 지나면서 후회하는 경우가 많다.

셋째는 시설의 집약화에 대한 질문이다. 시설집약화는 수요자와 공급자 모두에게 실보다 득이 많다. 특히 우리나라와 같이 계절성이 크고 대량관광수요를 수용해야 되는 입장에서는 더 그렇다. 먼저, 시설이 집약된 공간은 이용객의 동선을 짧게하고 다양한 선택을 허용해 주기에 이용 후 만족도가 높아진다. 건물공간의 효율성이 높고 서비스 동선이 짧아져 시설운영비가 절감되기에 공급자에게도 득이 된다. 이와 같은 이유로 수익모델 창출에 있어 분산된 시설의 경우보다 유리하다. 하지만, 시설의 집약화를 위한 고층건물의 건설은 아직 부정적 이미지가 커서 부담이 된다. 그렇다고 저층으로 자연의 축에 따라 많은 시설을 배치하는 경우, 부지면적과 토목공사량이 늘어나 환경적으로 새로운 문제를 야기한다. 고층화와 관련하여 중요한 것은 경제, 사회, 환경적 차원에서 후생이 극대화될 수 있는 임계점을 찾는 것이다. 분석과 대안의 창출, 그리고 합의가 요구되는 힘든 일이지만 계획을 통하여 해결해야 될 주요과제이다.

넷째는 연계에 대한 질문이다. 관광지는 주요시장인 도시와 독립하여 존재하기 어렵기에 관광지와 배후도시와의 체계적인 관계설정은 중요하다. 관광지 계획내용에 따라 관광지와 배후도시는 서로에게 도움이 되는 협력자가 될 수 있다. 하지만 대부분 기존 계획의 경우 배후도시와의 연계전략은 간과되고 있거나 전략이 피상적이다. 관광지와 주변도시가 연계되는 구체적 전략의 개발을 위하여 관광개발 전문가는 도시를 이해하고 있어야 하며 도시개발 전문가와의 협력을 통하여 유용한 관계설정을 도모해야 한다.

주변 자원과의 구조적 연계에 대한 질문도 요구된다. 다양한 자원의 연계는 새로운 힘을 창출하기 때문이다.[18] 관광지의 유인력은 관광지 내부만이 아니라 주변관광지 및 자원과의 연계로부터 나올 수 있다. 여기서의 연계는 소극적인 루트개발이 아니라 적극적인 연계이다. 적극적 연계는 지역과 광역이 함께 살 수 있는 관광시설 및 인프라 구축차원에서 요구되는 전략적인 의미의 연계를 말한다. 필요 시 관광지는 설정된 관광지 간의 위계에 따라 지역의 허브가 될 수도 있고 타 허브를 위한 조력자의 역할도 할 수 있다. 하지만 기존 네트워크 전략차원에서 제시되는 관광지개발계획 내용들은 소극적 차

18) 인간의 창의력도 다양성과 네트워킹의 힘으로 설명되고 있음. 시인은 전혀 의미가 다른 단어와 단어의 연결로 힘 있는 메시지를 만들어 인간의 마음과 행동을 움직이게 함. 인간의 뇌도 뉴런과 뉴런과의 상호작용에 의하여 창의력이 발생되는데 특히 멀리 떨어진 뉴런과의 상호작용 시 창의력은 커진다고 함. 스마트폰도 기개발된 컴퓨터, 카메라, 전화, 네비게이션 등이 연계되어 시너지를 발휘하면서 우리의 생각과 행동을 빠른 속도로 바꾸고 있음.

원의 연계가 대부분이다. 전략적 패러다임이나 관광객의 수요특성의 반영없이 선으로만 이어져 있는 지도 상의 연계는 무의미하다.

7 관광개발 계획가에게 요구되는 역량은?

개발계획은 다양한 이해관계자들에 의한 협력의 산물이지만 협력의 중심에는 계획가가 있고 실천력 있는 계획의 작성을 위하여 계획가의 역량과 책임은 매우 중요하다(권원용, 2008; 김태형 · 고준호, 2012; 신현주 · 강명구, 2019). 하지만 관광개발계획을 누구나 쉽게 만들 수 있는 것으로 생각하는 경우가 많다. 관광에 대한 경험에서 오는 친밀감 때문인 것 같다. 하지만 친밀감의 정도와 문제해결 능력의 수준과는 큰 차이가 있다. 종종 조경 및 지역개발 관련분야의 전문가들이 관광개발계획을 작성하는데, 관광에 대한 이해부족으로 계획의 완성도가 떨어지는 경우를 자주 본다. 관광개발 계획가에게 요구되는 역량은 무엇인가?

계획가는 우선 관광개발 본질을 잘 이해하고 있어야 한다. 제1장에서 논의된 내용은 대부분 관광개발의 본질에 대한 것이다. 계획가는 관광개발의 패러다임, 관련 섹터별 역할, 공공투자의 명분, 민간투자의 속성 등에 대한 이론 및 경험적 지식을 잘 녹여서 축적하고 있어야 한다. 그런데 관광개발만의 지식으로는 한계가 있다. 관광개발에 영향을 주는 요인은 다양하고 요인 간의 관계도 복잡하기 때문이다.

동일한 유형의 관광개발도 입지에 따라 계획의 내용은 달라진다.

도시와 지역에서의 관광개발은 근원적으로 성격이 다르다. 도시의 경우 도시 규모 및 라이프 사이클에 따라 관광개발의 전략은 차별화되어야 한다. 성장하는 도시와 쇠퇴하는 도시에서의 개발이 같을 수는 없다. 쇠퇴지역을 살리는 기본 전략이 재개발인지, 재생인지에 따라 관광개발의 방식도 영향을 받게 된다. 한편, 지역의 경우도 마찬가지이다. 농촌, 산촌, 어촌은 경제적 낙후도가 유사해도 자원을 통한 기회 창출의 방식은 달라진다. 특히 지역을 둘러싼 시장의 구조나 관광 어트랙션의 분포구조는 관광개발계획의 내용을 결정하는 데 중요한 역할을 한다. 시장 특성에 따라 선정해야 할 타깃마켓과 포지셔닝 전략에 차이가 나기 때문이다.

이러한 이유로 편협하거나 제한된 지식의 계획가가 관광개발계획을 작성하는 것은 매우 위험하다. 도시관광개발 계획을 위하여 계획가는 해당 도시의 경제 및 공간구조, 도시의 진화과정과 현안과제 등 기본적인 지식을 축적하고 있어야 한다. 또한 쟁점이 되고 있는 '뉴어바니즘(new urbanism)', '스프롤(sprawl)', '공동화', '재생' 및 '스마트도시화' 등의 이슈도 해당도시와 연계해서 분석할 수 있어야 한다. 지역관광개발계획의 경우도 마찬가지이다. 지역개발의 배경, 원리 및 패러다임, 산업의 입지이론 등에 대한 계획가의 내공은 지자체 관광개발과 관련된 문제의 해결 시 큰 힘이 된다.[19)]

19) 도시 및 지역관광개발 관련 주요 내용과 쟁점은 제3장을 참고하기 바람.

한편, 계획가는 지역주민의 정치적 성향을 정확하게 파악하고 있어야 한다. 정치적 성향은 옳고 그름의 문제가 아니라 선택의 문제이기에 계획에서 지역의 정치성향은 존중되어야 한다. 계획가의 역할은 지역의 정치성향과 관광개발의 관계를 체계적으로 분석하고 지역이 극복해야 할 과제를 계획에 반영하는 것이다. 자유시장 경제체계를 선호하는 지역인 경우 적극적인 민간자본 유치가 타당성을 갖는다, 하지만 시장보다 정부 역할의 강화를 원하는 지역의 경우는 정부 예산의 투입을 통한 공공재 성격의 관광재 보급에 관심이 주어진다. 간혹 계획집행을 통한 정부의 재정적 지원 때문에 지역의 정치성향과 어긋나는 계획이 지역의 호응을 받을 때가 있다. 하지만 이 경우 계획의 집행과정은 매우 어려울 수밖에 없다. 정부의 지원덕분에 초기 투자는 이루어지지만 후속투자는 힘들어지고 처음에는 잠잠했던 지역의 반대가 점차 거세지기 때문이다.[20)]

계획가의 역량부족으로 위에서 언급한 내용들에 대한 고민 없이 만들어진 계획의 실행능력은 저하된다. 더욱이 자치단체장의 정치적 야심, 개인적 선호 및 아이디어들이 검증없이 계획에 반영될 때 계획은 보기 좋은 정치적 전시물이 될 수 있다. 지역의 삶과 유리된 유사한 형태의 축제, 뮤지엄, 환경 조각 및 상징물 등의 개발이 대표적 사례이다. 이러한 배경에서 만들어진 스펙터클들은 한동안 사람들의

20) 예를 들어, 역사문화를 기반으로 하는 보수적 도시가 관광거점도시로 지정되는 경우, 초기단계에 관광거점도시로서 정부지원에 의한 성장을 이룰 수 있지만 도시의 배타적 사고와 미흡한 교량형 사회자본은 장기적으로 관광거점도시로서의 성장을 어렵게 함.

관심과 호기심을 자극할 수 있지만 지속적인 사랑을 받기는 어렵다. 지자체 실시 이후 수많은 축제와 상징물이 개발되었지만 우리 기억에 저장되어 있는 것이 많지 않은 이유이다.

또한, 계획가는 정책 결정권자를 설득할 수 있는 의사전달 능력이 있어야 한다. 계획가에게는 최종 의사 결정권이 없다. 계획가는 직접 선출되지 않았기에 정책결정에 관한한 합법성이 없다. 계획가는 계획과정을 통하여 가장 적정한 계획대안을 작성할 수 있으나 최적안이 살아남기 위해서는 의사결정권자를 설득해야 한다. 아무리 좋은 계획이라도 정책 결정자에 의하여 선택되지 않으면 무용지물이 된다. 무용지물이 된 후 정책 결정자의 무지를 탓하는 것은 어리석은 일이다. 계획작성 과정에서부터 설득을 고민해야 하는 이유이다.

상대방의 설득을 위한 커뮤니케이션에는 긍정적 프레임과 부정적 프레임이 있다. 긍정적 프레임은 최적안을 선택했을 때 지역이나 의사결정권자가 얻을 수 있는 혜택을 부각시키는 방법이다. 부정적 프레임은 이와는 반대로 선택되지 않았을 때 발생할 수 있는 문제점을 부각시키는 방법이다. 프레임 이론에 의하면 인간은 부정적 커뮤니케이션에 더 반응한다고 한다. 예를 들어 이번 관광개발계획을 통한 단지 개발로 지역의 소득이 증대된다는 정보와 단지개발을 못하면 실업문제로 다음 선거 시 낙선한다는 메시지가 있을 경우 지자체장은 후자에 더 귀 기울인다(강영애 · 최승담, 2016).

관광은 우리에게 친숙하지만 친숙함만으로 관광개발계획을 작성하는 것은 위험하다. 실천성 있는 계획의 작성을 위하여 계획가의 역량이 매우 중요한 이유이다. 관광개발 및 관련분야에 대한 지력, 지역의 정치적 성향을 읽는 통찰력, 그리고 커뮤니케이션 능력은 계획가의 역량을 구성하는 주요 요소이다.

Ⅲ

관광개발계획과 수요

1. 수요예측은 왜 틀리나?
2. 관광수요가 충족되지 않으면?
3. 계량적 수요예측의 의미는?
4. 관광지 생애주기를 반영해야 하나?
5. 수요예측에 암묵적 지식을 활용해도 되나?
6. 4차 산업혁명이 관광수요에 미치는 영향은?

1 수요예측은 왜 틀리나?

예측은 왜 하나? 틀리기 위해서 한다고 하는데 정답일 수 있다. 맞는 경우보다 틀리는 경우가 훨씬 많기 때문이다.[21] 경제성장률, KOSPI지수, 환율, 물가지수 등은 매번 틀린다. 빅데이터, 복잡한 수식 및 슈퍼컴퓨터 등이 활용된다고 하지만 미래를 예견하는 능력은 오히려 저하된 것 같다. 관광개발 분야도 예외는 아니다. 지역의 관광지, 이벤트 및 관광시설의 방문객 수와 예상수입 등은 처음 계획과 차이가 크다. 차이가 나는 이유는 여러 관점에서 설명될 수 있을 것이다(안광호 · 곽준식, 2011; 이덕기, 1999; 이충기, 1995; Thaler & Sunstein, 2009).

첫째, 인간의 행동은 복잡하여 인과관계로 설명되기 어렵기 때문이다.[22] 물리현상에서의 인과관계는 일정하여 기계적인 법칙이 적용된다. 만약 그렇지 않다면 우리는 해외여행 시 비행기를 탈 때마다 걱정을 해야 한다. 공기흐름의 속도 차이에 의하여 발생되어야 할 양력이 공기의 자유의지에 의하여 발생하지 않는다면 비행기 탑승은 매번 죽음의 공포가 될 것이다. 하지만 인간의 행동은 럭비공 같아 어

21) IBM 창시자 토마스 왓슨(Thomas John Watson)은 시장에 PC를 내놓으면 5대가 팔릴 것이라고 했음, 마거렛 대처(Margaret Hilda Thatcher)는 그의 생애가 끝나기 전에 여성총리는 없을 것이라고 했음.

22) 인류 역사상 가장 이성적이고 과학적이었던 뉴턴(Isaac Newton)도 주식시장에서는 비이성적이었음. 1720년 주식시장 역사상 첫 번째 버블로 불리는 'South Sea' 주식에 투자해 전 재산의 90%를 날렸다. 큰 손실을 본 뉴턴은 "불규칙한 천체의 움직임을 계산할 수 있지만 대중의 광기는 계산할 수 없다"라는 말을 남겼다고 함

디로 튈 줄 모른다. 상황에 따라 많이 달라진다. 평소에 '기호가치'보다 '사용가치'를 중요시하던 관광객도 면세점 명품백 세일을 보면 마음이 흔들린다. 철 지난 바닷가를 선호하는 관광객이었지만 머드 축제장에 모인 인파를 보며 즐거워한다.

둘째, 인간은 감성적이지만 비합리적인 존재도 아니다. 주변 상황 변화에 민감하게 반응하여 이성적으로 행동한다. 하지만 인간의 행동변화를 미리 예견하여 수요예측에 반영하는 것은 거의 불가능한 일이다. 다음 사례들은 예측이 어려웠던 외부환경 변화에 대응하는 관광객의 모습을 보여주고 있다.

방문객 수에서 1, 2위에 있던 테마파크의 순위가 갑자기 역전되었다. 양 테마파크 모두 새로운 투자나 가격의 변동이 없었지만, 1위의 테마파크는 야외에 있었고 2위는 실내에 있었기 때문이다. 미세먼지에 불안을 느낀 관광객은 2위의 실내 테마파크를 대체재로 선택했다. 관광단지를 방문한 관광객들은 일반적으로 주변 소규모 관광지를 탐방하지만 관광단지의 방문객 수 증가에도 불구하고 주변 관광지 탐방객 수가 갑자기 줄어들었다. 관광단지의 영업전략과 젊은 스키매니어들의 행태변화 때문이었다. 단지 내 골프장 이용 증대를 위한 셔틀 패키지 상품의 판매와 겨울철 젊은 층을 대상으로 한 무박 또는 주말 스키패키지 상품의 판매가 원인이었다. 그들은 주변관광지를 방문할 교통수단과 시간이 없었다. 고속도로, KTX가 신설되면서 지역관광의 활성화를 기대했으나 지역은 생각보다 썰렁했다. 고속도로와 KTX가 체류 관광객을 줄였기 때문이다. 접근성 개선으로 지역은 당

일형 관광지화 되어가고 있다.

셋째, 관광개발의 생태계는 복잡계이기 때문이다. 관광의 시스템을 구성하는 내외부 요소는 복잡하고 시스템 안에서 많은 이해관계자들은 자발적으로 의사결정을 하고 거래를 한다. 이러한 복잡계의 현실을 일관된 법칙으로 설명하는 것은 불가능하다. 하지만 대부분의 수요예측에서는 일관된 법칙을 가정하고 계량적으로 분석한다. 제시된 알고리즘하에서 분석과정의 타당도와 계산의 정확도는 인정할 수 있지만, 알고리즘이 전제하고 있는 논리에는 동의하기 어려운 경우가 많다. 그럼에도 불구하고 계획가는 관행적으로 유사한 알고리즘을 사용하고 계량적 분석과정의 정확도만 체크한다.

넷째, 수요예측 과정에서 정치적 영향으로 객관적 분석이 어려울 수 있다. 개발주체의 선입관이나 소망하는 바가 예측시 직간접으로 반영될 수 있다. 지역은 지역 내에 있는 자원의 잠재력을 높이 평가하는 경향이 있다. '부존자원효과'[23] 때문이다. 자원의 잠재력에 대한 부정적 견해를 경청하기보다는 부정적 의견을 제시하는 사람들을 거북해한다. 자치단체의 장이 중앙정부의 지원을 받아 관광개발에 드라이브를 걸고 싶은 경우 더욱 그렇다. 갑과 을에 관계에서 을의 입장에 있는 계획팀은 갑의 생각에 대하여 부정적 견해를 피력하기가 어렵다. 이런 여건하에서 수요예측의 결과는 실제보다 부풀려진다. 긍정적 요인의 지표 값이 부정적 요인의 지표 값보다 크게 적용되기

23) 자신이 소유한 것에 집착해 이를 과대 평가하는 경향을 의미함.

때문이다.

지자체가 추진하는 관광개발사업의 경우 수요예측 결과를 기반으로 관광개발 프로젝트의 추진과 지원 여부가 결정되기도 한다. 특히 지자체가 추진하는 일정 규모 이상의 예산이 소요되는 관광개발 프로젝트에 대해서는 한국개발원(KDI) 공공투자관리센터의 예비사업타당성[24) 검토를 받아야 한다. 사업타당성 검토에서 중요한 항목이 사업의 수익성이고 수익성에 결정적 영향을 주는 것이 수요이기에 수요예측에서 제시하는 숫자의 의미는 매우 크다. 하지만 KDI의 검토를 통과하였다고 사업의 필요충분조건이 모두 검증되었다고 봐서는 안 된다. 행정적으로 기본적인 요건을 갖추고 있는 프로젝트라고 이해하는 것이 좋다. 결국 사업의 성패에 따른 이익과 손실은 지자체의 몫이기에 지자체는 지속적으로 관광객 행태 변화를 민감하게 모니터링하면서 개발전략을 수정하고 보완해야 한다.

2 관광수요가 충족되지 않으면?

국민의 관광수요는 적정한 공급에 의하여 충족되어야 한다. 관광

24) 예비타당성조사는 국가재정법 제38조 및 동법 시행령 제13조 규정에 따라 대규모 신규사업에 대한 예산편성 및 기금 운영계획을 수립하기 위하여 기획재정부장관 주관으로 실시하는 사전적인 타당성 검증 · 평가임. 조사의 목적은 대규모 재정사업의 타당성에 대해 객관적이고 중립적인 조사를 통해 재정사업의 신규투자를 우선순위에 입각하여 투명하고 공정하게 함으로써 예산 낭비를 방지하고 재정운영의 효율성을 도모하기 위함임.

수요의 충족은 인간의 기본권으로서 관광권의 보장, 개인적 · 사회적 행복의 증대와 함께 관광산업의 진흥 등 다양한 차원에서 의미가 크다(최승담, 2019; 이연택, 2015). 관광수요의 수용을 위해서는 무엇보다도 수요에 대한 이해가 우선이다.

관광수요는 두 가지 차원에서 이해해야 한다. 첫째는 수요의 규모다. 지속적으로 증가해 온 관광수요의 규모가 매우 크며, 소득증대, 근로시간 단축, 교육수준의 향상과 교통 · 통신 · 정보기술의 발달 등으로 수요는 더욱 빠르게 증가할 전망이다. 물론, 테러, 전염병 및 금융위기 등이 있을 때 수요는 주춤했었지만 관광수요는 항상 예상보다 빠르게 회복되어 성장세로 돌아섰다. 관광수요의 위기탄력성(crisis resilience)이 높기 때문이다. 두 번째는 수요의 내용인데, 관광수요는 다원적이고 가변적이다. 각 개인 또는 사회 계층별로 차이가 크며 동일한 관광객이나 사회계층이라도 수요의 형태는 외부환경, 시간 및 장소 등에 따라 달라진다. 그러지 않아도 복잡한 관광수요가 상황에 따라 바뀌면서 이해를 더 어렵게 한다.

대규모의 관광수요는 민간기업에게는 기회요인이지만, 공공에게는 부담일 수 있다. 앞에서 논의되었던 지속가능한 관광개발의 틀 안에서 대규모 수요의 수용을 위한 시설 및 서비스를 공급하는 것이 단순치 않기 때문이다. 개발가능한 자원에 대한 모니터링과 사회적, 환경적 관점에서의 수용력 설정과 함께 수요와 공급의 격차를 조정하는 방안을 모색해야 한다. 그렇지 않으면 환경은 훼손되고 국민의 만족도는 떨어지고 사회의 발전적 성장도 어려워진다.

부실한 정부정책으로 국민들이 관광활동을 위한 시간과 구매력은 있는데 관광재를 향유할 수 없다면 국민의 행복도는 떨어지게 된다. 관광활동에 대한 손쉬운 대체재로 TV시청과 음주가 선택된다면, 운동부족과 과음 등으로 국민건강은 정신적, 육체적으로 위협을 받는다. 활동적이며 탐구적인 관광활동의 기회가 배제된 채 많은 사람들이 TV와 술로 시간을 보내는 사회가 건전하게 성장하기는 어렵다. 물론 관광재의 선택을 해외에서 할 수도 있지만 해외여행의 여력이 없는 계층이 받는 상대적 박탈감이 커져 새로운 사회문제가 야기된다.

국민의 관광수요를 충족시키기 위한 공급량의 부족은 분명 문제이다. 잠재수요가 있어도 민간의 투자가 부족하다면 지나친 규제나 계절성 등의 문제로 수익모델의 창출이 어렵다는 이야기다. 이 경우 재정 및 행정상의 다양한 수단을 갖고 있는 공공이 적극적으로 문제해결에 나서야 한다.[25] 너무 시장을 간섭하는 것은 좋지 않지만 관행적인 정책틀 안에서 문제를 방관하는 것은 더 안 좋은 일이다. 민간이 관광재의 공급을 위하여 투자할 수 있는 여건을 개선해 주어야 한다. 보존할 곳은 보존하되 개발이 필요한 곳은 대규모 투자를 가능하게 하여 대량의 수요가 효율적으로 수용될 수 있는 여건을 조성해야 한다.

한편, 수요가 다원적이고 가변적인 것은 시설 및 서비스의 공급자

25) 제1장 Ⅲ-2를 참고하기 바람.

입장에서는 무척 골치 아픈 일이다. 눈에 보이는 수요에 기반하여 개발된 시설 및 서비스가 수요가 변하면서 시장에서 외면당할 수 있기 때문이다. 다원적, 가변적 수요에 부응하는 방안의 핵심은 복합성과 융통성 확보에 있다. 복합성은 한 관광지 내에서 공급되는 다양한 시설과 서비스의 군집을 의미한다. 시설과 서비스가 함께 모여 있을 때 소비자의 다양한 니즈를 채우기가 용이해진다. 뷔페의 방문객이 여러가지 음식 중 본인이 선호하는 음식을 선택해 먹으면 되는 것과 같은 이치이다. 융통성은 관광지에서 제공되는 시설과 서비스가 외부 시장 변화에 맞추어 용이하게 바꿀 수 있게 하자는 이야기이다. 예를 들어, 초기 계획단계에서 스키장 슬로프의 경사도나 규모 설정 시 골프장으로의 전환을 용이하게 하면 계절별로 다른 서비스를 제공할 수 있어 효율성이 커진다. 공공은 복합성과 융통성 있는 시설의 개발이 활성화될 수 있도록 제도적으로 지원해야 한다.

실존하는 관광수요가 충족되지 못하면 국민의 행복도는 떨어지고 수요가 왜곡된 형태로 전환되어 사회의 발전적 성장을 억제한다. 공공에 의한 관광재의 공급은 한계와 문제점을 갖고 있기에 민간이 관광개발에 투자할 수 있는 환경조성을 위한 공공의 노력은 매우 중요하다. 대규모의 다원적, 가변적 관광수요에 부응하기 위한 개발전략은 복합성과 융통성에서 찾아야 하는데 공공의 제도적 지원과 민간의 창의적 사고와 혁신이 요구되는 부분이다.

3 계량적 수요예측의 의미는?

관광분야의 수요예측을 위하여 다양한 접근이 시도되지만 계량적 방법에 대한 선호도는 높다(김종구, 2014; 박수지 외, 2017; 이충기, 1995; 이충기 · 송학준, 2007). 계량적인 방법은 분석에 수적인 데이터가 입력되고 다양한 수식이 활용되며 예측값에 대한 선별 기준이 제시되어 체계적이고 논리적으로 보인다. 계량적으로 판단할 수 있는 방법론적 정확도와 함께 분석결과를 설명하면 이견을 제시하기가 쉽지 않다.

특히 공공이 추진하는 관광개발사업의 경우 수요예측에 있어 계량적 분석방법이 선호된다. 객관적이고 상대적 비교가 용이한 숫자가 상위정부나 개발의 이해관계자들을 설득시키기에 유리하기 때문이다. 소수 전문가들의 경험과 감에 의하여 결정된 예측치보다는 많은 자료와 복잡한 수식에 의한 보고서는 전문성과 노력의 증표가 되어 신뢰감도 제고시킨다.

계량적 수요예측 방식은 크게 시계열 모델과 인과 모델로 구분된다. 시계열 모델은 과거의 추세가 미래에도 지속된다는 전제하에 이용되며 일반적으로 10년 또는 20년 이상 과거의 자료가 사용된다. 컴퓨터 시뮬레이션을 통해 과거의 추세를 가장 잘 설명하는 함수식을 찾아낸 후 그 함수식을 기반으로 미래값을 추정하는 방식이다. 예측치 설정 시 정확도를 기준으로 평가하는데 정확도는 과거의 추세를 설명하는 함수식의 정확도이다. 간혹 추정치의 정확도로 잘못 이해하는 경우가 있는데 미래의 정확도는 인간의 능력으로는 미리 알 수 없다.

과거의 추세를 설명하는 함수식을 찾아내는 과정에서 평균제곱오차(MSE : mean squared errors), 평균절대백분비오차(MAPE : mean absolute percentage errors) 및 Theil U 등의 지표값이 사용된다. 컴퓨터 프로그램의 발달로 분석은 컴퓨터에게 시키면 된다. 과거의 자료를 찾아서 입력만 해 주면 되는데 중요한 것은 자료의 신뢰성이다. 신뢰성 없는 자료가 입력되었으면 분석결과는 쓰레기통으로 보내는 것이 최선책이다.

분석결과 해석 시 복잡한 수식에 주눅이 들 필요는 없고, 컴퓨터 분석의 결과가 제시하는 숫자의 의미만 해석할 수 있으면 된다. 분석결과인 수치를 해석하는 방식에 있어 MSE의 경우는 명확하지 않다. MSE 값이 작을수록 좋다고 하는데 실제 적용할 수 있는 임계치 값에 대해서는 구체적 언급이 없다. MAPE의 경우 구간별로 정확도의 수준을 설명해 주며 Theil U의 경우도 해석의 기준을 제시해 준다.[26)]

인과모형은 수요에 영향을 주는 독립 변수들을 찾아낸 후 독립변수들의 값을 활용하여 수요를 예측하는 방식이다. 관광수요에 영향을 미치는 요인은 소득, 가용시간, 가격, 환율 등 다양하다. 기존의 관련 자료들을 활용하여 각 변수들이 관광수요에 미치는 영향의 유의성을 검증하고 각 변수들이 수요에 미치는 영향도를 상대적 관점에서 분석할 수 있다. 하지만 분석이 제시하는 값은 분석시점 기준이고 예측에 필요한 값은 미래의 것이기에 분석이 복잡해진다. 10년 후의 수

26) 10% ≤ MAPE 〈 20% (매우 정확함), 20% ≤ MAPE 〈 50% (보통임), 50% ≤ MAPE (부정확함). U값은 작을수록 좋고 1보다 크면 이용가치가 없음.

요를 예측하기 위해서는 각 독립변수도 10년 후의 값을 예측해야 한다. 10년 후 각 독립변수를 예측하는 과정에서의 누적된 오차와 독립변수들이 10년 후 관광수요를 예측할 때 발생하는 오차를 합산하면 오차가 너무 커져 예측의 정확도가 매우 낮아진다. 인과모형이 실제적으로 미래수요를 분석하기 위한 모형으로 사용되기 어려운 이유이다. 하지만 인과모델은 개발과 관련된 변수들이 수요에 미치는 영향을 상대적으로 분석하는 데 도움이 될 수 있다.

인과모형과 관련하여 자주 사용되는 모델로 중력 모형이 있다. 17세기 과학혁명시대에 대표적 인물인 갈릴레이[27]의 계승자인 아이작 뉴턴(Isaac Newton)의 작품이다. 뉴톤은 태양의 주위를 도는 행성의 운동을 연구하다가 중력의 법칙을 발견하고 수식으로 우주에서 물체 간의 힘의 관계를 설명했다. 뉴턴이 제시한 $F = G \cdot \frac{m_1 \cdot m_2}{r^2}$ 식은 우주 안에서 질량이 있는 모든 물체는 다른 물체를 끌어당기며, 그 힘은 물체들의 질량의 곱에 비례하고 그 사이의 거리의 제곱에 반비례함을 설명하고 있다.

뉴턴의 모형은 관광목적지의 수요와 시장간의 관계를 설명하는데 이용되고 있다. '관광지의 수요는 관광지의 유인력과 시장의 규모에 비례하고 거리에 반비례한다'라는 명제는 그럴 듯하다. 대규모 테마파크, 관광농원 및 자연휴양림 등 잘나가는 관광목적지는 대도시

27) 갈릴레이는 우주는 수학으로 쓰여진 철학책이라고 하였고 갈릴레이가 죽은 해에 태어난 아이작 뉴턴은 우주에서 물체 간의 힘의 원리를 수학으로 설명함.

부근에 있고 규모가 큰 관광지는 더 많은 관광객을 유인하고 있다. 기업들이 수도권에 관광단지 개발을 선호하고 골프장 회원권 가격이 서울 강남권으로부터의 거리와 상관관계가 높은 것은 뉴턴의 중력이론과 유사하다. 하지만 기계적 우주관에 기반한 아이작 뉴턴의 중력의 법칙을 일반화하여 우리 인간사에 적용시키는 것은 무리가 있어 보인다. 인간은 기계적으로 움직이지 않고 자유의지에 따라 행동하며 많은 상황변수의 영향을 받기 때문이다.

수요예측에서 시계열 모델은 과거의 흐름이 미래에도 유사하게 갈 것이라는 전제하에 과거의 누적된 자료를 활용하여 미래를 추적하는 방법이다. 하지만 미래에는 과거와는 너무나도 다른 급속한 변화가 예견되고 있기에 기본 전제에 대하여 의문이 생긴다. 인과모델의 경우도 미래의 독립변수와 종속변수를 추정하는 과정에서 발생하는 오차가 너무 커서 예측값에 대한 신뢰가 저하된다. 이러한 맥락에서 계량적 수요예측의 결과에 지나치게 의존하여 관광개발계획이나 관련 정책을 만드는 것은 매우 위험할 수 있다.

하지만 잘 맞지 않는다고 계량적 방식에 의한 수요예측이 무의미한 것은 아니다. 계량적 분석은 미래를 정확히 예측하기보다는 미래를 탐색해 보는 수단으로 보는 것이 타당할 것이다. 탐색적 분석은 다양한 환경변화를 가정한 추가적 분석을 위한 기반이 될 수 있다. 계획이 확정된 것이 아니라 지속적으로 수정되고 보완되어야 하는 진행형이라면 초기에 만들어진 예측의 틀은 수요예측의 수정 및 보완 시 도움이 된다. 상황에 부합되는 추가적 분석을 용이하게 하기 때문이다. 관광개발 과정에서 기존 수요예측에 대한 잘못된 전제를 찾아내고 새로운 전제설정과 추가적 분석으로 예측의 신뢰도를 높여가야 한다.

4 관광지 생애주기를 반영해야 하나?

인간의 삶은 다양한 단계를 거치며 각 단계마다 인간의 생각과 행동의 모습은 다르다. 그런데 시장에 공급되는 상품의 경우도 유사하다. 상품을 시간과 수요의 관점에서 설명한 것이 상품생애주기(Product Life Cycle)이론이다(Kotler & Armstrong, 2015). 상품이 개발되어 시판되고 사라지는 과정에서 시장수요의 변화를 의인화하여 표현하고 있다. 일반적으로 도입기, 성장기, 성숙기, 쇠퇴기의 과정을 거치는데, 단계별로 차별화된 마케팅 전략을 요구하고 있다. 차별화가 필요한 것은 시장세분화(Segmentation), 목표시장설정(Target), 포지셔닝(Positioning) 및 마케팅의 4P(Product, Promotion, Price, Place) 차원에서의 전략이 상품생애주기의 단계마다 달라져야 하기 때문이다.

상품생애주기의 원리는 관광지에도 적용된다. 우리 주변 관광지의 변화하는 모습을 봐도 쉽게 알 수 있다. 한때는 사람이 많이 몰리던 골프장, 스키장, 테마파크, 공원 등이 시간이 가면서 수요의 변동이 생기는 것을 목격하게 된다. 버틀러(Butler, 1980)는 시간에 따른 관광지의 방문자 변화를 중심으로 관광지의 생애주기를 탐색, 참여, 개발,

강화, 정체 및 쇠퇴의 6단계로 설명하고 있다(〈그림 2-2〉). 물론 정체 단계의 관광지는 폐쇄될 수 있지만 기업가의 의지 및 전략에 의하여 정체에서 벗어나 회복단계를 거쳐 새로운 성장을 도모할 수 있다. 버틀러의 모형은 모형의 경직성이나 고려요인의 제한 등으로 비판의 대상이 되기도 하지만 관광지 생애주기의 기본적 틀을 제시하고 있다는 점에서 의미있다.[28)]

그림 2-2 버틀러(Butler)의 관광지 생애주기

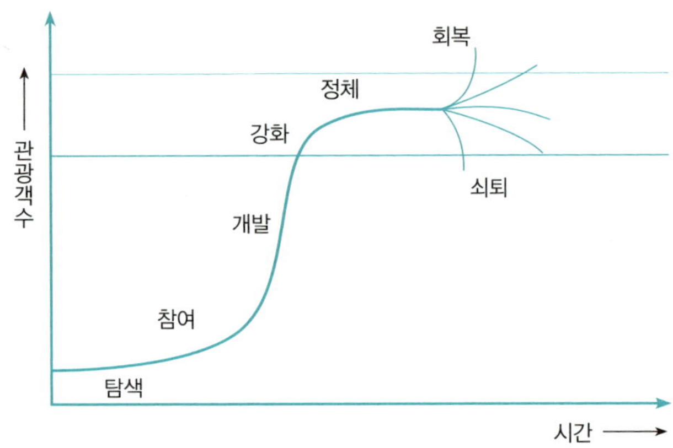

출처: Butler(1980).

28) Butler 모형의 문제는 산업구조의 변화나 타 관광지와의 경쟁요인 등이 배제되어 있는 것임. Butler 모형의 문제를 보완하기 위하여 개발정도, 정부정책, 경쟁 관광지 등의 요인이 반영된 쿠퍼(Cooper), 디베이지(Debbage), 울프(Wolfe) 등의 모형이 있음.

남이섬 관광지는 관광지 생애주기 관점에서 많은 시사점을 주는 사례이다(강우현, 2012; 김성진, 2010). 남이섬 관광지의 개발은 1966년 경춘관광개발 주식회사의 설립과 함께 시작되었다. 국민소득이 수백 불에 불과했고 보릿고개가 있었던 60년대로서는 파격적인 모습의 관광지였다. 그 당시에는 이렇다 할 경쟁 관광지도 없었기에 남이섬의 성장은 빨랐다. 참여와 강화단계를 거쳐 빠른 속도로 정체기에 도달했고 쇠퇴기가 찾아왔다. 급속한 경제성장으로 양적, 질적 차원에서 관광수요에 큰 변화가 있었고 이에 부응하여 새로운 대형 테마파크, 관광단지 및 공원 등이 개발되었지만 남이섬에 대한 투자는 미흡했기 때문이다.

경영부실로 관광지의 폐쇄를 고민해야했던 2001년도에 남이섬을 설명하는 용어는 고성방가, 무질서, 바가지 상혼, 노후시설 등이었다. 회생불가, 대출불가, 매각불가의 상태였다. 하지만 쇠퇴기에 있던 남이섬에 연봉 100원의 새로운 CEO가 나타났다. 새로 부임한 CEO는 회생전략을 고민했지만 그가 선택할 수 있는 전략은 많지 않았다. 자금도, 시설도, 인력도 모두 부재했기 때문이다. 그는 불장난을 시작했다고 했다. 불장난은 남이섬 안에 있는 불만, 불쾌, 불편, 불행, 부족, 부정의 등에서 '불'을 지우는 일이었다. 쓰레기의 관광자원화도 주요 전략이다. 관광객이 버린 3,000개의 빈 소주병은 이슬정원으로 바뀌어 관람객의 사유를 요구하는 작품이 되었다. 남이섬으로 옮겨진 서울시 송파구의 가을 낙엽은 두툼한 낙엽 밟기의 낭만적 자원으로 탈바꿈했다. 덕분에 송파구의 쓰레기 처리예산은 감소되었다. 또한, 건설현장에 남겨진 건축자재가 남이섬에서 야외조형물로 바뀌었다. 모든 변화의 핵심은 자유로운 상상력이었다. 남이섬이 변하면서 방문객 수는 증가하기 시작했다.

남이섬에 행운이 찾아왔다. '겨울연가'이다. 2002년에 KBS 드라마 겨울연가가 크게 히트하면서 남이섬의 인기가 치솟았다. 겨울연가 드라마의 주요장면이 남이섬에서 촬영되었기 때문이다. 한류드라마의 시초가 되는 겨울연가는 특히 일본의 주부들에게 인기였다. 2003년 일본 NHK에 방송되면서 가부장적 성격이 강한 일본 가정생활에 지친 주부들에게 단비와 같은 대리만족을 선물했다. 최지우 머리, 배용준 목도리가 크게 유행하였으며 남이섬을 방문하는 일본 관광객의 수도 계속 증가하였고 주부들의 재방문도 많았다. 쇠퇴기에서 벗어난 남이섬은 새로운 도약을 하게 된 것이다.

그런데 수요예측에서 관광지의 생애주기까지 반영하는 것은 매우 어려운 일이다. 남이섬 사례에서 보았듯이 생애주기의 영향을 주는 내외부 변수가 많기 때문이다. 그럼에도 불구하고 생애주기는 고려되어야 하는데 특히 시계열 분석의 경우 생애주기의 개념은 분석과정에서 반영되어야 한다. 앞에서 논의되었던 계량적 시계열 분석에서는 과거의 자료를 기반으로 미래를 예측한다. 그런데 과거의 자료가 관광지 생애주기 중 어느 단계에 속해있는지를 확인하는 것은 매우 중요하다. 도입기의 자료라면 과소 추정, 성장기의 자료라면 과대 추정될 개연성이 높다. 그런데 일반적으로 지역이나 관광지의 신규관광개발은 기존 추세에 고무되어 이루어지기에 성장 시점에서 계획이 수립되는 경우가 많다. 과거의 성장추세가 직선인 것으로 가정하면 수요는 과추정되고 과추정된 수요에 기반하여 과투자가 일어날 수밖에 없다.

스웨덴의 통계학자 한스 로슬링(Hans Rosling)은 그의 저서 『팩트풀니스(factfulness)』에서 인간은 세상의 변화추이가 직선으로 계속될 것으로 생각하는 '직선본능'이 있다고 한다. 연속적으로 비슷한 현상이 발생하면 앞으로도 계속 그럴 것으로 착각하기 때문이다(Rosling & Rosling, 2018). 하지만 지역관광개발에서의 '직선본능'은 위험하다. 수요가 과추정되는 경우 예산이 낭비되고 지역민이 투자한 자본에 손실이 발생하면서 많은 고통을 당할 수 있다.

하지만 수요예측 시 생애주기 각 단계의 임계시점을 예측하는 것은 복잡계인 관광개발환경에서 거의 불가능하다. 우리가 할 수 있는 것은 시나리오적 접근이다. 생애주기 관련 가상적인 몇 개의 시나리오 안에서 수요를 분석하고 시나리오별 마케팅 전략을 수립하는 것이 타당하다. 이런 맥락에서 보면 수요예측이 목표연도의 수요를 정확히 맞추기 위한 작업으로 보는 것은 올바르지 않다. 오히려 수요예측이라는 과정을 통하여 시장의 특성을 예견하고 존재 가능한 상황별 대응수단을 강구해 보는 수단으로 보는 것이 타당할 것이다. 각 시나리오별 대응수단이 현실성이 있고 계획추진자나 사업참여자가 감내할 수 있으면 계획을 집행하는 것이고, 그렇지 않으면 계획은 수정 · 보완되어야 한다.

5 수요예측에 암묵적 지식을 활용해도 되나?

수요를 읽어내는 힘은 관광개발의 성공을 위한 필수요건이다. 현재의 수요는 물론이고 미래의 수요변화도 읽어낼 수 있어야 한다. 관광개발이 이루어지고 실제로 상품과 서비스가 판매되기까지는 시간이 소요되고 투자된 돈이 회수되기까지 이삼십 년이 소요될 수도 있기 때문이다. 그러므로 현재의 반짝 수요만 믿고 막대한 자금을 투자했다가 낭패를 볼 수 있다. 시장은 점점 복잡해지고 상품과 서비스의 생애주기도 짧아지고 있기에 수요를 예측하기가 점점 어려워지고 있다. 많은 사람의 관심을 받았던 상품과 서비스가 갑자기 시장에서 사라지는 것을 자주 본다. 외부환경과 관광소비트렌드가 매우 빠르게 바뀌고 있기 때문이다. 초연결, 초기능, 나중심소비, YOLO, 친환경소비 등은 이러한 변화를 설명하는 주요 용어들이다. 하지만 앞으로도 키워드는 계속 바뀔 것이 분명하다(최승담 · 심원섭, 2013; Schwab, 2016; Dobbs et al., 2016).

이러한 환경 속에서 장기간 후의 수요예측을 오래된 과거의 자료를 활용하여 회귀분석이나 시계열 분석 등 계량적 기법에 의존하는 것은 문제가 있다. 교통관련 직전 데이터를 분석하여 제공하는 네비게이션 정보도 자주 틀리는데 오래전 자료에 기반하여 미래를 예측하는 방식을 회의적으로 생각하는 것은 당연한 일이다. 물론 최근 빅데이터 및 분석기법 진전에 의한 신뢰성 있는 정보는 시장을 정확히 이해하는 데 큰 도움을 주고 있다. 하지만 일이십 년 이후의 먼 미래를 예측하는 데 있어 계량적 분석의 역할은 제한적일 수 있기에 전문가나 현장실무자의 통찰력에 더 신뢰가 가는 경우가 많다. 그들의 지식과 경험을 통하여 누적된 공통적인 감은 존중할 만한 가치가 있기 때문이다.

전문가나 현장실무자는 책에서는 보기 어려운 암묵적 지식을 갖고 있다. 헝가리 출신 철학자 마이클 폴라니(Michael Polany)는 언어들의 형식으로 표현하기 어려운, 경험과 학습에 의해 몸에 체화된 지식을 암묵적 지식(tacit knowledge)이라고 하였다(Polany, 2007). 우리가 책을 통해서 얻을 수 있는 명시적 지식(explicit knowledge)과는 차원이 다르다. 어려서 배운 자전거나 스케이트 타기 같은 암묵적 지식은 나이가 먹어서도 잊혀지지 않는다. 하지만 글로써 타인에게 가르치기는 어렵고 직접 만나서 가르칠 때 효과가 크다.

애플사의 창업자 스티브 잡스(Steve Jobs)의 이야기이다. 그는 소크라테스와 점심식사 할 기회가 주어진다면 애플(Apple Inc.)이 가진 모든 기술을 내놓겠다고 했다. 소크라테스가 이 세상에 없으니 현실적으로 불가능한 이야기를 하면서 폼을 잡았다고 생각할 수 있다. 하지만 스티브 잡스는 비즈니스맨으로 주고받는 것에 대한 계산이 철저한 사람이다. 이벤트로서 소크라테스와 같이 점심을 하면서 회사의 존재를 알리고 상품의 브랜드 가치를 높이려고 했을지 모른다. 하지만 소크라테스와의 점심식사 시간을 통하여 책에서는 얻을 수 없는 귀한 사업정보를 얻기 위한 제안이었다는 것이 더 설득력 있다. 많은 것을 알고 있는 철인으로서 소크라테스는 분명 다른 사람이 알 수 없는 세상의 흐름과 돈의 흐름을 꿰뚫고 있었을 것이다. 그 지식을 점식식사 중 대화에서 얻게 된다면 애플이 보유한 기술의 가치보다 더 큰 가치를 얻어낼 수 있다는 생각 때문이 아니었을까?

관광개발에서 전문가의 통찰력을 반영하는 것은 매우 중요하다. 하지만 지자체가 주도하는 지역관광개발의 경우는 현실적으로 쉽지가 않다. 먼저, 지자체 관광개발사업은 정치적으로 타당성을 인정받아야 하기 때문이다. 지역주민의 지지는 정치적 타당성의 핵심이다. 전문가가 아닌 그들은 간단한 논리를 선호하기에 계량적 분석자료는 정성적 자료보다 논리적 설득이 단순하다. 재무적 분석결과 NPV의 값이 플러스면 사업의 재무적 타당도가 있고, 마이너스면 없다고 단순하게 판단할 수 있다. 하지만 마이너스가 나왔음에도 불구하고 몇몇 암묵적 지식의 결과를 감안하여 사업을 추진하겠다고 하면 시끄러워진다. 사업을 찬성하는 이해관계자들은 조용하겠지만 반대하는 이해관계자들로부터의 공격은 거세진다. 이러한 여건에서 의회를 통과시키고 효율적으로 사업을 추진하기는 어렵다. 또한, 중앙정부의 지원을 받기 위해서는 계량적 분석이 필요하다. 중앙정부의 지원을 요청하는 사업의 경우 제안서 작성 시 계량적인 분석이 기본요건이기 때문이다.

수요예측이 계량적 분석방법에만 의존하였을 경우 방법론상의 신뢰도가 확보되어도 예측의 정확도가 떨어지는 경우가 많다. 암묵적 지식은 예측에는 도움이 될 수 있지만 지자체 관광개발계획 작성 시 실제로 적용하기에는 어려움이 많다. 지자체 관광개발의 수요예측 시 계량적 분석에 의한 지식과 암묵적 지식의 절충이 요구된다. 절충의 방식[29]은 지역의 개발여건이나 정치, 경제, 사회적 정서 등에 따라 달라질 수 있다. 수요예측은 온전한 과학이기 어렵다. 수요예측은 반은 과학이고 반은 예술이라고 하는 이유이다.

6 4차 산업혁명이 관광수요에 미치는 영향은?[30]

1, 2, 3차 산업혁명에 이어 4차 산업혁명시대로 들어서고 있다고 한다. 4차 산업혁명의 뿌리는 기술혁신에 있다. 인공지능, 로봇, 3D 프린팅, 퀀텀 컴퓨팅, 나노, 바이오 등 다양한 분야에서의 기술혁신이다(김규찬 외, 2017; 전효재 · 한희정, 2018; 정승민, 2018; 최재붕, 2019; Schwab, 2016). 과학기술 분야의 혁명적 변화는 경제, 사회, 환경 등 각 분야에 영향을 주고 있다. 그 속도는 빠르고 강도도 매우 세다. 미래변화에 대한 분석과 대응책을 준비하는 수밖에 없다. 변화는 게으른 자에게는 위협이지만 준비하는 자에게는 분명 좋은 기회이기 때문이다. 역사를 보면 대항해시대, 산업혁명 등 큰 판이 바뀔 때 새로운 강국이 등장했다. 4차산업혁명으로 짜여지는 새판은 IT 강국인 우리에게는 한번 겨루어 볼 만한 판인 것 같다.

29) 절충의 방식으로는 정략적 분석결과와 정성적 분석결과의 평균을 구하는 법, 정량적 분석결과를 기반으로하고 정성적 분석결과를 참고로 수정하는 법, 정성적 분석결과를 기반으로하여 정량적 분석결과를 참고로 수정하는 법 등임.

30) 1차 산업혁명은 18세기 증기기관 발견에 따른 산업화, 2차 산업혁명은 19세기 말 전기를 활용한 대량생산 시스템화, 3차 산업혁명은 20세기 컴퓨터와 인터넷이 기반이 된 정보화를 의미함.

4차 산업혁명이 관광수요에 미치는 영향도 매우 클 것으로 보인다. 개발의 근간이 되는 관광시장의 모습이 크게 바뀌면서 관광개발 관련 전략의 변화도 요구할 것이다. 이러한 변화를 분석하고 새로운 시장에 부합하는 새로운 개발 패러다임이나 정책의 모색은 매우 중요하다. 과연 4차 산업혁명은 관광수요에 어떤 변화를 주고 이런 변화가 지역관광개발이나 관련 정책에 주는 시사점은 무엇인가?

첫째, 4차 산업혁명은 관광수요를 빠른 속도로 증대시킬 것이다. 4차례에 걸친 산업혁명 결과 인간은 육체적 노동과 정신적 노동으로부터 매우 자유로워진다. 일을 해야 되는 시간은 줄었지만 기술발전 덕분에 생산성은 매우 높아져 국가나 지역이 창출하는 부가가치의 총량이 지금보다 훨씬 커지기 때문이다. 분배의 문제만 해결되면[31] 모두가 시간적으로나 경제적으로나 여유로운 삶을 살 수 있게 된다. 여유로운 삶을 살 수 있게 된 인간에게 관광은 중요한 관심거리이다. 관광의 보편적 권리가 강조되면서 보편적 권리의 충족을 위한 정부의 역할이 커지게 될 것이다(최승담, 2019).

둘째, 관광수요의 양극화가 심화될 것이다. 4차 산업혁명으로 창출된 부가가치의 대부분은 4차 산업혁명을 주도한 상위 엘리트 계층에게로 가고 나머지 계층은 그들이 창출한 부의 혜택을 받게 된다. 엄청난 부를 창출한 엘리트계층은 과거에는 상상하기 어려웠던 고급 관광활동과 서비스를 원하게 된다. 수요는 공급을 창출하기에 엘리트

31) 나쁜 시나리오는 분배과정에서 계층 간 갈등으로 혼란이 야기되거나 갈등이 과격한 행동으로 표출되는 것임.

계층을 위한 그들만의 고급관광 시설과 서비스가 개발된다. 특별한 규제가 없는 한 그들을 위한 시설은 외부와 차단된 캐슬 형태가 될 것이다. 인간은 본능적으로 차별화를 통한 과시의 욕구가 있기 때문이다.

상위 엘리트계층이 창출한 부에 편승한 기타 계층의 관광수요는 상위계층과는 다를 것이다. 그들은 제한된 수입 안에서 절약형 시설과 서비스를 선호하게 된다. 하지만 4차 산업혁명으로 인한 평균 소득의 증대로 시설과 서비스의 수준은 상승된다. 한편, 정부정책에서 대량, 대중 관광의 체계적 수용을 위한 관심과 투자가 증대된다. 양적인 차원에서 기타 계층의 관광수요는 지금보다 훨씬 빠르게 성장하고 관광이 삶에서 차지하는 비중이 증대하기 때문이다.

셋째, 소비자의 수요는 더욱 복잡해지고 자주 바뀌게 된다. 소비자의 스마트폰 의존도는 점차 커지고 매스미디어의 역할은 축소되기 때문이다. 과거의 소비자는 한정된 매스미디어에 의해서 관광관련 정보를 입수했다. 소비자에게 유사한 정보가 입력되었기에 유사한 소비자군이 형성되었다. 하지만 스마트폰 의존도가 높은 소비자는 스스로 원하는 정보를 찾아서 입력한다. 즉, 소비자마다 입력되는 정보가 다르기에 그들의 관광관련 선호도나 행동도 다를 수밖에 없다(최재붕, 2019). 관광상품의 생애주기도 짧아져 수요는 자주 바뀌게 된다. 관광활동참여량의 증가는 새로운 정보의 탐색을 자극하고 새 정보의 입력은 소비자의 선호도와 행동을 빠르게 변화시키기 때문이다.

상승된 인건비로 인하여 관광 서비스 제공 시 인적 서비스 이외에 AI 및 로봇의 활용이 증가하게 된다. 기계적 서비스의 비중 증대와 함께 서비스 퀄리티(Service Quality)[32]나 서비스 스케이프(Servicescapes)[33]와 관련하여 기존과는 전혀 다른 유형의 소비자 니즈가 발생할 수 있다. 초기 계획 단계에서 공간의 융통성과 서비스의 발전적 진화를 염두에 두어야 한다. 소비자 니즈의 변화를 예측하기 어렵고, 동일한 환경에서 유사한 서비스가 반복될 때 소비자를 만족시키기 어렵기 때문이다.

넷째, 4차 산업혁명은 도시관광수요를 증대시킨다. 도시가 빠르게 성장하면서 도시관광의 역할이 중요해지기 때문이다. 도시는 4차 산업혁명의 큰 수혜자이다. 4차 산업혁명 덕분에 도시가 점점 스마트해지면서 기존 도시가 갖고 있던 문제들을 해결해 주기 때문이다(박영재, 2019; 반영운 외, 2017; 이범현 외, 2017; 이재용 외, 2018; 하재현 외, 2019).[34] 도시의 기반시설이 지능화되고 공공기능이 네트워크화됨으로써 편리성과 안정성이 높아진다. 문제가 있는 곳에 빅데이터의 정보가 제공되어 교통, 환경, 에너지, 의료, 교육 등에서 최적의 자원 배분 시스템을 만들어 준다.

32) 서비스가 얼마나 잘 고객의 기대를 충족시키는가에 대한 고객의 지각임.

33) 서비스가 제공되는 공간의 물리적 환경을 의미함. 인테리어, 가구, 음향 및 조명 등은 주요 구성요소임.

34) 교통분야에는 지능형 교통시스템(ITS), 안전분야에는 CCTV와 연계된 통합감시시스템, 에너지 분야에는 스마트 그리드(Smart-Grid) 및 에너지 저장장치시스템(ESS), 물관리 분야에는 지능형 물관리 시스템(SWC) 등이 활용됨. 또한 ICT에 기반한 공유경제 플랫폼(platform)을 기반으로 개인 소유의 자산 및 서비스를 타인과 공유하여 사용함으로써 효율성을 제공하는 경제모델을 창출함. 4차 산업혁명의 확산은 도시의 교통혼잡, 에너지 과소비 및 환경오염의 문제를 완화시킴.

한편, AI에 의한 생산시스템의 구축은 인건비의 부담을 줄여 기존 비도시에 있던 2차 산업시설을 다시 도시로 복귀시키면서, 도시의 생산력이 증대된다.[35] 도시화는 가속화되고 도시 간의 경쟁이 심화되면서 도시의 경쟁력 제고차원에서 도시관광개발에 대한 투자가 증대된다. 매력있는 도시가 도시의 성장을 위하여 능력 있는 인재와 기업을 유치하기에 유리하기 때문이다.[36] 도시 간의 치열한 경쟁과 함께 한 도시의 성공이 다른 도시의 실패를 불러온다.

한편, 4차 산업혁명으로 인한 관광수요의 변화는 정부와 지자체의 역할을 증대시킨다. 수요의 확대와 양극화, 상품 생애주기의 단축 및 도시관광의 수요증가 등은 새로운 유형의 갈등을 유발하고 새로운 제도의 도입을 요구하기 때문이다. 민주적 절차에 의한 합리적 제도의 개발과 사회통합을 실현할 수 있는 공공의 역할이 중요해진다.

4차 산업혁명의 파급효과가 부풀려졌다는 의견이 있다. 혁명이라는 용어에 대한 거부감도 존재한다. 하지만 혁신의 범위가 넓고 속도가 빠르며 기술의 초연결을 통한 시너지가 매우 크다. 미래는 갑자기 다가오지 않지만 갑작스럽다고 느끼는 경우 낭패를 당할 수 있기에 철저히 준비하는 편이 나을 것이다. 막연히 변화의 과정을 바

35) 도시 정주환경의 개선 및 생산력 극대와 함께 도시화의 속도는 빨라짐. 미래학자인 앨빈 토플러(Alvin Toffler)는 그의 저서 『제3의 물결(The Third Wave)』에서 정보통신의 발전으로 산업과 인구가 점점 분산될 것을 예견하였으나 4차 산업혁명에 의한 과학기술의 발전은 공간적 집중과 도시의 번성을 가져올 것으로 보임.

36) 미국 뉴욕의 경우 경제적 보상에 비하여 생활비 수준이 크지만 뉴욕의 인구는 계속 증가하고 있음(Gleaser, 2011).

라보기보다는 관광이 한 단계 도약할 수 있는 기회로 삼아야 한다. 관광개발 활성화 차원에서는 위협요인보다 기회요인이 훨씬 많기 때문이다.

memo

CHAPTER 03

지자체의 과제

도시 및 지역관광개발

I

도시관광개발

1. 도시의 속성은?
2. 도시관광개발 활성화의 필요성은?
3. 도시관광개발의 특성은?
4. 도시관광개발 정책의 방향은?
5. 도시관광지구의 역할은?
6. 도시재개발 및 재생의 수단으로 관광은 유용한가?
7. 도시관광 재개발인가, 재생인가?
8. 도시관광개발이 잘못되면?

1 도시의 속성은?

도시관광을 이해하려면 먼저 도시에 대한 이해가 필요하다. 겉으로 보이는 모습만이 아닌 도시의 성장배경과 구성요소들에 대한 본질적인 이해이다. 다양한 요소로 구성된 도시는 다양한 관점에서 그 속성이 논의될 수 있다(권용우 · 김세용 · 박지희 외, 2016; 대한국토도시계획학회, 2016b; 유현준, 2017; 이빈송 외, 2015; 이영석 · 민유기 외, 2015; 정석, 2013; 2016; 2019; 주경철 · 민유기 외, 2017; Blair, 1991; Glaeser, 2011; O'Sullivan, 2012).

첫째, 도시는 거주인구가 많고 생산성이 높은 결절지이다. 도시 거주민은 먹을 것을 직접 생산하지 않지만 그보다 더 큰 부가가치를 창출한다.[1] 높은 부가가치의 창출은 2, 3차 산업의 중심지로서 많은 인구를 수용할 수 있기에 가능하다. 많은 인구를 수용해야 하기 때문에 인공환경의 비율이 높고 시설이 집중되어 있으며 인구밀도는 높아진다. 도시의 과밀은 경계해야 하지만 도시 인구의 감소는 도시가 아프다는 신호이다. 사람들이 도시를 떠나는 이유는 경제적, 사회적으로 도시의 경쟁력이 하락하고 있기 때문이다.

도시는 생산, 유통 및 소비의 기능이 집중되는 결절지의 역할을 수행한다. 다양한 기능이 축적된 환경 속에서 분업화된 생산과 교환을 통하여 '집적의 이익(agglomeration economy)'을 창출한다. 다양하고

1) 도시가 형성되기 위해서는 농업에서의 잉여가 있어야 함. 잉여가 없다면 도시의 구성원인 비농 인구가 존재할 수 없음.

많은 사람을 끌어들이는 것은 도시의 힘이다. 그들의 교류를 통하여 지식이 전달되고 지식의 축적은 생산성의 원동력이 된다. 물론 도시는 가난한 사람도 끌어들인다. 가난한 사람의 유입은 도시 자체로서는 불편할 수 있지만 도시가 그들에게 경제적 신분 상승의 기회를 제공하는 면에서는 긍정적이다.

둘째, 도시는 유기체이다. 도시 계획가의 의도대로 성장하지 않는다. 계획가의 손을 떠나면 살아있는 생물체로서 진화한다. 도시의 진화는 환경에 따른 행태적, 기능적 변화이지 항상 발전적 변화를 의미하지 않는다. 진화는 계단이나 직선의 루트가 아닌 꼬불꼬불한 발자취이다. 도시는 오랜 시간에 걸쳐 내 · 외부 환경에 영향을 받으며, 성장하고 발전하고 쇠퇴한다. 이와 같은 이유로 도시에는 과거의 흔적이 남아있다. '팰림시스트(palimpsest)'[2]의 흔적과 같다. 건물, 광장, 동상, 도로, 공원 및 상하수도 시설 등 도시인프라에서 역사적 기억과 흔적을 찾을 수 있다. 도시 안에 존재하는 또 다른 유기체인 인간도 도시와 함께 진화한다. 사람이 도시를 만들지만 도시는 사람을 만든다.

도시는 변화과정에서 경제, 사회적 영향과 함께 정치적 영향을 받는다. 정치가의 의지나 정책의 방향이 도시의 확산이나 특정지역 성장에 영향을 미치기 때문이다.[3] 유기체인 도시를 정책결정자의 의도

2) 종이가 발명되기 전 사용되던 양피지로 재활용 시 이미 쓴 글자를 지우고 그 위에 다시 글자를 써서 두 글자가 중첩되어 보이게 됨.

3) 개선문 중심의 방사형 가로체계와 일정한 층고의 바로크식 건물로 구성된 단일한 도시경관의 파리는 나폴레옹 3세의 후원을 받은 오스만 시장에 의하여 추진된 도시정비사업(1853-1865)의 결과임. 전염병 예방과 폭동진압을 위하여 골목이 정비되고 방사형 대

대로 변화시킬 수는 없지만, 변화과정에서 발생하는 문제해결이나 성장의 촉진을 위한 정책의 개발은 요구된다. 정책개발의 방향은 유기체로서 도시의 본질인 다양성, 자립성, 순환성 원리의 존중이다. 이러한 원리가 적용되지 않은 도시계획가의 의지, 열정, 헌신 등에 의한 도시계획은 도시와 도시민에 대한 폭력이 될 수 있다. 감정에 기반한 신념, 검증되지 않은 아이디어, 무지한 벤치마킹에 의한 도시개발은 도시민에게 고통을 주기 때문이다. 언론인이자 도시계획가인 제인 제이콥스(Jane Jacobs)는 자신이 살지도 않을 도시에 대한 계획가의 잘못된 계획이 오히려 도시를 슬럼화시키고 있다고 했다(Jacobs, 1993).

〈사진〉 시티 미니멀리즘(City Minimalism)[4)]

로가 조성되면서 파리가옥의 3/7이 파괴됨.

4) UIA 2017 세계건축대회 '자율진화도시(The Self-Evolving City)' 공모전 당선작(Sylvia Choi & Daegeon Jeong)으로 도시를 이루기 위한 최소한의 인구밀도와 고

셋째, 도시는 다양한 유형의 인적 집적체로서 인간의 체취로 구성되어 있다. 많은 사람들이 모여 교류를 하고 배우면서 '인적자본의 외부효과(human capital externalities)'[5]가 발생한다. 브레인들은 도시에서 만나 혁신을 일으켰다. 소크라테스(Socrates)와 플라톤(Platon), 쇼팽(Fryderyk Franciszek Chopin)과 리스트(Franz Liszt), 마티스(Henri Matisse)와 피카소(Pablo Picasso), 그리고 최근 뉴욕 '하이라인(High-line)' 공원 개발의 주역 조슈아 데이비드(Joshua David)와 로버트 하몬드(Robert Hammond)는 모두 도시에서 만나 철학, 음악, 미술, 도시재생 분야에서 새로운 장을 열었다. 인류의 삶에 큰 영향을 준 새로운 생각과 기술도 항상 도시에서 출발했다. 그리스의 철학은 아테네, 르네상스는 피렌체, 산업혁명은 버밍엄과 맨체스터, 그리고 페이스북은 보스턴에서 시작되었다. 성장하는 도시들은 유능한 지식인, 예술인 및 기업인 유인에 성공한 도시이다(Glaeser, 2011).[6]

도시의 힘은 겉모습의 화려함이나 대형 인프라가 아니라 다양한 사람을 끌어들이는 유인력[7]과 사람 간의 교류와 소통을 원활하게 하는 도시의 구조[8]와 시민의 정서이다. 인적자본이 부족하고 사람 간의

정된 인프라스트럭처만 제공한 상태에서 각 시대의 필요에 따라 변화가능한 도시를 구상하고 있음(Seoul Museum of Art, 2017).

5) 재능있는 인재와 같이 일할 때 다른 사람의 생산성도 높아짐을 설명하는 용어임.

6) 셰익스피어(William Shakespeare)는 사람들이 없는 도시는 소용이 없다고 했음.

7) 도시는 경제적 신분상승을 추구하는 가난한 사람을 끌어들여 그들에게 새로운 기회를 제공하지만 기회가 단절될 때 도시 슬럼화가 발생되게 됨.

8) 제인 제이콥스(Jane Jacobs)는 도시지구 안에 다양한 용도가 혼합되어 있고, 블록이 작고 다양한 연령대의 건물이 뒤섞여 있고, 사람들이 조밀하게 집중되어 있으면 다양성

협력이 없는 도시의 성장은 불가능하다. 대형 인프라 중심으로 투자하는 도시가 성공하기 어려운 이유이다. 이러한 맥락에서, 폐쇄적인 공간이 많은 도시, 자동차 중심의 도시, 보행이 불편하고 재미없는 도시는 사람 간의 소통을 어렵게 하기 때문에 성공할 수 없다.

넷째, 도시는 국가 성장의 축이다. 도시의 성장 없이 문명도 국가 성장도 불가능하다. 역사적으로 보면 한 시대를 대표하는 도시를 가진 국가가 그 시대를 주도했으며 시대를 주도했던 대부분의 도시는 혁신적 인프라를 갖추고 있었다. 로마는 상수도 시스템, 파리는 하수도 시스템과 방사형 도로망, 런던은 도심공원 하이드파크, 뉴욕은 엘리베이터와 전화망을 다른 도시보다 앞서서 구축했다(유현준, 2017).

세계화 및 무역자유화로 국가 간 장벽이 낮아지고 장거리를 연결하는 비용이 감소되면서 도시의 중요성은 더 커지고 있다. 국가 간 경쟁이 국가 단위보다는 도시 단위의 경쟁으로 바뀌고 있기 때문이다. 도시 간 경쟁시대에서 중심성 증대를 위한 도시의 노력이 도시의 규모를 키우면서 글로벌경제의 중심축이 대도시로 가고 있다. 이러한 흐름에서 대도시의 경쟁력이 약화되면 국가의 경쟁력도 약화될 수밖에 없다.

다섯째, 도시는 고도의 분업구조를 갖는 기업의 집적체이다. 도시에서는 노동의 특화와 대규모 생산이 이루어진다. 이러한 이유로 기업유인력이 없는 도시와 기업이 떠난 도시는 쇠퇴할 수밖에 없다. 각

을 바탕으로 도시가 경제적, 사회적으로 성장할 것이라고 함(Jacobs, 1993).

도시들이 기업하기에 좋은 환경을 조성하기 위해 노력하고 있는 이유이다. 기업하기에 유리한 세제, 금융 및 행정상의 지원만이 아니라, 기업의 엘리트들이 선호하는 도시 환경 조성에 힘을 쏟고 있다. 흥미롭고 쾌적한 도시 환경의 조성을 위하여 지속적으로 투자하고 있다. 문화 · 예술의 집적지를 조성하여 여가활동의 기회를 확대하고, 녹색 및 수변공간의 접근성을 제고하고, 공적 서비스의 수준을 높여 도시의 삶의 질을 향상시키고 있다. 기업의 유치를 통한 일자리의 창출 없이 도시의 발전이 불가능함을 모두 알고 있기 때문이다. 도시의 중심성 증대를 위하여 도시의 효용성을 높이고 있다. 용적률 규제를 완화하고 시설의 군집 및 복합적 이용을 유도하여 도시의 동선을 단축시키고 있으며, 고밀화, 교통량 증가 및 이산화탄소 발생증가 등에서 발생하는 문제는 도시의 스마트화로 해결하고 있다.

여섯째, 도시 안에는 집단기억의 장소가 있다. 유기체로서 오랜 기간 진화된 도시에는 과거의 흔적이 누적되어 있기 때문이다. 오랜 DNA가 누적된 도시를 이탈리아의 건축가 알도 로시(Aldo Rossi)는 '집단기억의 보물창고'라 했다. 특히, 역사와 문화와 연계된 특정장소나 기억물은 집단기억의 실재적 대상이다.[9] 역사문화적 화석으로서 도시의 삶의 모습을 기억하고, 평가하고, 전승하는 주요 매개체가 된다(이영석 · 민유기 외, 2015; 주경철 · 민유기 외, 2017).

9) 도시는 모든 삶의 흔적을 기억하고 전승함. 도시가 다양한 공공기념물을 통해 무엇을 기억하고자 하는지는 시민의 집단적 역사인식의 수준을 보여줌(주경철 · 민유기 외, 2017).

집단기억의 장소는 장소성이 높은 곳이다. 장소성이 높다는 것은 개인이나 도시민에게 장소가 주는 진정성(authenticity)의 의미가 크다는 것이다. 의미있는 장소로 가득한 곳에 살 때 인간은 인간다워진다(Relph, 1984). 의미가 많은 장소를 가진 도시가 사람을 끌어들이는 힘을 갖는 이유이다. 장소성을 경제논리로 쉽게 없앨 수 있지만 장소성을 파괴하는 일은 과거와 현재의 매개체를 없애고 도시의 흔적을 지우는 일이다. 장소성의 상실로 도시는 기억을 잃어 가면서 점차 빈곤해진다.

일곱째, 도시인구의 증가와 과밀은 많은 문제를 발생시킨다. 주택부족으로 주택가격은 빠르게 상승하고 고소득 계층과 저소득 계층의 주거지가 구분되면서 사회적 위화감을 조성한다. 차량증가로 교통혼잡, 주차공간 부족, 교통사고의 문제가 심각해진다. 환경오염도 큰 문제이다. 대기오염, 수질오염 및 소음공해 등은 도시민의 삶을 위협하고 있다.[10] 비인간성, 이기심, 범죄, 슬럼(slum), 공동체 파괴 등은 도시화된 사회의 문제를 지적하는 용어들이다. 그래서인가 장 자크 루소(Jean Jacques Rousseau)는 "도시는 인간종이 모여사는 깊은 구렁텅이"라고 했다. 마하트마 간디(Gandhi)는 "진정한 인도는 몇몇 도시들이 아니라 70만 개 마을 속에 세워져야 한다"고 했다. 그는 국가의 성장을 도시가 아니라 마을에서 찾고자 했던 것 같다(Glaeser, 2011).

10) 1952년 런던에서는 아황산가스 배출로 발생된 스모그로 인하여 1만 2천 명이 사망했고 생존을 위한 비상시 피난처로서 그린벨트가 만들어지는 계기가 되었음.

2 도시관광개발 활성화의 필요성은?

도시관광이란 관광자의 입장에서는 '도시의 역사, 문화, 산업 등 도시가 보유한 자원을 기반으로 도시를 경험하는 관광'을 의미한다. 하지만, 좀 더 포괄적으로 시스템적 관점에서 정의하면 도시관광은 '도시환경 속에서 관광자, 관광대상, 관광기업, 정부 및 도시주민 사이의 상호작용의 결과로 발생하는 관계와 현상의 총체'[11]로 정의할 수 있다(이영주 · 최승담, 2004; Law, 2002; Page, 1995).

도시관광의 역사는 그랜드 투어로부터 시작된다(설혜심, 2017). 17세기 중반부터 19세기 초에 영국의 상류계급사회에서 유행했던 대학습여행을 그랜드투어라고 했다. 상위계층의 어린 자녀들을 프랑스와 이탈리아 등의 선진화된 주요도시로 2-3년 간 여행을 보냈다. 부모들은 자녀들이 여행을 통해 외국어와 세련된 문화를 배우고 오기를 원했으며 여행에는 선생님이 함께하여 보호자와 통역관의 역할을 했다. 아담 스미스(Adam Smith), 볼테르(Voltaire), 괴테(Johan Wolfgang von Goethe) 등 최고의 지성인도 동반하였다고 하니 상위계층을 위한 고급 엘리트 조기유학 과정의 원조라고 할 수 있다.

한편, 18세기 후반은 산업혁명의 후유증이 도시관광에 대한 관심

11) 골드너(C. Goeldner) 교수와 브렌트 리치(J. Brent Ritchie) 교수는 체계론적 관점에서 관광을 "관광자, 관광공급자, 유치정부 및 유치지역 사회공동체 그리고 관광자의 유치와 관련된 외부 환경과의 관계 및 상호작용에서 발생하는 활동 그리고 결과"로 정의하였음.

을 불러일으켰다. 산업혁명은 공장시스템과 철도로 상징되는 공업도시를 탄생시켰다. 인클로저(enclosure) 운동[12]으로 농토를 잃은 많은 농민들은 일자리를 찾아 도시로 몰려들었고, 산업도시는 시설이 집적되고 인구가 과밀화되면서 거주환경은 열악해졌다. 산업도시의 열악한 환경에서 벗어나고자 하는 도시민의 증가는 산업도시 주변 중소도시를 휴양도시로 발전시켰다.

20세기 후반부터 시작된 세계화 흐름이 국제간 이동량을 증가시키면서 도시관광의 성장을 빠르게 하였다. 세계관광기구(UNWTO) 통계에 의하면, 1995년 5억 3천만 명이었던 국제 관광객 수는 2012년, 2017년에 각각 10억 명과 13억 2천만 명으로 증가했다. 국제 관광객의 증가와 함께 관광목적지의 게이트웨이로서 도시의 중요성이 인식되었고, 도시 경쟁력 강화 수단으로서 도시관광에 대한 정책적 관심도 커지게 되었다. 우리나라의 경우 21세기에 들어서면서 도시관광도 관광정책의 한 부분을 차지하게 되었다. 정부는 올해의 관광도시, 문화도시, 도시재생 선도지역 사업 등을 추진하면서 도시와 관광의 접목을 도모해 왔다(김향자, 2011; 최승담, 2019).

도시관광의 성장과 함께 정부의 도시관광개발 지원정책이 강화되고 있는데 도시관광개발 활성화의 필요성은 다양한 관점에서 논의될 수 있다(김향자, 2011; 김향자 · 유지윤, 2000; 김홍범 · 이정원, 2008; 이

12) 15-16세기와 18-19세기 영국에서 영주나 대지주가 목양업이나 대규모 농업을 위하여 미개간지나 공동 방목장 등의 공유지를 사유지로 만든 일임. 인클로저 운동의 결과 중소농민들은 농업노동자 또는 공업노동자로 전락하게 됨.

영주 · 최승담, 2004; Maciocco & Serreli, 2009; Page, 1995; Page & Hall, 2003).

첫째, 도시관광개발은 도시의 어메니티 제고를 위한 유용한 투자이다. 관광객 유치에 실질적 기여가 큰 컨벤션 센터, 동물원, 대형 랜드마크들은 도시의 단순한 관광자원이 아니라 도시의 어메니티이자 자존심이 된다. 괜찮은 도시라면 보유해야 할 기본 인프라로서 도시 이미지를 제고하고 도시민의 자긍심도 높인다. 쓸모없이 방치되었던 도시 내 오픈스페이스와 공공인프라도 관광적 차원의 재생 및 재개발을 통하여 도시의 어메니티로 변신할 수 있다. 어메니티가 뛰어난 도시는 매력있는 삶에 대한 기대로 유능한 인재를 끌어들인다.[13)] 기업들이 매력이 있는 도시를 선호하는 이유이다. 기업성공의 핵심은 우수 인력 충원에 있기 때문이다.

둘째, 관광은 도시문제의 해결을 위한 주요 수단이 된다. 이미 언급되었듯이 유기체인 도시는 진화과정에서 여러 문제에 부딪히게 된다. 성장과정에서 임계점에 달하면 성장이 둔화되고 쇠퇴하게 되지만 도시 스스로가 성장의 모멘텀을 찾아 활성화되기는 매우 어렵다. 도시의 재성장을 위하여 정책적 수단이 요구되는데 관광은 주요 대안이 될 수 있다. 관광은 본질적으로 사람을 끌어들이는 힘이 강하다. 관광유인력을 위한 새로운 자원발굴이나 신규 어트랙션의 개발은 관광객 유인

13) 도시는 가난한 사람도 살기 좋은 곳이기에 생활의 개선을 추구하는 가난한 사람도 끌어들임. 도시의 슬럼은 도시내부 문제보다는 지역의 문제를 도시가 수용하는 과정에서 발생됨(Glaeser, 2011).

을 통한 파급효과 창출을 통하여 도시의 침체를 다시 살릴 수 있다.

셋째, 도시는 관광개발의 파급효과를 수용하기에 유리한 조건을 갖추고 있다. 관광지 활성화로 인한 경제적 파급효과는 주변지역보다 인근도시에서 크게 나타난다. 관광객들은 관광루트를 짤 때, 방문 목적지를 도시와 연계시키기 때문이다. 일반적으로 교통인프라는 도시와 연계해서 구축되어 있고, 도시는 관광목적지의 배후지로서 관광서비스를 할 수 있다. 실제로 대형행사로 인한 실속은 대형행사가 개최되었던 지역보다는 주변의 도시가 챙기는 경우가 많다. 2018년 동계올림픽 개최지의 파급효과는 개막식이 열렸던 평창지역보다는 인근도시인 속초에서 더 크게 나타났다. 행사를 전후로 속초시는 관광인프라의 정비와 민간에 의한 신규 투자가 이어졌고, 관광목적지로서의 이미지도 크게 제고되었다.[14)]

넷째, 관광을 통하여 도시의 사회적 자본을 키울 수 있다. 관광은 타 문화를 공유할 수 있는 매우 유용한 수단이기 때문이다. 타 문화 관광객과의 교류를 통하여 도시는 새로움과 변화를 수용하는 역량을 제고시킨다. 빠르게 성장하는 도시의 특성은 도시공동체에 형성되어 있는 관용(tolerance)이다. 다른 민족이나 새로운 사고, 제도 및 문

14) 동계올림픽 경기는 빙상과 설상으로 구분되는데 대부분의 경우 개막식과 폐막식은 빙상경기 인프라가 구비된 도시에서 개최됨. 빙상경기 인프라가 개막식과 폐막식 행사를 수용하기에 유리하고 올림픽을 계기로 도시성장을 유도하고자 하는 전략 때문임. 2010년 밴쿠버 올림픽의 경우 개최된 경기의 수는 밴쿠버에서 130km 떨어진 휘슬러에서 더 많았으나 올림픽의 파급효과는 빙상경기와 개폐막식이 열렸던 밴쿠버에서 더 크게 나타남. 올림픽 후 밴쿠버는 국제적인 도시로 도약하였고 살기 좋은 도시로 항상 상위에 위치하게 됨.

화 등에 대한 포용력이 큰 도시는 다양성을 유지할 수 있고, 다양성은 창의성 발현의 원동력이 된다. 미국의 뉴욕(New York)이나 텍사스의 수도인 오스틴(Austin) 등 성장하는 도시는 포용력을 보유하고 있다. 인종차별이 없고, 새로운 문화에 대한 수용력이 강하며 항상 새롭고 흥미롭다. 도시가 핫해지는 주요 이유이다.

도시관광개발 활성화가 도시발전에 미치는 영향은 매우 크다. 도시의 삶의 질을 개선하고 도시문제를 해결하며, 사회적, 물리적 차원에서 도시성장의 기반을 든든하게 해 준다. 도시정책에 내재된 관광개발의 필요성과 함께 도시관광이 성장할 수 있는 도시생태계 조성이 필요함을 시사하고 있다.

〈사진〉 뉴욕(New York)[15]

15) 엠파이어 스테이트(Empire State) 빌딩에서 북서쪽 허드슨(Hudson)강과 타임 스퀘어(Time Square)를 바라본 모습임.

3 도시관광개발의 특성은?

도시에서의 관광개발은 지역에서의 관광개발과는 차이가 크다. 개발이 일어나는 도시의 입지여건이나 개발환경이 타 지역과 다르기 때문이다(김향자, 2011; 김홍범 · 이정원, 2008; 이영주 · 최승담, 2004; Glaeser, 2001; Gunn, 1994; Maciocco & Serreli, 2009; Page, 1995; Page & Hall, 2003). 도시관광개발이 지역의 관광개발과 다른 점은 무엇인가?

첫째, 도시의 중심성이 관광개발에 미치는 영향이 크다. 도시의 중심성은 도시가 배후도시에 미치는 영향력의 크기이다. 도시에 대한 타 도시들의 의존성을 의미한다.[16)]중심성이 높은 도시는 타 도시의 인구를 끌어들이고 중심성이 낮은 도시의 인구는 타 도시로 끌려간다. 일반적으로 도시의 중심성은 도시의 입지와 규모에 영향을 받는데 타 도시들과의 관계에서 중앙에 위치하거나 규모가 크면 중심성이 크게 된다. 반대로, 주변에 있거나 규모가 작은 도시는 중심성이 낮아진다.

중심성이 큰 도시는 유인할 수 있는 인구가 많아 관광개발에 유리하고 도시를 허브로 하는 교통체계가 형성되어 있어 게이트웨이로서의 역할도 할 수 있다. 이러한 이유로 중심성이 큰 도시는 도시 자체만을 위한 관광개발 그림을 그리는 것보다 도시를 방문한 관광객의 주변관광지 이동을 용이하게 하는 것이 좋다. 도시와 주변지역의 연

16) 도시의 중심성 측정을 위해 중심성지수(centrality index) 개념이 도입되어 있으며 Berry, Davies 및 Preston 등에 제안된 방법이 사용됨.

계를 통하여 중심도시와 주변지역이 함께 성장할 수 있기 때문이다. 반면, 중심성이 작은 도시가 대규모 개발을 계획하는 것은 수요의 확보가 어려워 위험할 수 있다. 가끔 중소도시에서 대규모 컨벤션시설이나 동북아 허브관광지의 개발계획을 발표하는데 어려운 도전이다. 계획의 타당성을 냉정하게 살펴야 한다.

둘째, 대부분의 도시관광개발에서 모방이 이루어진다. 한 도시의 성공사례가 타 도시에게 벤치마킹이라는 명분으로 모방의 동기를 제공하기 때문이다. 도시 간 경쟁과 함께 각 도시마다 차별화가 강조되고 있지만 벤치마킹의 결과로 도시 매력물들의 공간적 콘셉트나 콘텐츠 구성 등이 매우 유사해진다. 대부분의 대도시에서 볼 수 있는 컨벤션 센터, 멀티플랙스, 관광거리, 복합쇼핑센터 및 역사문화지구 등이 대표적 사례이다. 이러한 모방은 도시 경관들을 유사하게 만들면서 도시의 정체성을 위협하고 있다(Relph, 1976).[17] 성공사례의 벤치마킹이 성공을 불러올 것 같지만 본질에 대한 이해없이 겉만 따라하는 벤치마킹은 성공하기 어렵고 도시의 정체성만 훼손시킨다.

셋째, 도시관광개발에서 문화예술의 중요성이 커지고 있다. 교육수준의 상승으로 문화예술에 대한 관심이 커졌고 문화예술은 모방성이 큰 도시관광개발에서 정체성과 차별성을 구현하기 위한 강력한 수단이 되기 때문이다. 한편, 도시 내 문화예술시설은 특정공간에 몰려

17) 하지만 이동성이 많은 현대에서 장소에 대한 강한 애착은 생활에 장애가 될 수도 있음. 장소성이 약한 획일화된 경관은 낯선 곳에 가서도 사람들에게 안정감과 지속감을 느낄 수 있게 함(Relph, 1976).

있으면서 집적경제를 추구한다. 시설의 집적은 융합을 통한 혁신적 상품 및 서비스의 개발로 소비자에게 선택의 다양성과 편의를 제공하고, 공급자에게는 효율성과 수익성을 증대시켜주기 때문이다. 대부분의 도시에서 공연장, 뮤지엄, 멀티 플렉스, 컨벤션 센터 등이 한 지역에 몰려있는 이유는 규모의 경제와 범위의 경제를 추구하기 위해서다. 문화예술시설의 집적은 문화산업 클러스터로서의 발전을 지향한다. 클러스터로서의 문화예술시설의 집적지는 창의적인 문화상품과 서비스를 공급하면서 도시의 관광객을 유인할 뿐 아니라 문화산업발전의 동력원이 되기 때문이다.[18)]

넷째, 도시관광개발에서 기업의 역할이 증대하고 있다. 도시 구성의 핵심요소이며, 도시 성장의 힘이 되는 기업의 역할은 관광개발에서도 마찬가지이다. 기업은 우선 관광개발의 기반이 되는 수요를 창출한다. 기업의 성장은 고용인구를 증가시키고, 고용인구의 증가는 관광수요의 증가를 의미한다. 기업은 비즈니스를 통하여 활발하게 국제간 인력 교류를 제고시켜 결과적으로 도시의 인바운드 수요를 키워준다.

기업은 새로운 관광유인물을 개발하는 주체가 된다. 기업이 투자하는 도시 내 호텔, 테마파크 및 공연장 등 전통적 관광 시설뿐만 아

18) Porter(1990)에 의하면 산업클러스터는 특정지역에 상호 연관관계가 깊은 다수의 기업과 기관이 모여 개별기업의 단순함을 넘는 시너지와 외부효과를 발휘하는 집합체임. 클러스터의 기본요건으로 1) 유관산업 분야의 다수의 기업, 2) 유관기관 및 제도, 3) 지리적인 집적, 4) 긴밀한 네트워크, 5) 생산물류비용 및 기술혁신 확산 등을 제시하였음.

니라 기업의 새로운 서비스 및 상품도 매력있는 관광유인물이 된다. 예를 들어, 시애틀에 있는 '아마존 고(Amazon Go)'는 미국의 전자상거래 기업 아마존이 운영하는 세계 최초의 무인매장이다. 인공지능, 머신러닝, 컴퓨터 비전 등의 선진기술이 활용되는 무인매장은 고객이 매장에서 상품을 고르면 고객의 신용카드에서 상품 금액이 자동으로 빠져나간다. 항상 세계 최초는 관광객의 호기심을 자극하기에 시애틀을 방문한 관광객은 지역의 명소로서 '아마존 고'를 찾는다. 한편, 아마존은 본사 옆에 다양한 식물로 둘러 쌓인 공 모양의 오피스인 스피어스(The Spheres)를 2018년에 오픈했다. 3,700㎡ 공간에 800명을 수용한다. 동그란 원형의 유리돔 3개가 붙어 있는 독특한 외관과 친환경적 내부환경을 보유한 스피어스는 시애틀 관광의 명소가 되었다.

〈사진〉 시애틀의 스피어스(The Spheres)

다섯째, 도시관광개발에서 관광의 역할은 도시의 생애주기에 따라 달라진다. 동일한 도시라도 성장단계와 쇠퇴단계에서의 관광의 역할은 다르다. 도시의 성장단계에서 관광개발은 성장의 파급효과를 흡수하고 극대화시키는 역할을 해야 한다. 도시성장의 파급을 관광과 연계시켜 시너지를 창출하는 것이다. 예를 들어 도시가 국제적 컨벤션의 메카로서 성장하는 경우, 컨벤션의 활성화가 관광산업의 활성화로 이어지도록 컨벤션 주변지역에 관광시설 및 서비스의 확대를 모색해야 한다.

하지만 도시의 쇠퇴단계에서 관광개발은 관광보다 도시를 먼저 생각해야 한다. 관광자체의 성장보다는 도시 성장의 모멘텀을 관광에서 창출해내는 것이 중요하다. 도시의 쇠퇴와 함께 공동화된 도시중심부를 회생시키기 위하여 도심의 역사문화 자원을 복원하거나, 자원과 연계한 볼거리 먹거리를 창출하거나, 버려진 구조물과 공간의 기능을 재정립하여 새로운 유인력을 도출해낼 필요가 있다. 인간은 기본적으로 새로 만들어진 공간이나 시설물보다는 과거부터 있던 것들이 시대 상황에 맞추어 변형된 것을 더 선호하는 경향이 있다. 그곳에는 과거의 기억이 누적되어 있기 때문이다.[19] 관광재생과 재개발을 고민해야 되는 입장에서는 다행스러운 일이다.

중요한 것은 유인된 사람을 활용한 새로운 수익모델의 창출이다.

19) 뉴욕 맨해튼의 '하이라인 공원' 재생사업은 과거 철도의 기억이 남아있는 도시고가공원임. 과거의 기억은 구조물뿐 아니라 식생에도 남아있는데 기존 야생식물 씨앗을 거둔 뒤 공원기반 공사 후 그 씨앗을 다시 심어 과거의 기억을 보존하고 있음.

수익모델 없이 사람만 많이 모이게 하는 것은 쇠퇴된 지역의 문제해결에 도움이 안 된다. 불필요한 오버투어리즘(overtourism)이나 젠트리피케이션(gentrification)의 문제를 야기하여 지역을 더 어렵게 할 수 있다. 한시적 수익모델도 무의미하다. 수익모델의 지속성이 있어야 한다. 안타깝게도 도시관광재생사업의 성공사례로 많은 지역이 언급되고 있지만 기존 수익모델의 생명주기는 다해가고 있는 곳이 많다. 관광객들은 이제 카페, 음식점, 기념품점, 예술공예품점 등에 식상해진 것 같다. 수익모델의 발전적 진화가 요구된다.

4 도시관광개발 정책의 방향은?

도시관광개발을 통하여 도시의 성장을 도모하는 일은 단순하지 않다. 도시의 구성요소와 진화 원리가 복잡해서 몇 차례의 관광이벤트나 관광개발을 위한 단기적 지원으로는 어렵기 때문이다. 도시관광개발이 도시의 성장과 도시민의 삶의 질 향상에 기여하기 위하여 도시관광개발 정책의 수립 및 집행 시 견지해야 할 기본적 원칙과 전략의 틀을 유념할 필요가 있다(경기개발연구원, 2009; 김향자, 2011; 삼성경제연구원, 2012; 이영주 · 최승담, 2004; Hayllar, Griffin & Edwards, 2008; Maciocco & Serreli, 2009; Page, 1995; Page & Hall, 2003; Spirou, 2011).

첫째, 도시발전정책과 관광개발정책이 함께 가야 한다. 유기체인 도시에서 도시가 죽으면 관광도 살 수 없기 때문이다. 도시의 위상과 역할 등을 생각하지 않고 관광개발의 큰 비전만을 그리는 것은 타당하지 않고 성공하기도 어렵다. 점 단위의 미시적 접근이나 행사 중심의 정책은 무언가 하고 있다는 느낌을 줄 수는 있으나 도시 성장에는 큰 도움이 되지 않는다. 이러한 맥락에서 도시관광개발정책을 관광관련 부서가 단독으로 결정하고 집행하는 것은 비효율적이다. 관광부서는 도시의 문제와 잠재력을 정확하게 진단하고 처방할 역량이 부족하기 때문이다.

도시와 관광개발관련 부서의 전문가로 구성된 팀이 형성되고, 팀 차원에서 정책과 프로젝트가 개발되어야 한다. 팀의 리더십도 반드시 관광부서의 전문가가 발휘할 필요는 없다. 프로젝트 성격에 가장 부합되는 전문가를 중심으로 리더십이 형성되면 된다. 팀장의 역할은 큐레이터보다는 코디네이터이고, 헤드보다는 체어맨이다. 팀장은 아이디어나 카리스마로 팀을 주도하기보다는 팀원의 다양한 생각이 네트워킹되면서 혁신적인 아이디어를 창출해낼 수 있는 분위기를 조성할 수 있어야 한다.

둘째, 매력적인 도시를 조성하는 것이다. 매력적인 환경의 도시가 관광활성화에 유리하기 때문이다. 미국 MIT의 케빈 린치(Kevin Lynch) 교수는 도시의 이미지를 결정하는 5가지의 주요 구성요소로 길(path), 지구(district), 연접부(edge), 결절점(node)과 랜드마크(landmark)를 제시했다. 보스턴(Boston), 저지 시티(Jersey city) 및 로스엔젤레스(Los Angles) 지역을 중심으로 한 1960년대 연구 결과이지만 아직까지도 도시 이미지를 평가하는 유용한 분석 도구가 되고 있다(Lynch, 1960). 그런데 그가 제시한 5가지 요소는 도시의 매력을 평가하는 데에도 유용성이 크다. 관광객이 많이 모이는 도시를 보면 대부분 아름다움과 역사성이 있는 길, 독특한 체험이 가능한 지구, 연접부로서의 강변과 해변, 결절점으로서의 광장과 터미널 그리고 도시의 상징으로서 랜드마크 등을 보유하고 있다. 이러한 요소들이 잘 어우러지면서 쾌적한 도시환경을 창출하는 도시가 관광객에게 인기가 있다.[20] 하버드대학의 에드워드 글레이저(Edward Glaeser) 교수는 도시를 테마파크라고 했다. 다양한 어메니티가 존재하기 때문이다. 대도시 지역에 정주인구가 증가하는 주요 이유는 도시의 테마파크적 매력 때문이다(Glaeser, 2011).

셋째, 도시의 속성과 관광객의 기호에 부합될 수 있는 관광 이미지 구축이다(김부성, 2010; 최승담 · 박경열, 2005). 우리는 기능보다는 이미지를 소비하는 시대에 살고 있다. 프랑스의 철학자 장 보드리야르(Jean Baudrillard)는 "나는 소비한다. 고로 존재한다"고 하였다. 현대인이 상품 구매 시 기능보다 기호의 의미가 커지고 있음을 의미한다. 특히 기호로서의 관광 목적지의 이미지는 실재보다 더 실재 같은 하이퍼리얼리티(hyperreality, 극실재)[21]가 되어 관광객을 강력하게 유인

20) 이러한 맥락에서 인프라가 잘 구비되고 어메니티가 많은 선진국의 도시가 개발도상국의 경우보다 관광개발에 유리함. 또한 포용성이 큰 선진도시의 경우 자유분방한 예술가의 다양한 창작활동과 공연을 용이하게 하여 도시의 어트랙션을 확대시킴.

21) 장 보드리야르(Jean Baudrillard)는 실제를 대신하는 이미지를 시뮬라크르(simulacre)라고 하였는데 프랑스어로 '시늉', '흉내'라는 뜻임. 시뮬라크르가 계속 만

한다(Baudrillard, 1981). 일반적으로 도시의 이미지가 역동적이고 흥미로울 때 도시가 관광 목적지로 선택될 가능성은 커진다. 싱가포르의 사례가 시사하는 바가 크다. 싱가포르는 관광진흥을 위하여 도시 이미지를 'Clean City'에서 'Fun City'로 바꾸었고 새로운 이미지 정책에 부응하는 관광개발 전략이 큰 성과를 내고 있다.[22)]

넷째는 도시의 포용성 강화이다(박인권, 2015; 남기범, 2018). 도시의 창조성을 설명하는 3T(Tolerance, Talent, Technology) 이론이 있다. 포용성(Tolerance) 있는 도시가 재능(Talent) 있는 사람을 불러모으고, 재능있는 사람이 모인 곳에서 기술(Technology)혁신이 일어나 도시의 성장이 견인된다는 설명이다(Florida, 2005). 도시성장에서 포용성의 의미를 강조하고 있다. 포용성이 있는 도시는 개방적이어서 다양한 인종과 계층으로부터 호감을 산다. 인종에 대한 차별도 직업 및 생각에 대한 편견도 없기 때문이다. 도시의 환경과 삶의 모습에서 나타나는 다양성은 새로운 체험을 추구하는 관광객에게 큰 매력이다. 관광으로 뜨고 있는 도시들을 보면 도시의 삶 및 제도에 포용성이 깔려 있다. 특히 포용성은 자유분방한 예술가들을 유인하고 다양한 창작 및 공연 등이 행해지면서 도시의 관광적 매력을 확대시킨다.

다섯째, 스마트 관광도시가 구축되어야 한다. 앞에서 논의되었듯이 4차 산업혁명의 큰 수혜자는 도시이다. 도시가 스마트해지고 도

들어지면서 시뮬라크르는 실재보다 더 실재같은 하이퍼리얼리티(극실재)가 됨. 그는 실재가 '가상의 실재'인 시뮬라크르로 바뀌는 과정을 시뮬라시옹(simulation)이라고 했음.

22) 제4장-6을 참고하기 바람.

시의 문제가 해결되면서 도시의 인구는 늘고 도시 간 교류도 더욱 활성화될 전망이다. 교류의 활성화는 도시 정책의 대상으로서 관광객에 대한 비중이 커져야 함을 의미한다. 그들은 도시의 구성원이며 도시 성장에 주요 역할을 하기 때문이다. 스마트 관광도시는 '스마트 도시의 공공시스템이 관광객을 위해 확장된 도시'를 의미한다. 서비스의 확장은 단순하지 않고 많은 노력이 요구된다. 도시 인프라와 관광 인프라의 통합, 도시 데이터와 관광 데이터의 연계, 거버넌스 및 리더십 구축, 제도 및 조직의 보완 등은 해결해야 할 주요 과제이다(정남호 외, 2019).

여섯째, 도시관광개발정책은 인내심을 갖고 장기적 안목으로 추진되어야 한다. 유기체인 도시의 속성상 관광개발정책의 성과가 빠른 시간에 나타날 수 없다. 도시가 보유한 자원의 가치를 창출하고 이미지와 브랜드를 개발하고 공간의 격을 높이는 일 등은 하드웨어적 투자와 소프트웨어적 역량이 함께 요구되기 때문이다. 항상 하드웨어보다는 소프트웨어가 어렵다. 학업성적이 떨어지는 학생에게 새로운 책상과 컴퓨터를 사 주었다고 성적이 빨리 오르지 않는다. 학업에 대한 동기부여, 학습방법의 개선 및 학업분위기 조성 등이 요구되는데 하루 이틀에 이루어지는 것이 아니기에 많은 인내가 요구된다. 하지만 우리의 도시관광개발정책에서 인내심을 발견하기는 어려운 것 같다. 대부분의 정책은 단기적이고 행사중심이다. 이런 여건하에서, 도시관광개발 정책이 소귀의 성과를 거두기는 어렵다.

5 도시관광지구의 역할은?

도시관광지구란 도시 내 특정지구가 갖고 있는 문화, 역사, 산업 등의 자원을 기반으로 관광객의 유인을 위하여 조성된 공간이다. 도시관광지구는 도시의 진화과정에서 자연스럽게 형성되거나 지구형성 과정에서 정책적인 지원으로 지구의 힘이 강해지기도 한다. 도시관광지구의 활성화는 도시의 관광유인력을 키워 도시의 관광발전에 기여하기 때문에 대부분의 유명한 관광도시에는 독특한 도시관광지구가 형성되어 있다[23](이영주 · 최승담, 2004; Getz, 1993; Hayllar et al., 2008; Selby, Hayllar & Griffin, 2008).

도시 내에서 관광지구의 역할은 다양하다. 첫째, 관광지구는 관광객에게 독특한 체험을 제공한다. 특별한 장소성의 관광지구에서는 다른 곳에서 찾기 어려운 체험이 가능하다. 관광객은 방문한 공간에서 의식적으로 새로운 체험을 추구하는데, 관광지구는 짧은 시간에 새롭고 다양한 체험을 즐길 수 있는 최적의 장소이다. 도시의 다양한 문화와 삶의 모습이 집적되어 있기 때문이다. 관광객은 방문한 관광지구 내에서 스스로[24] 또는 타 관광객과 어울려 새로운 체험을 만들

23) 호주 시드니 달링 하버(Darling Harbour), 미국 시카고 네이비 피어(Navy pier), 영국 리버풀 앨버트 독(Albert Dock), 아르헨티나 부에로스 아이레스 라 보카(La Boca) 등이 있음.

24) Kelly(1955)의 '개인적 구성개념이론(personal construct theroy)'에 의하면 객관적 진실이나 절대적 진리란 존재하지 않으며 세계는 자신이 해석하는 방식으로 존재하기에 인간에게는 자신의 세계를 구성할 다수의 유용한 대안이 있다고 함. 관광지구 안에서 방문객이 선택할 수 있는 경험의 대안이 다양함을 시사함.

어 낸다(Selby et al., 2008). 자유로운 지구 내에서의 관광객들의 자유분방한 행동과 어울림은 새로운 체험이며 그 체험은 지구 분위기에 긍정적인 영향을 준다. 많은 사람이 몰려있는 행사장에 가면 저절로 기분이 좋아지는 이치이다.

이러한 체험의 중요성은 Pine & Gilmore의 '체험경제(The Experience Economy)'에서 잘 설명되고 있다. 경제의 발전과정은 원자재 경제, 산업경제, 서비스 경제로 이어졌다. 하지만 소비자가 기존의 상품과 서비스에 만족하지 못하면서 체험경제의 단계로 이동하고 있다(Pine & Gilmore, 2011). 소비자가 차별화된 체험에 관심을 두게 되면서 부가가치의 원천이 '양보다 질'에서 '질보다 감성'으로 진화하고 있기에 관광지구는 방문객에게 가치 있는 체험기회를 제공해야 한다. 이를 위하여 체험요소[25]에 대한 이해와 관광객의 심리적 상태에 부합되는 체험환경 및 프로그램의 개발이 요구된다(최서우 · 최승담, 2015; 한숙영 · 엄서호, 2005; Pine & Gilmore, 2011).[26]

둘째, 도시관광지구는 도시의 역사적 자산을 담는 그릇이다. 대부분의 관광지구에는 도시의 역사가 담겨있다. 도시의 역사를 보존하면서 기억하게 한다.[27] 공동으로 기억할 수 있는 자산이 많은 도시가

25) 체험요소는 오락적 요소, 교육적 요소, 미적 요소 및 일탈적 요소로 구분되는데 각 요소의 기여도는 방문객 개인이나 환경 특성에 따라 달라짐(Pine & Gilmore, 2011).

26) Cronch(2000) 연구에 의하면 관광목적지에서 관광객의 경험은 예상보다 적극적이고, 창의적이고 목적 지향적임.

27) 도시관광지구는 역사보존을 통하여 경제적 가치를 창출할 수 있음. 보존 경제학자 도노반 립케마(Donovan D. Rypkema)는 그의 저서 『역사보존의 경제학』에서 역사 보존

행복하다. 공동체가 함께 나눌 이야깃거리가 많기 때문이다. 관광지구는 관광객에게 도시의 축약된 역사를 최소한의 시간과 노력으로 배울 수 있게 해 준다. 관광지구 탐사 프로그램, 텍스트 및 안내 등을 통하여 도시 역사에 빠질 수 있다.

〈사진〉 부에노스 아이레스(Buenos Aires) 라보카(La Boca) 관광지구[28)]

도시관광지구 내의 모뉴먼트나 이벤트는 사람을 모이게 하고 공간에 활력을 주며 역사를 기억하게 하는 촉매제 역할을 할 수 있다. 도시관광지구 내에 도입되는 상징물이나 이벤트 등은 관광지구의 역사적 실재를 초실재화(hyperreality)하여 많은 사람들을 즐겁게 할 수

의 경제적 가치는 일자리 창출, 도심재활성화, 관광상품수익, 건물자산가치 증가 및 소기업육성 등의 효과로 설명함(Rypkema, 2005).

28) 19세기 후반 이민 온 유럽노동자들이 거주하던 항구지역으로 탱고의 발상지임.

있다. 대부분 도시관광지구에 역사적 상징물과 이벤트가 있는 이유이다. 하지만 과도한 자원의 연출은 지구의 역사적 정확성과 진정성을 헤쳐 지구의 유인력을 감소시킬 수 있다(Hayllar et al., 2008).

셋째, 도시관광지구는 놀이공원이다. 관광객이 자유롭게 놀 수 있는 방황과 탐험의 환경을 제공해 준다. 인간은 놀이하는 동물이다.[29] 놀이를 할 수 있는 도시관광지구는 즐거운 곳이고 창의적인 곳이다. 놀이를 하는 목적과 놀이의 내용은 관광객의 계층과 유형에 따라 다르다. 동일한 방문객의 놀이하는 모습도 때와 상황에 따라 다르다. 이러한 이유로 관광지구 내에서 관광객의 활동을 계획가의 의도대로 미리 제한하는 것은 바람직하지 않다. 가급적 관광객의 행동이 자유롭고 창의적일 수 있도록 공간의 구조를 유연성 있게 계획하는 것이 좋다. 공간계획 시 관광지구의 장소성과 진정성만 드러나도록 핵심적 부분에 최소한으로 관여하는 것이 원칙이다. 계획가의 직관에 의하여 공간의 기능을 세부적으로 정의하고 구분하는 것은 피해야 한다. 방문객의 행동을 관찰하면서 그들의 니즈에 맞게 점차적으로 공간을 재구성해가는 것이 타당하다. 우리는 이미 계획가 개인의 창작욕구에 의하여 좁은 도시공간을 더 좁게 하는 생뚱맞고 불편한 조형물을 종종 경험했다.

넷째, 도시관광지구는 쇠퇴된 도심의 재생수단이다. 도시의 진화

29) 네덜란드의 문화사학자 호이징하(Johan Huizinga)는 그의 저서 『호모 루덴스(Homo Ludens)』를 통하여 놀이는 단순히 인간문화의 한 요소가 아니라 문화 그 자체가 놀이의 성격을 가지고 있다고 함(Huizinga, 1938).

과정에서 도심의 공동화는 피하기 어렵다. 산업구조의 변화와 신시가지의 개발로 비즈니스와 시장이 사라지면 도심은 텅텅 비게 된다. 빈 도심을 살리는 가장 효과적 방법은 사람을 끌어들이는 것이다. 매력적인 도시관광지구의 개발은 관광객을 유인할 수 있다. 핵심은 공동화된 도심을 도시관광지구로 전환시킬 수 있는 역사문화적 또는 산업적 가치를 찾아내는 것이다. 성공사례의 어설픈 벤치마팅보다는 도시 및 지구에 대한 심층적 이해와 창의적 마인드가 요구된다.

도시관광지구가 앞에서 논의된 다양한 기능을 수행하기 위하여 무엇보다 중요한 것은 창의성이다. 창의성이 없는 공간은 흥미로운 체험이나 놀이의 장소가 될 수 없다. 진부한 모뉴먼트와 이벤트로는 사람을 유인할 수 없고 사람을 유인하지 못하면 도시관광지구는 성장할 수 없다. 창의성은 구조물, 기념물, 이벤트의 개발뿐만 아니라 공간조성 방식에서도 발현되어야 한다. 관광지구개발의 테마로 설정된 정체성과 지구의 구성요소를 기반으로 타 지구와 다르게 조성되어야 한다.

6 도시재개발 및 재생의 수단으로 관광은 유용한가?

유기체인 도시가 아무 탈 없이 지속적으로 성장할 수는 없다. 성장과정에서 병에 걸리면 쇠퇴지역이 발생한다. 도시 내 산업구조 및 생활양식의 변화로 특정지역의 삶이 힘들어지게 된다. 일자리가 사라지고 주거환경이 열악해지고 사람들이 떠나면서 상황은 점점 악화된다. 이런 지역을 살리기 위해서는 새로운 일자리를 만들어 주거나 주거환경을 개선해야 한다. 그런데 기존에 있던 산업이 떠난 지역에 적합한 대체산업을 찾기도 어렵고, 차량통행이 위험하고 위생설비가 열악한 비탈지고 좁은 길의 주거환경을 신도시 수준으로 바꿀 수도 없다(대한국토 · 도시계획학회, 2016c; Glaeser, 2011).

이러한 고민에 대하여 관광은 해결의 실마리를 제공해 준다. 관광을 통한 재개발과 재생이다(김향자, 2014; 최승담, 2019; 최승담 · 신정미, 2002). 기존 산업이 떠난 지역을 도시의 관광메카로 전환시켜 사람을 모이게 하는 발상이다. 사람은 떠나고 역사적 의미와 재사용할 수 있는 구조물이 없는 공간이지만 도시의 입장에서 기회의 공간이 될 수 있다. 그동안 도시에 필요했지만 공간 부족으로 조성할 수 없었던 문화서비스 시설을 건립하는 것이다. 도시민에게는 문화공간, 관광객에는 유인력 있는 어메니티가 된다. 민간의 자본과 창의력을 활용하면 민간에게는 새로운 비즈니스 기회를 제공하고 새로운 고용창출도 가능하다. 부동산의 새로운 가치를 창출하는 재개발의 힘이다.

한편, 복원이나 재사용이 가능한 공간과 시설물이 있다면 새로운 용도로의 전환을 통하여 매력있는 장소로의 변신이 가능하다. 사람들은 새로운 것보다는 기억이 있는 오래된 공간과 건물이 용도를 바꾸면서 지속적으로 존재하는 것을 더 좋아한다. 의미있는 장소와 관련을 맺고자 하는 것은 인간의 뿌리깊은 욕구이다(Relph, 1976). 버려진 도시의 공간과 건물에서 관광적 차원의 새로운 가치를 창출하면서 도시를 더욱 풍요롭게 하는 재생의 힘이다.

한편, 주거환경이 열악한 곳은 방치되면 슬럼화된다. 사람들이 기피하면서 슬럼화의 속도가 빨라진다. 확실한 방법은 밀어내고 다시 짓는 것이지만 원주민들은 갈 곳을 잃을 수 있다. 도시의 생명인 다양성과 역동성에 금이 가면서 도시의 재미도 없어진다. 유사한 형태의 고층 아파트가 경관의 주를 이루는 도시는 매력도 없고 지속적인 성장에도 문제가 되기 때문이다. 남길 곳은 남기고 고쳐서 쓸 수 있는 것은 고쳐서 쓰는 것이 현명하다. 주택도 길도 예쁘게 만들고 화장실과 난방시설도 개량하여 살 만한 곳이 되도록 해야 한다. 이 과정에서 창의적 발상은 지역을 단지 거주지가 아니라 방문할 만한 명소로서 만드는데, 사람이 모이고 새로운 비즈니스가 만들어질 수 있다.

하지만 지나침은 문제이다. 벌써 냉소적 질문과 비아냥이 들린다. 그 많은 지역의 문화서비스 공간들이 본연의 역할을 할 수 있을까? 정부지원이 끝난 후에도 살아남을 수 있을까? 달동네 재생은 벽에 그림 그리는 일인가? 세수도 하지 않은 얼굴에 화장을 하면 더 흉해 보이지 않나? 관광은 도시 재개발 및 재생의 좋은 수단이지만 모든 경우에 적용할 수 있는 만병통치약은 아닌 것 같다. 정책적 의지를 표방한 과함은 종종 가장 나쁜 결과를 초래한다. 특히 무모한 벤치마킹의 경우이다.

관광과 관련하여 도시재개발 및 재생의 벤치마킹 대상으로 자주 언급되는 것이 뉴욕의 '하이라인(High Line) 공원' 조성사업이다(David & Hammond, 2011). 뉴욕 하이라인(High Line) 공원사업은 철도업의 쇠락으로 1980년 이후 방치되었던 뉴욕 허드슨 강변의 2.33km 화물운송 도시철로가 고가 도시공원으로 탈바꿈한 사업이다. 하이라인 공원의 조성으로 뉴욕 시민은 접근성이 뛰어난 2층 높이의 긴 선형공원을 얻게 되었다. 2층 높이의 공원 길이라 인도보다 햇빛을 많이 받고 자동차 소음도 적고 경관이 트여있다. 하이라인 공원을 통하여 인접한 22개 도시블록의 개발이 활성화되면서 슬럼화되던 공원 주변은 뉴욕의 새로운 성장 축으로 변신했다.

하이라인 공원사업은 1999년 창업 컨설턴트 로버트 해먼드(Robert Hammond)와 프리랜서 조슈아 데이비드(Joshua David)의 만남에서 출발했다. 둘은 프랑스 파리의 '프롬나드 플랑테(Promenade Plantee)공원'[30]에서 영감을 얻어 철거가 결정된 철도 위에 공원을 만드는 계획을 구상했다. 허무맹랑한 계획이라는 비난이 있었지만 둘은 '하이라인의 친구들(Friends of the High Line)'이라는 시민 단체를 결성하고 저명인사[31]와 뉴욕시민의 지지와 모금운동을 전개하였다. 2003년도에 36개국의 720개 팀이 참여한 현상설계에서 '필드 오퍼레이션(Field Operations)'과 '딜러 스코피디오와 렌프로(Diller Scofidio + Renfro)' 협력팀의 작품이 최종 당선작으로 선정되었고, 뉴욕시와 시의회는 총 4,325만 달러의 공사비 지원을 결정했다. 하이라인 공원

30) 파리 12구역에 위치한 버려진 고가 철도 위에 조성된 4.7km의 선형공원으로 1993년에 완공되었음.

31) 하이라인 사업을 성원한 저명인사로는 영화배우 '애드워드 노튼(Edward Norton)', 정치인 '힐러리 클린턴(Hillary Rodham Clinton)', '블룸버그(Michael Rubens Bloomberg)' 뉴욕시장 후보 등이 있었음.

조성사업은 2009년 1차 준공 이후 수차례 단계별 준공을 거치면서 연 800만 명 이상이 방문하는 뉴욕 시민의 도시공원이자 관광명소로 변신하였다.

하이라인 공원사업의 성공이 침체되었던 주변지역 활성화에 기여한 바는 매우 크다. 주변지역의 환경이 개선되면서 방치되었던 건물들이 주거, 업무 및 상업 수요의 증대로 리모델링되고 하이라인 주변에 '휘트니 뮤지엄(Whiteny Museum of American Art)'과 유명 건축가인 '프랭크 게리(Frank Gehry)'와 '자하 하디드(Zaha Hadid)' 등이 설계한 건물이 들어서면서[32] 하이라인 부근 지역은 맨해튼의 새로운 성장 축으로 발전했다. 또한 하이라인 공원과 연계된 '허드슨 야드(Hudson Yards)' 재개발 복합단지 지역[33]도 새로운 핫 플레이스로 등장했다. 2012년 착공 후 2025년 완공예정인 동 사업은 이미 30 허드슨 야드(30 Hudeon Yards) 및 숍 앳 허드슨 야드(The Shops at Hudson Yards) 등의 주상 복합건물이 완공되어 관심과 인기를 얻고 있다. 특히 광장에 조성된 15층 나선형 계단 형태의 도심 속 인공산인 '베슬(Vessel)'은 예약을 해야 방문할 수 있는 뉴욕의 관광명소가 되었다.

하이라인 공원조성사업의 주요 성공요인은 단순히 못 쓰는 철도

32) 하이라인 주변 주요 건물로는 구글본사, 휘트니 뮤지엄(Whitney Museum of American Art), '자하 하디드(Zaha Hadid)'의 럭셔리 콘도, '프랭크 게리(Frank Gehry)의 IAC(Inter Active Corp)' 등이 있음.

33) 서쪽 허드슨 강변에 있던 낡은 철도역, 주차장, 공터 등을 활용한 재개발사업임. 총 11만 3,000m^2 부지 위에 고급 아파트, 호텔, 쇼핑센터, 공연예술센터 등을 수용하는 16개의 초고층 타워형 건물이 들어서 있음.

의 공원화라는 아이디어에 있지 않다. 처음 아이디어가 제시되었을 때 참신하다는 반응보다는 허무맹랑하다는 반응이었다. 단순히 철로를 공원으로 바꾸는 사업이었다면 성공할 수 없었을 것이다. 하이라인 성공의 본질을 살펴봐야 한다. 성공요인은 크게 네 가지로 요약될 수 있다. 첫 번째 성공요인은 로버트 해먼드와 조슈아 데이비드 두 브레인의 만남과 '하이라인 친구들'이라는 비영리 단체 결성에 있다. 인적 네트워크로 구성된 '하이라인 친구들'을 통하여 뉴욕시와 주민을 설득하고 협조를 유도했다. 둘째는 공원과 도시공간과의 인접성이다. 도심에서 공원으로 쉽게 접근할 수 있었고 주변 건물이 공원과 붙어 있어 공원 조성 효과의 확산을 용이하게 했다. 셋째는 다양한 도시경관을 제공하는 공원의 입지이다. 22개의 블록을 가로지르는 2층 높이의 2.4km 공원 길은 방문객이 편하게 걸으면서 다양한 경관 감상을 가능하게 한다. 넷째는 공원과 공원 주변의 다양한 문화공간과 주요 시설물을 유치한 것이다. 공원 내에는 예술가들의 다양한 퍼포먼스와 작품이 있고 주변에는 의미있고 이야깃거리가 많은 건물들이 들어섰다.

종종 폐쇄된 도심의 철도 및 도로의 재개발, 재생 방안으로 공원화가 구상된다. 또한 벤치마킹의 대상으로 하이라인이 논의된다. 하지만 하이라인은 위에서 언급된 4가지 요건을 충족했기에 성공했다. 만약 하이라인 파크가 접근성이 낮고, 주변 경관이 단조로우며, 인접부지와 연계성이 약한 곳에 입지해 있으며, 사업추진 시 인적네트워크 구성이 미약했다면 사업은 성공할 수 없었다. 하이라인을 단순히 고가철도공원으로 보고 가볍게 벤치마킹하는 것은 어리석은 일이다.

〈사진〉 뉴욕 하이라인(High Line)

⑦ 도시관광 재개발인가, 재생인가[34)]?

쇠퇴된 지역의 회복을 위한 주요 처방으로 재개발과 재생이 있다. 재개발과 재생은 개념적 정의도 다양하고 세부적인 내용 및 절차 등에 따라 유형도 여러 가지로 나뉘어진다. 하지만 쉽게 설명하면 재개발은 외과적 처방이고, 재생은 내과적 처방이다. 병에 걸린 환자의 치료 시 외과의사는 수술을 통하여 환부를 도려내지만 내과의사는 약물

34) 도시관광 재개발과 재생은 인프라와 공간의 변신을 의미함. 변신은 용도와 디자인 등 다양한 분야에서 가능하지만 기존의 흔적이 남아있는 경우 주민과 관광객에게 사랑을 더 받게 됨. 변신에 성공한 관광재생 및 재개발의 사례로 일본 나고야의 '노리다케 공원', 구라시키의 '아이비 스퀘어 호텔', 프랑스 파리의 파리 플라쥬 등이 있음(최승담, 2006b).

등의 투여를 통하여 스스로 몸의 기능이 되살아나도록 노력한다. 두 방식 모두 장단점이 있기에 치료방식은 환자의 상태를 종합적으로 판단하여 결정하는 것이 원칙이다. 한동안 많은 도시에서 재개발이 주요 처방이었다. 민간의 기획 및 투자를 바탕으로 지역의 물리적 환경이 일순간에 개선되는 효과를 가져왔다. 하지만 재개발 비용을 감당할 수 없는 원주민들이 재개발지역에서 내쫓기면서 심각한 사회적 갈등을 초래하였으며 누구를 위한 재개발인가라는 회의적 질문이 제기되었다. 재개발 정책에 대한 문제인식과 함께 정책의 방향은 재생 쪽으로 전환되고 있다(대한국토 · 도시계획학회, 2016c; 삼성경제연구원, 2012; 원제무, 2012; 정석, 2019).

재생정책의 주요 키워드는 지역중심, 기존 거주자 보호 그리고 소프트웨어이다. 즉, 재생사업은 외부세력이 아닌 커뮤니티 중심으로 전개되며 기존 거주자의 지속적 생활여건의 확보를 도모한다. 또한, 투자비가 큰 시설중심형 사업보다는 소프트웨어적 사업을 통하여 지역이 다시 활성화될 수 있는 방안을 모색한다. 재개발 방식에서 발생하는 문제를 재생사업을 통하여 해결하고자 한다.

재생사업이 추구하는 바는 듣기에는 아름답지만 현실은 그렇지만도 아닌 것 같다. 우선 재생사업의 성공을 위해서는 주인의식을 갖춘 주민협의회의 형성과 협의체 내에서 소통과 협의를 바탕으로 한 적극적인 활동이 필수적이다. 하지만 낙후된 지역에서 이런 활동을 기대하는 것은 다소 무리이다. 재생에 필요한 구체적인 노하우가 전수되고 합리적인 리더십과 팔로우십이 형성되기까지는 많은 에너지와 시간이 요구되기 때문이다.

재생사업에 요구되는 재정의 확보와 배분도 어렵다. 재개발사업의 경우 민간기업의 투자를 통하여 수익을 창출할 수 있는 기회가 많다. 민간투자에서 발생하는 이익금으로 공공사업비를 조달할 수 있기에 공공의 재정부담은 많이 줄어든다. 하지만 재생사업의 경우는 민간을 통한 사업재정의 확보가 어려워 사업을 추진하는 정부는 큰 부담을 안게 된다. 재정이 확보되어 사업에 지원을 할 수 있는 경우에도 우선순위의 문제는 갈등의 씨앗이 된다. 재생을 원하는 곳은 많고 예산은 항상 제한적이기 때문이다. 논리적으로는 재정상태를 고려하여 순차적으로 진행하면 되지만 인내하며 기다리는 지역은 극히 드물다. 이보다 더 큰 문제는 시간이 가도 재생사업이 자생하지 못하는 경우이다. 특히 국고보조금 비율이 높은 사업의 경우 재생사업 자체의 수익모델이 없으면 국고보조금이 사라지면서 재생사업도 사라지게 된다.

재생사업 추진 시 관광이 자주 회자된다. 실제로 2013년 제정된 '도시재생활성화 및 지원에 관한 특별법'에 의하여 추진되는 많은 사업도 관광을 앞에 내세우고 있다. 13개 도시재생 선도지역의 239개 사업내용을 보면 관광, 역사문화, 주민역량강화 순이다. 전체 사업의 56.1%가 관광과 연계하여 복합적으로 추진되었다. 이렇게 도시재생에서 관광이 적극 활용되는 이유는 사람을 유인하는 관광의 힘 때문이다(김향자, 2014).

하지만 도시의 관광재생은 그렇게 쉬운 일이 아니다. 재생사업은 지역주민이 중심이 된 소프트웨어적 투자를 강조하고 있다. 하지만 소프트웨어 투자는 하드웨어 투자보다 훨씬 어렵다. 높은 전문성이 요구되지만 재생지역 내에서 도시와 관광을 잘 아는 전문가를 찾기가 쉽지 않다. 또한, 재생을 위하여 힘들게 고안한 방안도 대부분 복제가 쉬워서 빠른 속도로 전국에 확산된다. 또한, 우리나라 대부분의 도심재생 지역은 도로가 가파르고 협소하며 주차공간이 부족하여 차량운행이 어렵다. 걸어서 가야 하는 곳이 많다. 좁고 경사도가 높은 길임에도 불구하고 도보 관광객을 유인하려면 강력한 매력물이 필요하다. 그런데 소프트웨어적인 터치로 유인력을 업그레이드 시킬 수 있는 방법이 얼마나 있을까? 예쁜 계단과 벽화, 전망 좋은 카페 등이 뜨고 있지만 생애주기는 다하고 있는 듯 하다.

물론 특수목적관광(SIT:special interest tour)이 증가하고 있고 다크투어리즘(dark tourism)[35]이나 문화관광 차원에서 이러한 지역이 갖고 있는 매력과 잠재력은 인정된다. 하지만 매력과 잠재력이 있다는 것과 실제로 그 매력과 잠재력이 지역의 문제를 해결할 수 있는 수준이 되느냐는 분명 다르다. 감성적으로 잠재력을 인정하는 것과 실제적으로 비즈니스 모델을 만드는 것은 차이가 크다. 재생사업의 성공사례 창출은 정서적으로 느끼는 수준보다 훨씬 고되고 어려운 작업이다. 일반적 논리로 접근했다가 현실에서 낭패를 보는 경우를 우리는 많이 알고 있다.

35) 재난이나 역사적 비극의 현장을 체험함으로써 교훈을 얻는 여행임.

도시문제의 해결을 위한 관광개발의 정책결정은 문제에 대한 정확한 진단에 기반해야 한다. 외과적 처방이 요구되면 재개발, 내과적 처방으로 가능하면 재생을 선택하면 된다. 정책이 한 가지 방식으로 쏠리는 것은 합리적이지 않다. 재개발에 부작용이 발생했다고 재생으로 갔다가 재생사업에 문제가 발생하여 다시 재개발로 돌아간다면 누구도 이해하기 어려울 것이다.

8 도시관광개발이 잘못되면?

모든 개발은 부작용을 가져올 수 있다. 도시관광개발도 예외는 아니다. 부작용을 설명하는 새로운 용어들이 이제는 익숙하다. 도시관광개발의 문제는 젠트리피케이션(gentrification), 투어리스트피케이션(touristification), 디즈니피케이션(disneyfication) 및 오버투어리즘(overtourism) 등에 함축되어 있다(김연진, 2017; 박주영, 2018; 전효재, 2017; Gunn & Var, 2002; Hall, 2008; Inskeep, 1991).

젠트리피케이션[36)]은 낙후된 구도심이 활성화되어 중산층 이상이 유입되면서 지역의 생활환경은 개선되지만, 물가 및 임대료 상승 등으로 지역의 저소득층 원주민이 내쫓기는 둥지내몰림 현상이다. 관광개발에서 젠트리피케이션이 쟁점이 되는 이유는 구도심 활성화의

36) 젠트리피케이션은 고소득, 고학력 인구의 유입, 자본의 유입, 지역의 환경개선, 지역활성화 및 부유화 등의 긍정적 측면도 있음.

수단으로서 관광의 역할 때문이다. 문화예술가의 활동으로 낙후지역이 관광명소화되고 관광객이 유입되면서 지역이 활성화되지만 외부자본에 의하여 지역의 상가는 점령되고 자본능력이 없는 원주민은 지역을 떠나게 된다.[37)]

도시의 다양성과 정통성을 지키고 공동체의 해체를 방지하기 위하여 젠트리피케이션에 대한 감시와 방지대책이 강구되고 있으나 문제해결은 쉽지 않다. 젠트리피케이션의 방지를 위하여 임대료 인상률의 제한, 예술가와 지역 소상공인을 위한 보증금 및 공유지 제공, 상생협약의 체결 등이 논의 및 집행되고 있지만 정책 효용성에 대한 평가는 높은 것 같지 않다. 한편, 투어리스트피케이션은 'touristy'와 'gentrification'의 합성어로 관광객에 의해서 야기되는 젠트리피케이션을 설명하는 용어이다. 도심 주거지역이 관광 명소화되고 관광객이 몰리면서 소음 및 쓰레기 증가, 사생활 침해, 주차 문제 등을 야기하여 주거환경악화로 지역주민이 이주하게 되는 현상을 의미한다.

디즈니피케이션(disneyfication)은 도시가 고유의 정취를 잃고 관광객을 위한 테마파크로 변해가는 현상을 꼬집는 용어이다. 도시의 정체성이 상실되면서 도시가 디즈니화되고 있기 때문이다(Relph,

37) 가난한 예술가들이 값싼 작업공간을 찾아 도시의 쇠퇴지역에 정착하고 쇠퇴지역은 예술촌으로 바뀌면서 도시의 새로운 관광명소가 됨. 명소지역의 가치가 제고되고, 방문객이 증가하면서 수익을 추구하는 자본가 및 개발업자가 진입하여 부동산 가격과 임대료는 상승하고 감당이 어려운 지역 소상공인과 예술가들은 떠나게 됨. 임대인과 예술가들이 떠난 지역에 외부자본과 프랜차이즈 사업체가 진입하여 지역의 정체성은 사라지고 지역의 관광 유인력도 저하하게 됨.

1976). 미국의 올란도, 이탈리아의 베네치아, 스페인 바로셀로나, 네덜란드의 암스테르담 등이 디즈니피케이션 발생의 대표적 사례지역이다. 디즈니피케이션은 투어리스트피케이션과도 관련이 있다. 관광객 증가로 임대료가 상승하고 사생활이 침해되면서 주민들이 지역을 떠나는 일이 발생한다.

디즈니피케이션은 부정적 의미이지만 도시가 디즈니랜드처럼 테마파크적 요소를 갖는 것을 문제 삼을 필요는 없을 것 같다. 테마파크처럼 흥미롭고 방문할 곳이 많은 도시가 매력적이기 때문이다(Glaeser, 2011). 도시의 무분별한 관광지화와 복제적인 형태의 관광 및 도시개발에 대한 경고로 보는 것이 타당하다. 좋은 테마파크는 테마가 분명하고, 차별적이면서도 전체적인 조화를 이루고 있다. 정체성이 분명한 매력있는 도시의 조건과 유사하다. 매력있는 도시에는 성공사례의 벤치마킹은 있지만 식상한 복제는 없고, 공간구조와 건축의 형태가 다양하지만 다양함 속에서도 콘텍스트(Context)[38)]가 창출하는 가치가 분명히 존재한다.

오버투어리즘은 수용력을 초과하는 관광객의 유입을 의미한다. 수용력은 관광지가 물리적, 심리적, 경제적, 사회적, 생물학적 관점에서 버틸 수 있는 관광객 수의 한계이다. 관광의 대중화와 관광객 수 증가로 관광지에서의 물리적, 심리적 문제가 야기되었고 이에 대한 대응책으로 수용력의 개념이 등장하게 되었다. 2017년 바르셀로나와

38) 건축에서 통일감을 통해서 만들어진 긍정적인 가치를 의미함.

베니스의 관광객 유입 반대 시위를 계기로 오버투어리즘의 문제가 언론에 보도되면서 사회적 담론의 영역으로 진입하였다.

오버투어리즘이 발생하면 관광의 질 저하, 인프라 과부하, 문화유산의 훼손, 지역정체성 변화, 주민 공동체 붕괴, 부동산 투기 및 임대료 상승의 부작용이 나타나는데 앞에서 논의되었던 투어리스티피케이션, 디즈니피케이션의 문제도 오버투어리즘과 연관되어 발생하고 있다. 오버투어리즘의 원인은 기본적으로 관광의 대중화, 대량화에 있지만 SNS를 통한 관광경험의 공유, 유네스코 세계유산 지정의 확대, 지역 삶의 체험을 원하는 관광객 수의 증가 및 에어비앤비(Airbnb) 비즈니스[39)]의 성장도 주요 원인이 된다.[40)]

도시관광개발은 앞에서 언급된 여러 문제를 야기시킬 수 있다. 이러한 문제가 시장 스스로의 기능에 의해서 해결되기를 기대하는 것은 무리이다. 불가피한 문제도 있지만 적절한 정부정책으로 해결될 수 있는 문제도 많다. 도시관광개발정책 입안 시 도시관광진흥을 위한 큰 그림을 그리는 작업과 함께 문제 해결을 위한 방안 모색에도 많은 에너지가 투입되어야 할 것이다.

39) 에어비앤비의 활성화는 디즈니피케이션과 오버투어리즘 현상을 부추기고 있음. 예전에는 관광객의 숙박이 상업지역의 호텔로 한정되었었지만 이제는 주거지역까지 확장되었기 때문임. 에어비앤비를 통해 집을 빌린 일부 외지인의 부적절한 행동은 주변 거주민의 민원을 야기하고 있음.

40) 오버투어리즘에 대응하는 주요정책은 관광지 폐쇄, 관광객 수와 사용시간 제한, 관광관련 신규사업 인허가 불허, 관광세 부과, 마케팅 및 교육 등임(정남호 외, 2019).

Ⅱ 지역관광개발

1. 지역개발에 관심을 갖는 이유는?
2. 관광개발로 지역문제를 해결할 수 있나?
3. 지역관광개발 계획의 문제는?
4. 자원개발로 없던 수요를 새로 만들 수 있나?
5. 관광 허브(hub)는 어디에 입지해야 하나?
6. 지역문화를 소재로 한 테마파크 개발 가능한가?
7. 투자재원 조달의 핵심 원칙은?
8. 지역관광개발에서 제2종 오류는?
9. 갈등은 없어야 하나?
10. 지역의 역량이 강화되려면?

1 지역개발에 관심을 갖는 이유는?

지역개발(regional development)이란 용어는 1920년 이후 사용되기 시작하였으나 적극적인 관심을 갖게 된 것은 1960년 이후부터이다. 산업화의 과정에서 저개발지역과 과밀지역이 발생하였고 지역간 성장 격차로 지역불균형문제가 대두되면서 문제의 해결을 위한 정부관여의 필요성이 커졌기 때문이다.[41] 지역의 범위는 명확하게 구분하기 어렵고 학문적 관점이나 정책목적 등에 따라 달라지지만,[42] 일반적으로 지역개발에서의 지역은 국가의 하위공간(sub-national) 영역을 말한다. 정리하면, 지역개발은 국가 하부단위로서의 지리적 구역이 안고 있는 문제를 진단하고[43] 지속적인 발전을 이루기 위한 공공부문의 정책 수립과 집행과정을 총칭한다[44](한국지역개발학회,

41) 개발도상국가의 경우 지역개발은 국가의 경제성장과 발전을 촉진하기 위한 전략을 의미함.

42) 지역은 다의적 개념을 갖고 있음. 지리학에서는 지표의 일부 공간으로 다른 곳과 구별되는 유무형의 요소들로 구성된 곳을 의미함. 경제학에서 지역은 경제적 기능이 작용하고 영향을 미치는 공간임. 사회학에서 지역은 지역사회 또는 지역 공동체를 의미함. 한편, EU, ASEAN, NAFTA 등과 같이 세계화된 경제체제의 하위 단위가 지역으로 구분되기도 함. 한국에서의 지역의 개념은 일반적으로 도시와 구별되는 일정한 지리적 구역을 의미함

43) 문제지역은 자생적 성장과정으로 진입하지 못한 낙후지역(backward regions), 산업화 후 성장이 있었으나 쇠퇴하고 있는 침체지역(developed regions in recession), 거대한 규모의 인구유입과 급속한 성장을 겪고 있는 과밀성장 및 과밀집중지역(excessive growth and concentration)이 있음.

44) 일반적으로 지역개발은 지역의 경제활성화를 위하여 지역의 생산기반을 조성하는데, 주요사업으로 교통, 전기, 통신 인프라의 건설과 경지 및 저수지 정비 등이 있음.

2017; 박종화 외, 2016; 정홍열, 2017; 김용웅, 2001).

한편, 지역의 경제적 발전과 함께 사회문화적 발전의 중요성을 합친 개념으로 지역사회개발(community development)이 있다. 지역사회 개발의 경우 혈연이나 지연에 의해 형성된 자연발생적 공간이 중심이 되고 주민의 자조와 협동적 노력이 강조된다. 하지만 정보화 및 생활권의 광역화로 지역사회가 통합하여 점차 커지는 추세이고, 지역개발이 작은 공간 단위로 세분화될 때 지역사회 개발의 성격이 강해지기 때문에 두 개념 구분의 의미는 점차 약해지고 있다.

지역개발의 배경이 되는 지역 성장격차의 이유를 설명하기 위한 이론들이 있지만 아직 설명력은 높은 것 같지 않다. 신고전학파의 균형성장이론에 의하면 지역의 성장은 투입되는 노동, 자본 및 기술 등 생산 요소에 영향을 받는다고 한다. 생산요소는 점차 한계 생산성이 높은 곳으로 자유롭게 이동하면서 결국 지역 간 격차는 없어지고 모든 지역이 균형있게 성장한다고 설명한다. 하지만 현실에서는 이론에서처럼 균형성장이 이루어지는 경우를 찾기 어렵다. 이러한 균형성장이론에 반대하는 불균형 성장이론으로 누진적 성장모델이 있다. 동 모델은 경제는 내재적으로 균형을 유지하기 보다는 균형에서 멀어지려는 힘이 있다고 설명한다. 성장하는 지역은 계속 성장하고 쇠퇴하는 지역은 계속 쇠퇴하여 지역 성장의 간극은 점차 넓어질 수밖에 없다는 것이다.

한편, 성장거점이론은 지역의 성장을 주도하는 선도산업이 입지하는 거점을 중심으로 지역이 성장한다는 이론이다. 이론이 성립되기 위해서는 선도사업에 의한 거점의 성장이 주변으로 확산되는 효과가 나타나야 하지만 실증적인 사례는 찾기 어렵다. 하지만, 이론 자체의 문제인지 정책집행 과정에서의 문제인지에 대한 논의는 계속 진행중이다.[45)]

지역 내부의 정치이념과 가치관 등 지역정서도 지역격차를 발생시킨다. 지역의 정서는 선거때 표로 나타나 유사한 사고의 지도자를 선출하게 하며, 지도자의 철학과 정책노선은 지역발전에 영향을 준다. 예를 들어, 분배의 형평성을 지향하는 자치단체장이 한정된 지역의 재원을 고르게 분배할 경우 지역갈등 완화와 균형발전에는 기여할 수 있지만, 쪼개진 재원은 지역성장을 위한 효율적인 투자를 어렵게 할 수도 있다.

지역 간 성장의 격차는 국토의 균형적 발전을 저해할 뿐 아니라 지역 간 갈등을 발생시키며 지역 간 갈등은 혼란을 야기하고 경제적 손실도 가져온다. 수도권과 비수도권, 도시와 농촌, 경부축과 타 지역 간 풍요와 기회의 불균형이 지속되면 갈등은 심화될 수밖에 없고 지역과 국가성장에 장애가 되기에 문제해결을 위한 정부의 역할이 요구된다.[46)]

---

45) 관광개발과 관련된 동 이론의 논의는 제1장 II-4를 참고 바람.

46) 지역문제의 해결을 위한 정부정책에 영향을 주는 주요 외부환경 요인으로 4차 산업혁명, 도시화 및 생활권의 광역화, 분권화, 갈등표출, 환경문제 관심 고조 등이 있음. 이러한 변화에 부응한 주요 지역개발 전략으로 지역 및 도시의 스마트화, 광역도시권 개발, 지역의 혁신역량 강화, 리더십 강화, 혼합된 토지이용 등을 들 수 있음.

2 관광개발로 지역문제를 해결할 수 있나?

지역관광개발은 군 또는 도 등 일정지역을 대상으로 한 관광자원, 시설, 상품 및 서비스의 개발을 의미한다. 바람직한 방향으로 지역의 변화를 도모하는 의도적 과정으로 지역관광개발의 주요 목적은 관광을 통한 지역문제의 해결이다. 즉, 관광개발을 통하여 지역의 침체, 낙후, 인구의 유출 및 지역 간 소득격차에서 발생하는 문제들을 풀어내야 한다(정우식 · 여홍구, 2010; 최승담, 2006; 2000; 1998).

지역관광개발에 대한 관심은 지방자치제도의 실시와 함께 증대되었다. 성장에서 뒤처진 대부분의 지자체들은 지역문제 해결을 위한 유용한 수단으로 관광개발을 선택했고 지자체 스스로 또는 중앙정부 지원에 의존하여 보유한 자원을 기반으로 관광개발을 추진했다. 그렇다면 많은 지자체의 생각처럼 관광개발은 지역문제의 해결을 위한 좋은 처방이 될 수 있나?

관광개발은 지역문제의 해결을 위한 유용한 수단임에 분명하다. 관광개발은 지역이 보유한 자원의 관광적 가치를 제고시킬 기회를 제공하기 때문이다. 대부분의 낙후 지역들은 산업입지나 정주환경 차원에서는 열악하지만, 아름다운 산악, 계곡, 섬 등의 독특한 환경을 보유하고 있다. 미개발 덕분에 보호된 지역의 자연환경은 관광객들이 즐겨찾는 관광명소로 개발될 잠재력이 높다. 관광은 아름다운 자연환경을 중심으로 성립되는 산업이기 때문이다.

한편, 관광개발은 지역산업과 높은 연계성을 갖는다. 지역의 1차

산업인 농업, 수산업, 임업 등은 관광산업과 공존하면서 시너지를 창출할 수 있다. 1차산업의 생산물들은 관광객이 소비하는 식자재가 되고, 생산현장은 관광체험의 장소가 된다. 경기도 이천 부래미 마을, 강원도 화천 토고미 마을 등은 농업과 관광을 연계하여 평범하면서도 독특한 매력을 창출하였다. 일본 유후인은 지역의 농업 및 농산물 가공품 판매업과 온천을 연계하여 작은 관광지이지만 주변 대규모 벳부 관광지와 경쟁할 수 있는 강력한 유인력을 만들어 내었다.

〈사진〉 농촌관광

하지만 지역이 보유한 자원만을 믿고 관광개발을 추진하겠다는 생각은 위험하다. 시장의 선택을 받지 못하는 자원의 개발은 의미가 없기 때문이다. 시장성중심개발의 의미가 크지고 있는 이유이다.[47]

47) 제1장 Ⅱ-5 참조 바람.

그럼에도 많은 지자체가 자원을 중심으로 관광개발을 추진한다. 아마도 지역관광개발에 '부존자원효과'가 작동하고 있는 것 같다. 물론 시장으로부터의 접근성개선을 위하여 다리나 도로 등의 새로운 인프라 건설을 추진할 수 있으나 인프라 건설비를 지자체가 부담하면, 프로젝트의 사업성은 확보되기 어렵다. 중앙정부로부터 교부세나 보조금을 지원받는 방법이 있지만 지원의 명분도 명쾌한 것 같지 않다. 지역 차원에서의 비용 · 편익분석(b/c)값은 올라가지만, 국가차원에서의 비용 · 편익분석 값은 떨어지기 때문이다.

지역의 관광개발이 수익모델을 창출하기 위해서는 자원만을 바라볼 것이 아니라 지역 관광체계를 구성하는 다양한 요인을 고려하여 관광개발을 구상해야 한다. 그런데 이 작업은 생각만큼 단순하지 않다. 시장의 흐름을 모니터링하고 분석해야 하며, 지역의 자원성과 잘 부합되는 타깃시장을 선정해야 한다. 또한, 경쟁자들의 능력과 전략을 고려하여 포지셔닝 전략도 구축해야 하는데, 지역의 입지와 관광개발전략에 따라 포지셔닝 전략도 달라진다. 그런데 이러한 작업은 타 산업의 육성보다 더욱 어려운 일이다. 특히 지역의 쇠퇴와 함께 인구가 유출되고 전문가의 영입이 어려운 여건에서 시장에 부합되는 마케팅전략을 창출하는 것은 쉽지 않은 일이다.

관광개발은 지역문제를 해결할 수 있는 유용한 수단임에 틀림없다. 부존된 자원의 가치를 제고할 수 있고, 관광개발과 지역 1차산업의 연계는 시너지를 창출할 수 있기 때문이다. 하지만 급변하는 시장을 이해하고 입지적 열세와 계절성을 극복할 수 있는 방안이 제시되고 실행되어야 하기에 생각처럼 쉬운 일이 아니다. 관광에 대한 친밀감만 갖고 접근했다가는 낭패를 볼 수 있다.

3 지역관광개발 계획의 문제는?

지역관광개발은 공공과 민간의 협력을 요구하고 있지만 역할의 중심축은 점차 민간 쪽으로 이동하고 있다. 관광개발에 있어 공공의 참여 명분이 약해지고 있고 할 수 있는 일도 점차 줄어들고 있기 때문이다. 공공재적 재화의 공급이나 공익성 사업의 경우 공공의 참여가 요구되지만 이 경우에도 독자적 참여보다는 민간과의 긴밀한 협력이 요구되고 있다. 공공주도 사업에서도 민간의 창의성과 효율성이 필요하기 때문이다(최승담, 2017; 2012; 2006).

하지만 지자체가 수립한 기존 계획들을 살펴보면 민간의 참여를 위한 지자체 자세에 의구심이 생기는 경우가 많다. 계획을 구성하는 틀과 각 장을 구성하는 내용을 살펴보면 문제를 쉽게 알 수 있다. 일반적으로 계획내용은 1)사업환경 분석, 2)개발목표 및 전략, 3)도입기능 및 시설, 4)시설배치 계획, 5)사업성 분석 및 6)사업추진 계획 등으로 구분된다. '1)사업환경 분석'은 사업과 관련된 내외부 여건을 개괄적으로 살펴보는 과정이다. 입지, 시장, 관련 계획, 법규 및 사례 등이 검토되고 종합적인 시사점이 제시된다. 이 단계에서 신뢰성 있는 자료의 확보와 자료해석의 객관성은 매우 중요하다. 신뢰성이 검증 안

된 자료로 편향적 해석이 될 경우 비합리적인 '2)개발 목표 및 전략의 설정'으로 이어지기 때문이다. 과소 또는 과대 평가된 지역의 잠재력을 바탕으로 수긍하기 어려운 목표와 합목적성이 결여된 전략이 등장할 수 있다.

'3)도입기능 및 시설'을 설정하는 단계가 계획에서 차지하는 비중은 크다. 자원의 잠재력과 시장 니즈에 기반하여 지역이 공급해야 할 구체적 시설 및 시설규모가 논리적으로 제시되어야 하기 때문이다. 지역자원을 과대평가하거나 관광수요가 빠르게 성장한다는 일반적 논리에 빠져 과도한 규모의 시설이 제시되는 경우 지역은 어려움에 처할 수 있다. 객관성 확보를 위하여 외부의 냉정한 평가가 도움이 될 수 있다.

'4)시설배치계획'은 공공의 계획에서 중요도가 크지 않다. 부지의 여건과 시설의 용량 등을 감안하여 치명적 문제의 존재 여부를 확인해 보는 수준이면 된다. 가끔 프로젝트의 홍보를 위하여 배치도와 투시도 등을 컬러풀하게 그려 홍보하는 경우가 있다. 정치적 의미는 부여할 수 있을지언정 실제 투자를 할 민간기업에게 제공해 주는 정보는 미약하다. 어차피 사업계획이 민간투자자에 의하여 구체화될 때 수정과 보완이 가장 많이 요구되는 부분이기 때문이다.

'5)사업성 분석'은 사업시행자인 지자체가 투자자의 입장에서 사업을 통하여 얻을 수 있는 수익을 분석해 보는 단계이다. 분석을 통해 기업의 투자 이후 이익이 발생하는 시점을 확인해 보는 것이다. 이익발생 시점이 빠를수록 좋고 시점 통과 이후 수익의 누적속도도 빠를수록 좋다.

계획의 마지막 부분인 '6)사업추진 계획'에서는 투자계획이 설명된다. 도입되는 시설의 건설을 위한 총 투자비가 산정되고 연차별 투자액수가 제시된다. 연차별 투자액수는 시설별 건립의 우선순위, 마케팅 전략 및 투자자의 재무상태 등에 따라 달라진다. 또한, 사업추진 방식도 제시된다. 동일한 관광단지 사업의 경우도 사업을 추진하는 방식은 다양할 수 있다. 예를 들어 공공이 부지를 구입하고 사업관련 인허가 등을 처리한 후 사업권과 부지 원형을 투자자에게 넘겨주는 방식이 있고, 관광단지에 요구되는 기반시설 조성 후 민간에게 사업권과 조성된 부지를 넘겨주는 방식도 있다. 관광단지의 시설구성 내용이나 시장환경 등을 감안하여 사업추진 방식은 결정된다.

지자체의 관광개발 기본계획에서 민간투자 유치를 위하여 가장 중요한 부분은 '5)사업성 분석'과 '6)사업추진 계획'이다. 지자체의 관광개발계획은 민간투자자가 사업의 수익성에 대하여 확신할 수 있는 근거자료를 제공해 주어야 하기 때문이다. 수익성이 없는 사업에 민간은 투자하지 않지만 사업성이 있어도 투자여력이 없으면 투자할 수 없다. 이러한 이유로 사업추진 계획에서는 민간의 투자여건이 분석되어야 하며 여건이 미비할 때 투자여건을 제고할 수 있는 방안이 제시되어야 한다. 공공에 의한 세제, 행정 및 금융 지원은 민간 투자의 마중물 역할을 할 수 있다.

이해하기 어려운 것은, 대부분의 지자체 관광개발계획에서 가장 중요한 사업성 분석과 사업추진 계획 부분이 취약한 것이다. 대부분의 경우 관광개발 사업의 수익성이 있다는 결론을 내고 있지만 분석의 과정이나 분석과정 시 사용된 지표값에 대한 설명이 부족하여 보고서만 보고 사업참여에 대한 결정을 내리기가 어렵다. 사업추진 계획도 일반적인 사례에 준하여 나열식으로 되어 있어 특정 프로젝트의 사업추진계획으로 보기 어려운 경우가 많다.

사업성 분석과 사업추진계획 부분의 내용이 형식적일 때 계획은 지역이 원하는 사업을 모아 놓은 위시 리스트(wish list)가 되어버린다. 주술적 계획이라는 비판을 받을 수밖에 없다. 민간투자자의 관심은 지자체의 위시리스트가 아니라 사업의 수익모델이다.

4 자원개발로 없던 수요를 새로 만들 수 있나?

입지적 여건 때문에 잠재관광수요의 규모가 적은 지역의 고민은 크다. 지역활성화를 위한 지역의 관광개발 욕구는 지대한데, 분석에 의하여 확인한 기존 잠재수요로는 개발 타당성이 없기 때문이다. 그럼에도 불구하고 관광개발을 추진하는 지자체가 있다. 기본전제는 지역이 보유한 자원을 개발하여 없던 관광수요를 새로 만들 수 있다는 것이다. 지역의 자원을 기반으로 한 창의적인 상품과 서비스의 개발로 새로운 수요를 창출하겠다는 구상은 지역발전을 위한 진취적이고 도전적인 전략으로 인식될 수 있다.

하지만 이러한 전략은 현실에서 극복할 과제가 너무도 많아 현실성이 부족하다. 수요를 존중해야 하는 마케팅 기본원칙에 어긋나기 때문이다. 기존 수요를 거역하면서 수익모델을 창출하는 것이 불가능하지는 않지만 매우 어려운 고난의 길이다. 시장의 선호도와 소비자의 행동은 잘 바뀌지 않고 바꾸기 위해서는 긴 시간과 지속적 투자가 요구되기 때문이다(kotler, 2015). 시장에 존재하는 기존 수요를 바꾸는 것이 어려운 경우 다음 세대 소비자를 생각해야 할 필요도 생긴다. 아직 기호가 명확하게 형성되지 않은 신세대를 대상으로 한 마케팅을 그들이 주소비계층이 될 때까지 뚝심있게 집행하는 것이다.

미국의 조지아(Georgia)주 애틀랜타(Atlanta)시에는 전 세계적으로 400개가 넘는 브랜드의 음료를 만드는 코카콜라 컴퍼니의 본사와 코카콜라 뮤지엄이 있다. 코카콜라 뮤지엄에는 1886년 코카콜라를 발명한 약제사 펨버튼(John Pemberton)과 코카콜라를 대중화시킨 애틀랜타의 사업가 아사 캔들러(Asa Candler) 및 코카콜라의 역사를 소개하는 전시물로 채워져 있다. 코카콜라 뮤지엄의 규모는 세계 10대 기업이라는 코카콜라의 명성에 비하면 소박하다. 일부 공간은 테마파크 형태로 조성되었지만 대부분 코카콜라를 홍보하기 위한 것들이다. 코카콜라가 전 세계 각국의 기호를 반영하여 판매하고 있는 다양한 브랜드의 음료를 작은 종이 잔에 담아 무제한 시음할 수 있는 곳이 인기를 끈다. 또한 각국에서 생산되는 브랜드 특성에 맞게 제작된 다양한 광고 영상물들은 각국의 문화를 바탕으로 마케팅 전략을 구사해 온 코카콜라의 노력을 피부로 느끼게 해 준다. 그리고 전시장 한 곳에는 코카콜라의 실패사례를 보여주는 1985년도의 동영상이 준비되어 있다. 내용은 코카콜라의 사장이 소비자에게 사과하며 '코카콜라 클래식(Coca Cola Classic)'의 생산을 약속하는 동영상이다.

동영상의 배경은 이렇다. 이미 음료 시장을 장악하고 있던 코카콜라와 새로 시장에 진입한 펩시콜라 간 시장 점유율을 높이기 위한 경쟁이 있었다. 새로운 코카콜라와 펩시콜라의 마케팅 경쟁 관련해서는 많은 이야깃거리가 있지만 그중 우리의 관심을 끄는 것은 '펩시 제너레이션(Pepsi Generation)' 전략이다. 후발주자인 펩시에게 코카콜라의 벽은 두터웠다. 콜라는 코카콜라라는 등식이 성립된 기성세대를 공략하는 것은 매우 어려웠다. 고민 끝에 나온 펩시의 전략은 기성세대를 과감하게 포기하고 신세대를 공략하는 것이었다. 차세대를 대상으로 마케팅을 모색했고 'Pepsi Generation'이라는 광고 문구도 만들어 낸다. 문구에는 가치관과 문화가 기성세대와 다른 젊은 세대에게 새로운 맛의 펩시콜라가 더 적합하다는 메시지가 들어있었다. 펩시 광고에는 마이클 잭슨(Michael Jackson)도 등장했다.

마케팅 효과가 나타날 때까지 장기간의 투자와 인내가 필요했지만 펩시는 젊은 세대의 사랑을 받으며 서서히 시장점유율을 높여갔다. 위험을 감지한 코카콜라는 오랜 연구 끝에 펩시를 누를 수 있다고 확신하는 새로운 맛의 뉴코크(New Coke)를 개발하여 발매하면서 기존 코카콜라의 생산을 중단하였다. 하지만 옛 맛에 익숙했던 시장의 반응은 싸늘했다. 결국, 뉴코크는 발매된 지 2달 반 만에 생산이 중단되었고. 미국의 5대 실패 상품 중 하나라는 불명예를 얻게 된다(Hays, 2005). 뉴코크의 생산과 중단과정에서 일부 소비자는 기존 코크를 마실 수 없음에 항의했는데, 코카콜라 사장이 공개적으로 사과하며 옛 맛의 코카콜라 생산을 약속하는 장면이 동영상에 들어있다.

1990년대 말 오픈한 국제적 워터파크인 캐리비안 베이가 우리나라 관광발전에 기여한 바는 매우 크다. 계절성 극복을 위한 새로운 개발 패러다임으로 대규모 실내 물놀이 공간을 조성하여 4계절 영업이 가능하도록 했다. 시설과 서비스 수준은 세계적인 브랜드의 테마파크와 비교해도 손색이 없다. 수도권에 입지하였기에 허브로서의 강력한 유인력을 바탕으로 국민관광 및 인바운드 관광 활성화에 기여한 공로는 높게 평가된다. 하지만 워터파크 개장 초기에는 많은 어려움이 있었다. 물놀이 성수기인 여름철에는 엄청나게 많은 사람이 방문하여 장시간 줄을 서야 했지만 비시즌인 겨울철의 방문객은 많지 않았다. 겨울철에는 추위로 야외 테마파크는 폐쇄되고 실내파크만 운영되었고 실내파크의 온도는 여름철 야외와 유사하게 조정되어 물놀이에 아무 불편이 없었다. 하지만 개장초기에 겨울철 방문객 수는 계획당시 예측치보다 너무 적었다. 원인은 우리의 물놀이는 여름철 문화이어서 많은 사람들이 겨울철 물놀이에는 익숙해 있지 않기 때문이다. 물론, 개장 이후에 겨울철 워터파크의 방문객 수는 꾸준히 늘었지만 그 속도는 빠르지 않았다. 문화가 바뀌는 데는 많은 시간이 걸리기 때문이다.

창의적 시설과 서비스의 공급으로 없던 수요를 새롭게 만들겠다는 지자체의 전략은 강하게 다가올 수 있다. 기존 수요에 연연하기보다는 지자체가 보유한 자원의 특성을 창출하여 독특한 상품과 서비스를 개발하고 이를 선호하는 새로운 수요층을 확대해가는 것은 의미있기 때문이다. 하지만 전략의 실현을 위한 현실성 있는 마케팅 수단을 모색하는 일은 그리 간단하지가 않다. 새로운 상품의 공급으로 새로운 수요를 창출하는 데는 앞의 사례들이 보여주듯이 많은 시간과 투자가 요구된다. 그런데 지자체의 경우 지자체장의 임기는 짧고 예산도 제한되어 있다. 수십년이 소요될 수도 있는 수요창출의 마케팅전략을 임기 4년의 자치단체장이 집행한다는 것은 매우 어려운 일이다.

5 관광 허브(hub)는 어디에 입지해야 하나?

지역개발에서 성장거점 선정 시 일반적으로 산업 입지여건, 배후지 및 지역 역량 등이 검토된다. 거점의 입지는 핵심산업을 육성할 수 있는 자원과 시장확보에 유리해야 하며 거점의 성장효과가 파급될 수 있는 배후지가 있어야 하고 지역의 구성원이 성장전략을 추진하고 감당할 수 있는 역량을 확보하고 있어야 한다. 그런데 이 조건은 관광 허브(Hub) 선정 시에도 유사하다(김용웅, 2001; 박종화 외, 2016; 정홍열, 2017; 최승담, 1995; 2018; 한국지역개발학회, 2017).

첫째, 입지여건이다. 관광지 입지여건으로 자원성과 시장성이 강조되지만 허브의 우선적 요건은 시장의 확보이다. 허브에는 다양한 시설의 집적이 요구되는데 집적시설이 지속적으로 운영되기 위해서는 관광객을 유인할 수 있는 시장이 있어야 하기 때문이다. 허브개발

시 자원성이 요구되나 탁월한 자원성은 관광허브개발에 불리할 수도 있다. 집약적 시설의 건설이 요구되는 허브의 특성상 자연의 훼손도 문제지만 자원의 보전을 위한 많은 규제로 개발사업을 집행하기가 어렵다. 오히려 자원성이 낮아 규제가 없는 곳이 허브로서는 적정할 수 있다.

허브 조성 시 수반되는 집약적 시설개발이 항상 환경에 부정적 영향을 주는 것은 아니다. 훼손되어 방치되었던 지역의 환경이 개발 후 크게 개선될 수 있기 때문이다. 서울 잠실 롯데월드가 대표적 사례이다. 롯데월드가 위치한 석촌호수 지역의 경우 테마파크 개발 전 호수 지역의 경관은 훼손되고 오염으로 악취가 나는 곳이었다. 하지만 조경과 정화시설 등에 대한 투자로 지역의 환경은 크게 개선되었고 이제는 관광명소가 되었다.

둘째, 허브 주변 배후지의 관광개발 여건이다. 배후지에 자원이 많아 허브와의 연계를 통하여 시너지를 창출할 수 있는 곳이 허브로서 적정하다. 허브와 연계될 수 있는 배후지로 주변의 관광지가 있다. 허브 주변의 다양한 관광지는 허브의 유인력을 제고시킨다. 허브를 기반으로 한 경유형 관광 참여 시 선택폭이 커지기 때문이다. 허브도 주변관광지에게 득이 된다. 허브의 강력한 힘으로 유인된 대규모 관광객이 주변관광지의 잠재시장이 되기 때문이다. 허브는 주변관광지들이 보유했던 수요를 빼앗아가는 경쟁자가 아니라 큰 수요를 공급해 주는 협력자이다.

한편, 허브 배후지에 위치한 도시의 관광적 기능도 중요하다. 허브 주변의 도시는 관광수요의 공급처이다. 배후도시의 거주민은 직접적 시장이 되고 게이트웨이로서의 배후도시는 외부수요까지 끌어들인다. 또한, 배후도시는 관광시설과 서비스의 공급처이다. 도시의 인프라와 비지니스는 허브를 방문하는 관광객에게 필요한 시설과 서비스를 공급해 줄 수 있기 때문이다. 이런 맥락에서 허브의 관광시설 개발 시 도시와의 역할 분담을 고려해야 한다. 예를 들어, 계절성이 강한 관광숙박수요의 경우 성수기 시 모든 수요를 허브 내에서 수용할 필요는 없을 것이다. 배후도시가 일정 부분 감당할 여건이 된다면 서로에게 유익하다.

셋째는 지역의 역량이다. 특히 허브개발과 관련된 지자체 공무원과 지역주민의 역량이 중요하다. 즉, 지역의 공무원과 주민들이 관광허브 개발의 본질과 특성을 이해하고 있어야 하고 이를 기반으로 허브의 개발 방향 및 구체적 대안에 대한 합의를 도출할 수 있어야 한다. 모든 지자체에게 좋은 관광개발정책이나 사업은 없다. 동일한 부지를 대상으로 한 정책과 사업도 공동체가 갖고 있는 가치가 다를 때 평가는 달라진다. 결국은 공동체가 선택한 의사결정 체계 내에서 협의하고 합의하여 집행하는 수밖에 없다. 역량이 뛰어난 지자체는 협의를 통해 합리적인 것을 선택하여 집행한다. 하지만 그렇지 못한 지자체는 감성에 의한 어리석은 선택을 한다.

관광허브개발사업은 위험부담도 크고 경쟁자도 많은 사업이다. 허브개발사업은 지자체 간의 경쟁이 아니라 글로벌한 경쟁이 요구되기 때문이다. 경쟁에서 이기기 위해서는 이해관계자 간 협력이 필수적이다. 감정대립과 극화된 갈등하에서 추진되는 허브개발은 성공할 수 없다. 시장과 자원과 배후지의 여건이 구비되어도 지자체의 역량이 형성되어 있지않으면 허브개발사업은 추진하지 않는 것이 현명한 선택일 수 있다.

6 지역문화를 소재로 한 테마파크 개발 가능한가?

지역관광개발에서 자주 언급되는 사업 중 하나가 테마파크 개발이다. 테마파크 개발을 통한 고용창출, 세수증대 및 이미지 제고 등 지역개발효과에 대한 기대가 크기 때문이다(김창수, 2007; 김희진, 2007). 특히 외국브랜드의 유치보다는 지역문화를 소재로 한 테마파크 개발의 필요성이 강조된다. 테마파크에 대한 친근감과 함께 테마파크의 핵심인 테마성에 잘 부합되는 소재를 지역이 갖고 있다는 확신 때문인 것 같다. 지역과 관련된 설화, 풍속, 작품 및 역사적 인물 등을 소재로 한 테마파크의 개발이 성공하면 수익도 창출하고 지역을 홍보할 수 있다. 또한 외국브랜드 유치 시 지불해야 하는 6-7%의 로열티의 부담에도 벗어날 수 있어 좋다. 하지만 지역 차원에서 테마파크 개발사업의 추진은 매우 어렵고 지역문화를 소재로 한 테마파크 개발 사업의 성공률은 더 낮다.

지역단위의 테마파크 개발사업이 어려운 이유부터 생각해 보자.

테마파크의 초기 투자비는 매우 커서 일반적으로 수천억 원이 넘고 많은 경우 조 단위로 간다. 테마파크의 핵심인 어메니티의 개발비가 대부분 수백억 원 수준이기 때문이다. 재방문의 유도없이 수익모델의 창출이 어렵기에 테마파크를 구성하는 어트랙션이나 소프트웨어의 생애주기가 매우 짧다. 방문객은 동일한 어트랙션을 반복해서 방문하려고 하지 않는다. 개장 초기에 허니문 효과(honeymoon effect)로 사람이 많이 모이다가 개장 3년 후부터 수요가 감소하는 것을 보면 알 수 있다. 그래서 대부분 테마파크는 집객력이 높은 대도시권에 입지한다. 수요가 커야 매출이 크고 매출이 커야 초기 투자비를 만회할 수 있기 때문이다.

테마파크의 대형화는 투자자의 욕심보다는 생존전략으로 이해해야 한다. 다양한 어트랙션의 집적이 테마파크 내에서 다양한 경험을 제공해 줄 수 있기 때문이다. 테마파크만의 대형화가 아니라 개발의 추세는 종합형 리조트 단지이다. 테마파크, 숙박시설, 복합 상업시설의 도입이 시너지 창출에 유리하기 때문이다. 지역에서 지역시장을 기반으로 중소규모의 테마파크 개발을 시도할 수 있다는 논리를 펼 수 있으나 교통여건이 좋아진 현 상황에서 규모는 작지만 가깝기 때문에 주변의 테마파크를 방문하는 사람은 많지 않다.

지역의 테마를 활용하는 것은 왜 어려운가? 테마파크 개발 성공의 핵심은 테마의 지속적 공급이다. 새로운 테마가 계속 공급되지 않으면 테마파크의 방문객을 지속적으로 유인할 수 없기 때문이다. 즉 테마를 공급해 주는 공급원이 있어야 한다. 그런 맥락에서 우리나라의 테마파크 개발여건은 국제적 브랜드의 테마파크에 비하여 상대적으로 불리하다. '디즈니' 계열 테마파크의 경우는 '월트 디즈니 스튜디오(Walt Disney Studios)'를 통하여 새로운 테마와 캐릭터를 계속 공급받는다. '유니버셜 스튜디오(Universal Studio)'의 경우 헐리우드의 히트 영화는 새로운 테마이다.

아쉽게도 우리의 경우는 새로운 테마를 계속해서 공급받을 수 있는 여건이 형성되어 있지 않다. 국내 주요 테마파크의 경우 내세우는 캐릭터는 있지만 아는 사람은 별로 없다. 우리 스스로 '미키 마우스', '도날드 덕', '푸', '엘사'와 같은 널리 알려진 캐릭터를 창출해내는 것은 현실적으로 불가능에 가깝다. 그래서 우리나라에 테마파크는 없고 놀이공원만 있다고 한다. 테마의 창출이 어려우니 놀이공원화되고 있는 것이다. 유심히 보면 디즈니와 유니버셜 계열 테마파크에는 우리와 같은 놀이기구들이 훨씬 적다.

지역의 문화나 인물들을 소재로 한 테마파크는 지속적인 생존이 어렵다. 테마의 생명주기가 짧고 테마의 진화가 어렵기 때문이다. 테마로서의 도자기, 판소리, 성리학 등은 격이 있어 보이지만 테마파크의 어트랙션 개발 관점에서 너무 단조롭다. 비즈니스 관점에서 볼 때 새로운 상품과 서비스의 개발이 제한적이어서 곧 시장에서 외면당하게 된다.

외국의 유명 브랜드 테마파크를 유치하려는 이유는 서양 문물에 대한 동경이나 우리 것을 천시하기 때문이 아니다. 비즈니스 모델의 창출을 위한 현실적 대안이다. 새롭게 성장하는 사업이 있고 우리 스스로 사업의 경쟁력을 확보할 수 없다면 그들과 함께 가면서 한 수 배우는 수밖에 없다.

〈사진〉 올란도 월트디즈니 월드(Orlando Walt Disney World)

7 투자재원 조달의 핵심 원칙은?

지역개발의 투자재원 조달을 위한 일반적 원칙으로 수익자 부담, 형평성, 안정성, 자주성 및 정부와 민간의 역할분담이 제시된다. 수익자 부담 원칙은 사업으로 인한 직간접 수혜자가 비용을 부담하게 하는 것이다. 개발로 인한 수혜가 없는데 개발 비용을 내라고 하면 공정하지 않고 사업에 대한 지지도가 떨어질 수밖에 없다. 형평성 원칙은 계층 및 세대 간 비용부담의 원칙이 동일하게 적용되어야 한다는 것이다. 여론형성의 힘이 약한 계층이나 아직은 목소리를 낼 수 없는 다음 세대에게 상대적으로 큰 부담을 주어서는 안 된다. 안정성이란 지역개발 사업을 위한 재원이 일회성이어서는 곤란하다는 이야기다. 오랜시간 경과 후에 나타나는 지역개발 효과의 특성상 안정적 재원의 확보없이 지역개발 사업의 성공은 어렵기 때문이다. 자주성이란 재원에 대한 지자체의 독립적 권한을 의미한다. 지자체는 외부의 간섭없이 재원운영의 원칙 안에서 자주적으로 재원을 운용할 수 있어야 한다. 정부와 민간의 역할분담은 지역개발의 자금수요를 전부 정부 재원으로 충당하기보다는 민간의 자원을 적극 활용하자는 것이다. 민간의 자본력과 시장에 대한 대응능력은 점점 높게 평가되고 있기 때문이다(김용웅, 2001; 박종화 외, 2016; 정홍열, 2017; 한국지역개발학회, 2017).

지역관광개발을 위한 투자재원조달 원칙 중 정부와 민간의 역할분담은 특히 강조할 필요가 있다. 역할분담이라고 했지만 사실은 민간의 역할이 더 중요하다. 지역관광개발 사업은 단순히 정부의 예산을 쓰는 사업이 아니라 시장으로부터 수익을 창출해야 하는 사업이기 때문이다. 그런데 민간은 수익모델 창출에 있어 공공보다 훨씬 위에 있다. 민간의 역할강화가 지역의 자원가치를 높여 수익과 고용을 창출할 수 있는 방안이 되는 이유이다. 공공의 주요 역할은 민간기업이 투자할 수 있는 여건을 조성하고 지원하는 일이다.

지자체에서 민간투자가 이루어지는 방식은 크게 2가지로 구분될 수 있다.[48] 첫 번째는 지자체가 사업주체가 되어 주도적으로 관광개

48) 제2장 Ⅰ-6에서는 관련내용이 계획관점에서 논의되었음.

발을 추진하는 경우이다. 일반적으로 공익시설 개발 비용은 공공예산에서 조달되지만 수익시설은 민간투자로 이루어진다. 중앙정부 정책도 지자체 주도 관광개발을 지원하고 있다. 관광단지, 관광지, 광역권 관광개발 및 사업 등과 연계하여 관광개발사업을 추진하게 된다. 민간은 관련사업 검토 후 사업성이 있다고 판단되는 경우 사업에 투자한다.

두 번째는 민간기업이 투자의사를 갖고 자발적으로 지자체를 찾는 경우이다. 지자체의 입장에서는 매우 좋은 기회이지만 사업이 순조롭지 않을 경우 어려움을 겪을 수 있다. 간혹 관광개발 사업성보다는 사업권 획득이나 지가상승 등을 염두에 두고 투자하는 민간기업이 있는데 신중하게 걸러져야 한다. 일단 사업권을 얻은 후 프로젝트의 시행이 어렵게 되면 민간기업은 부지의 용도변경이나 추가지원을 요청한다. 사업을 살리려면 원칙을 깨야 하고 원칙을 지키려다 프로젝트가 중단될 수도 있기에 지자체의 고민은 커진다.

보고서에 쓰여 있는 사업내용보다 투자자의 사업역량에 대한 객관적이고 냉정한 판단이 중요하다. 업적과시를 원하는 의사결정자의 경우 사업추진에 대한 욕심이 합리적인 판단을 어렵게 하는 경우가 있다. 일단 추진해 보다가 되면 다행이고, 안 되면 그만이라는 안일한 생각에 빠질 수 있다. 하지만 일이 잘못되었을 때 지역의 이미지도 나빠지고 관광개발 대상지로 묶여 각종 규제만을 받아야 하는 지역주민의 피해도 크다.

두 경우 모두 지자체가 투자의 유치를 원한다면 민간 투자를 가능하게 하는 공적지원의 임계치를 고민해야 한다. 공적지원은 진입로 및 편의시설 건설, 세금감면, 기금 융자 및 부지 임대 등이 있다. 이론적으로는 지원 금액과 지원으로 발생하는 후생의 크기를 비교해서 판단하면 된다. 하지만 지역차원에서 득과 실의 계산을 위한 정형화된 계산법도 없고, 지역의 가치관과 정치적 성향 등을 파악하여 임계치를 정하는 것은 매우 어려운 일이다.

지자체는 민간자본 유치 확대를 위한 제도적 지원을 강구하여 민간투자의 마중물 역할을 해야 한다. 민간투자 동기를 제고할 수 있는 사업유형개발에 대한 고민도 필요하다. 하지만 기업의 사업제안서와 투자능력을 냉정히 분석하여 순수하지 않은 동기의 투자를 사전에 막을 수 있어야 한다.

8 지역관광개발에서 제2종 오류는?

지역관광개발계획 수립 시 지역의 잠재적 문제를 찾아내고 문제의 정도를 냉정히 평가하는 것은 매우 중요하다. 하지만 지역관광개발에 영향을 주는 변수가 많고 변수의 영향 정도도 계속 변하고 있기에 문제에 대한 평가작업은 단순하지 않다. 평가에는 실수가 따를 수 있는데 지역관광개발 문제에 대한 평가에서 범할 수 있는 실수는 크게 두 가지이다. 첫 번째는 지역에 문제가 없는 데 있다고 평가하는 실수이고, 두 번째는 문제가 있는데 없다고 평가하는 실수이다. 첫 번째 경우를 제1종 오류(type I error), 두 번째 경우를 제2종 오류(type II error)라고 한다(박석희, 2000).[49)]

제1종 오류의 발생 시 지자체는 잠재력이 큰 관광개발사업을 추진하지 않았기에 사업을 통한 자원의 가치창출과 지역성장의 기회를 놓치게 된다. 제2종 오류의 경우는 문제가 간과된 채 사업이 무리하게 추진되어 지역성장에 해를 끼치게 된다. 잘못된 평가가 한동안 지역민을 기분좋게 했지만 문제가 있는 사업을 추진한 지자체는 낭패에 빠지게 된다.

우리나라 지자체 관광개발의 경우 제1종 오류보다 제2종 오류가 발생하는 경우가 많다. 대부분의 지자체 관광개발계획은 지역에 대한 호의적인 평가를 기반으로 하고 있다. 평가에서 지역의 문제가 간과된 것은 각 지자체의 계획을 모두 합쳐 보면 쉽게 알 수 있다. 지자체 계획이 제시한 타깃 방문객 수의 합은 국가의 관광 총수요에 비하여 지나치게 많기 때문이다. 계획의 문제가 있었다는 것은 지자체가 추진 중인 관광개발 사업의 낮은 진척률에서도 나타난다.[50)]

그러면 개발계획 작성에 있어 제2종 오류가 발생하는 이유는 무엇인가? 평가과정에서 문제가 있었다는 이야기다. 계획을 담당한 계획가의 역량이 부족할 수도 있겠지만 공정한 평가가 어려웠을 개연성도

49) 제 Ⅲ종 오류는 문제의 구조화가 잘못되어 완전히 틀린 문제의 답을 찾는 경우에 발생하는 오류임(이연택, 2016). 예를 들어 지역 숙박수요 감소의 문제를 시장으로부터의 이동시간만으로 보았다면 제Ⅲ종 오류의 개연성이 큼. 고속도로나 KTX 개설로 인한 이동시간 단축이 숙박수요에 미치는 영향은 부정적일 경우도 있기 때문임.

50) 제4장을 참고하기 바람.

있다. 일반적으로 지자체 관광개발계획의 작성은 지역의 컨설팅 회사가 담당한다. 컨설팅 회사와 지자체의 관계는 대등하기 어렵고, 기본적으로 갑과 을의 관계이다. 지자체가 시장의 여건을 고려하지 않고 관광개발의 규모를 크게 하고 싶어하는 경우에도 을의 입장에서 갑인 지자체의 의사를 무시하기는 쉽지 않다. 한편, 관광개발계획의 실적이 나빠도 민간기업에 비해 지자체의 부담은 훨씬 적다. 민간기업은 큰 규모의 금전적 손실을 보지만 지자체의 금전적 손실은 상대적으로 미약하다. 중앙정부의 지원으로 인프라는 구축되었으니 사업추진이 미진해도 지역에 남는 것은 있기 때문이다. 자치단체장이나 담당 공무원 개인적으로 감당해야 하는 금전적 손실도 없고 순환보직 체제에서 책임소재도 불분명하다. 결국 잘못으로 인한 손실과 책임은 지역민과 국민이 감당해야 한다.

지역관광개발에서 제2종 오류를 줄이기 위해 지역은 깨어 있어야 한다. 계획과정부터 모니터링 체계가 작동되어야 한다. 프로젝트와 무관한 지역 밖 전문가에게도 계획내용을 오픈시켜 냉정한 검증과정을 거쳐야 한다. 깨어 있는 지역은 현실성 없는 계획이 진행되는 경우 여론형성을 통하여 의사결정자들을 각성시킨다. 여론형성을 위하여 지역주민, NGO, 전문가집단 및 언론매체들이 힘을 합치고 그래도 어려우면 선거 때 표로써 힘을 보여준다. 이런 과정이 없는 한 지역의 관광개발은 계속 오류를 반복하게 된다.

9 갈등은 없어야 하나?

갈등은 행동주체 간 대립적 상호작용이다. 특정 프로젝트나 정책 등에 대하여 태도, 정서 및 이해관계 등이 다르기 때문에 발생한다. 심리적 대립감도 있지만 대립감이 행동으로 표출되기도 한다. 갈등의 표출이 물리적 힘에 의한 비제도적 방법일 경우 행정의 안정성과 민주성은 저해된다.

갈등은 새로운 일을 추진하는 과정에서 발생한다. 지자체에서 새롭게 관광개발을 추진하는 경우에도 이해관계자 간 갈등이 발생할 수 있다. 이해관계자의 위치에 따라 관광개발을 바라보는 시각이나 개발을 통한 이해득실이 다르기 때문이다. 갈등상황이 이해관계자에게 지각되면, 긴장, 불안, 적개감을 느끼고 갈등이 지속되면서 적개감은 표면화되어 적대적 행동으로 나타날 수 있다(김영준 외, 2008; 김창수, 1996; 대통령자문 지속가능 발전 위원회, 2005; 이남희 · 고동완, 2019).

갈등의 상황을 야기하는 요인은 다양하다. 갈등의 주요 원인으로 개인주의의 심화를 든다. 불행하게도 개인주의의 가장 나쁜 형태인 집단이기주의가 관광개발에서 종종 나타난다. 자유주의 국가인 만큼 법의 틀 안에서 개인의 욕구 증대를 위하여 행동하는 것이 문제될 것은 없다. 다만, 공동체적 이익과 발전은 간과한 채 특정집단만의 이익을 집단적 힘으로 관철하려는 것은 큰 문제이다.

피해의식도 갈등의 주요원인이 된다. '상대적 박탈 이론'에 의하면 인간은 자기가 소유한 것과 타인의 것을 비교하면서 만족과 불만족을 느낀다고 한다. 관광개발을 통하여 자기와 타인에게 주어져야 한다고 생각하는 혜택이 실제와 차이가 생기면 갈등이 발생하게 된다. 모든 사람의 기대치를 다 충족시키는 개발은 현실적으로 불가능하기 때문이다. 개발을 통한 이익을 받는 계층도 있지만 불이익을 감당해야 하는 계층도 발생하게 된다. 설령 모두에게 이익이 발생한다 하더라도 이익의 크기는 계층별로 다르기에 갈등이 발생할 수밖에 없다.

정치적 역량의 부족도 갈등을 부추긴다. 정치의 주요 목적은 다양하게 표출되는 집단의 가치와 이익을 조정하여 사회적 통합을 도모하는 것이다. 하지만 관광개발 관련 이익집단 간 갈등조정을 위한 규칙이 없거나, 규칙을 기반으로 한 갈등조정능력을 지역이 보유하지 못했을 때 갈등은 커지게 된다. 갈등조정을 위하여 지역의 리더십과 합리적인 팔로우십이 중요한 이유이다.

한편, 발생된 갈등은 시간이 갈수록 커진다. '내집단 편향(in-group bias)' 및 '외집단 편향(out-group bias)' 이론과 '집단극화현상(group polarization)'은 그 이유를 설명한다. 인간에게는 자신이 속한 집단에는 호의적 태도를 갖고 타 집단에 대해서는 배타적 태도를 갖는 편향이 있다. 갈등 발생 후 갈등과 관련한 이해집단의 그룹이 명확히 형성되고 그룹 내 토의과정을 거치면서 집단의 생각은 점점 극화된다. 각 그룹에 속한 구성원은 시간이 갈수록 그룹이 갖고 있는 생각에 점점 더 호의적으로 되고 타 그룹에 대해서는 점점 더 배타적으로 된다. 이러한 현상은 동전 던지기에 의하여 임의로 형성된 그룹에서도 나타난다고 하니 관광개발관련 특정 이해 때문에 모인 집단에서는 매우 강하게 나타날 수밖에 없다.

타지펠(Henri Tajfel)의 '사회정체성 이론(social identity theory)'도 갈등이 점차 심화되는 원인을 설명한다. 사람들은 자기가 속한 집단에 대한 소속감을 바탕으로 자신의 정체성을 확립하려는 경향이 있다. 일단 집단에 소속되면 이러한 경향은 점차 강해지는데 정체성 제고를 위하여 타 집단에 대해 부정적 생각을 갖게 되기 때문이다. 특히 타 집단과 경제적 이해관계가 상충되는 경우 타 집단과의 갈등은 더욱 빨라진다. 인간의 태도와 행동을 변화시키는 데 경제적 변수만큼 강력한 것은 없기 때문이다(Tajfel, 1982).

한편, 관광개발에 대한 기본적 지식의 부족이나 특정 프로젝트 관련 정보의 부족도 갈등을 유발하는 주요 요인이다. 이 경우 사람들은 정확한 사실확인이나 논리적 추론보다는 감성적으로 개발의 영향을 판단한다. 감성적 판단이 주를 이룰 때 '영향력 편향(impact bias)'이 발생한다. 나쁘다고 생각되는 정책이나 프로젝트가 지역 삶에 미칠 영향을 과도하게 부정적으로 평가하는 경향이다. 예를 들면 관광개발로 인한 환경훼손을 과도하게 걱정하는 경우이다. 오수처리시설이나 조경의 역할을 과소평가하면서 오수의 방류와 형질변경이 지역 환경을 지속적으로 훼손시킬 것으로 판단한다.

'현상유지의 편향(status quo bias)'도 갈등의 영향을 준다. 일부 계층의 경우 현재 상태에 지나치게 집착한다. 예를 들어 지역에 오랜 연고를 갖고 있는 실버층의 경우 기본적으로 지역의 큰 변화를 원하지 않는다. 변화에 대한 귀차니즘이 크다. 하지만 미래를 생각해야 하는 젊은 층은 변화와 지역혁신을 추구한다. 두 계층 간의 갈등은 불가피하다.

갈등해결의 특효약은 없다. 하지만 갈등을 두려워하거나 피할 필요도 없다. 모든 변화의 과정에서 사회계층 간 갈등의 발생은 불가피하다. 사회계층마다 삶의 모습이 다르고 기억이 다르고 이해관계가 다르기 때문이다. 앞에서 논의되었던 갈등의 원인을 생각하며 해결책을 찾아야 한다. 갈등의 문제를 사람들의 이기심으로 몰아가서 도덕적으로 탓하는 것도 타당하지 않다. 이보다는 갈등 발생을 전제로 관광개발 사업을 시행하는 것이 낫다. 관광개발과 관련된 갈등의 조정자로서 지자체는 보다 적극적으로 나서야 한다. 갈등조정에 나서는 것은 유쾌한 일도 아니고 한 편을 든다는 오해도 생길 수 있고, 조정이 실패하면 비난도 크다. 그렇다고 관여를 안 할테니 이해당사자 간 알아서 해결하라는 식은 가장 나쁜 태도로 직무유기에 해당한다.

갈등문제의 해결을 위하여 갈등조정은 빨리 시작할수록 좋다. 갈등이 잠복되어 있는 초기단계에서부터 상황을 모니터링하면서 준비해야 한다. 갈등이 도출되고 행동으로 보여지면 조정은 갈등초기보다 어려워진다. 이익집단별로 여러 차례의 모임과 회의를 통하여 집단이 가졌던 초기의 생각은 더 강력해지기에 타 집단과 생각의 차이가 더 커질 수밖에 없다. 정책집행자는 과제 초기부터 마무리 단계까지 관련 업무를 담당해야 한다. 갈등의 문제가 초기부터 모니터링되고 조정을 위한 합리적 방안이 모색되어야 하기 때문이다.

한편, 갈등해결에 있어 지역이 빠지기 쉬운 함정은 개발의 파이를 갈등 대상자들에게 똑같이 나누어 주는 것이다. 섬 관광의 활성화를 위하여 5개 섬에 일주 도로 계획이 수립되고 집행을 위한 5년간의 예산이 확보되었다고 가정하자. 가장 효율적인 예산의 집행 방법은 우선순위를 정하여 매년 1개 섬씩 차례로 공사를 시행하는 것이다. 하지만 모든 섬이 우선적 사업집행을 강하게 요구하는 경우 우선순위를 정하는 일은 어렵다. 손쉬운 대안은 예산을 쪼개서 5년간 모든 섬에 배정하는 방안이다. 상대적 손실감을 제거함으로써 갈등을 해결할 수 있지만 1년에 할 수 있는 일을 나누어 5년에 시행하는 것은 낭비이다. 공사비는 증가되고 시공수준은 나빠질 수밖에 없다. 하지만 비슷한 일이 종종 발생하는 것을 보면 '선택과 집중'의 논리는 정치인에게는 인기가 없는 것 같다.

갈등을 무조건 피하는 것보다 갈등을 관리하는 능력을 키우는 일이 중요하다. 갈등을 모니터링하고, 이해관계자 간 대화와 협력을 통하여 지역 또는 국가의 후생을 증대하는 방향으로 갈등이 조정되어야 한다. 이러한 능력이 구비되지 않는 경우, 변화는 오히려 없는 것이 좋을 수 있다. 변화하는 과정에서 심각한 갈등은 지역을 더 나쁘게 만들 수 있기 때문이다.

10 지역의 역량이 강화되려면?

역량의 의미와 기준은 대상이나 관점에 따라 달라질 수 있지만, 관광개발 관련 지역의 역량은 '관광개발을 효과적으로 수행할 수 있는 지역민의 능력'으로 정의될 수 있다. 지역의 성장 잠재력은 크게 하드 분야와 소프트 분야로 구분할 수 있는데 지역의 역량은 소프트 분야에 가깝다. 항상 소프트 분야의 발전이 하드 분야보다 어렵다. 성적이 떨어지는 학생에게 공부방, 책상, 컴퓨터 하드웨어를 새로 구입해 준다고 학생의 성적이 쉽게 오르지 않는 것과 같은 이치이다. 하지만 지자체 실시 이후 시행된 지역관광개발의 경우 소프트 분야의 발전을 위한 노력과 성과는 매우 미흡했고 대부분의 경우 눈에 보이는 시설과 이벤트 개발에 치중했다. 중앙정부의 지원을 받기도 용이하고 눈에 보이는 사업으로 정치적 생색내기에도 도움이 되기 때문일 것이다.

낙후지역 활성화를 위하여 관광개발 예산을 배정 받는 것은 정치적 노력으로 가능할 수 있다. 하지만 그 예산을 효율적으로 사용하는 능력은 정치적으로 배양되지 않는다. 역량은 빠른 시간에 축적될 수 없고 장기간의 노력과 투자가 필요하다. 재물은 갑자기 우리에게 주어질 수 있지만 지식은 갑자기 쌓을 수 없는 것과 같은 이치이다. 역량이 결여된 지역을 위한 성급한 예산지원은 지역발전에 오히려 해가 될 수 있다. 성공사례를 만들지 못하고 중앙의 지원만을 요구하는 나쁜 습관이 생길 수 있기 때문이다.

역량강화를 위하여 무엇보다 중요한 것은 관광개발의 본질을 제대로 이해하는 것이다. 대부분의 지자체가 관광에 대한 친숙한 경험만으로 관광과 개발에 대하여 잘 알고 있다고 생각하는 것 같다. 하지만 친숙한 것과 아는 것은 분명 다르며 친숙한 것만으로는 문제를 해결할 수 없다. 오히려 한정된 지식의 편협함이 관광개발을 망치게 할 수 있다. 편협한 지식은 지역관광개발의 무서운 적이다.

지역관광개발의 본질을 알기 위해서는 학습이 요구된다. 역량강화를 위하여 좋은 교육 프로그램과 선생이 필요하다. 정규교육 프로그램의 개발과 함께 제대로 아는 선생이 편협되지 않게 체계적 콘텐츠로 공무원과 지역민의 눈높이에 맞추어 가르쳐 주어야 한다. 또한, 학습효과의 상승을 위하여 지자체 내에서 이해관계자 간의 만남이 도모되어야 한다. 현생 인류인 호모 사피엔스가 다른 동물들과 크게 다른 점은 만남을 통해서 배우는 것이다. 만남을 통한 배움은 스마트한 사람 간에 상대적으로 높게 나타나지만 지식의 수준이나 내용이 차이가 나는 사람 간에도 나타난다. 만나야 소통할 수 있고 소통은 서로를 이해하고 배울 수 있는 기회를 준다. 만나서 갈등이 생길 수도 있지만 그래도 만나는 편이 낫다. 지역주민과 공무원, 지역주민과 지역주민, 공무원과 공무원은 자주 만나서 대화를 나눠야 한다.

한편, 역량강화를 위하여 지자체는 사회적 자본 축적에 힘을 기울여야 한다. 사회적 자본(social capital)은 사회(social)와 자본(capital)의 합성어이다. 지자체 구성원 간 관계에서 형성되는 자본을 의미한다. 지역개발에 요구되는 경제적 자본은 은행계좌에 있고 인적 자본은 두뇌 속에 있지만, 사회적 자본은 공동체 내에서 사람과 사람 사이의 관계의 틀 안에 들어있다. 공동체 내에 존재하는 규범, 네트워크, 집단학습 등이 지역민들 간의 협력과 활동을 촉진시켜 지역의 공동목표를 효율적으로 추구할 수 있게 하는 자본이 된다(박용순 · 고동완, 2010b; 박혜영 · 김정주, 2012; 소진광, 2004; 윤주 · 최승담, 2013).

사회적 자본은 자본의 속성에 의하여 결속형 사회적 자본과 교량형 사회적 자본으로 구분될 수 있다. 결속형 사회적 자본은 구성원들의 배경이나 가치관 등이 동질적이어서 내부적으로 강한 네트워크가 존재할 때 형성되는 자본이다. 결속형 사회적 자본이 형성된 지역은 안정적이지만 폐쇄적이고 배타적이어서 외부환경 변화에 둔감할 수 있다. 반면, 교량형 사회적 자본은 구성원들의 배경과 계층이 이질적인 경우에 형성되는 자본이다. 교량형 사회적 자본이 축적된 지역은 내부적 연결성은 약하지만 개방적이고 외부집단과 네트워크가 형성되어 있어 외부의 변화를 잘 수용한다.

관광개발의 경우 결속형 사회적 자본은 지역을 결속시켜 일을 강력하게 추진하는 데 도움을 준다. 결정된 프로젝트가 내부 동요와 저항 없이 추진될 수 있다. 하지만 결속이 지나치면 지역에 해가 되는 나쁜 사회적 자본이 된다. 소위 '우리가 남이가?', '끼리끼리 해쳐먹기' 식의 지역 패거리 주의를 조장할 수 있다.[51] 지역의 획일적 사고는 지역을 강하게 '묶어주는 띠'가 아니라 '눈을 가리는 수건'으로 바뀔 수 있다. 외부의 투자와 전문가의 유입은 억제되고 지역의 획일적 사고

51) 논어에 의하면 '군자는 어울리되 패거리를 짓지 아니하고, 소인은 패거리를 짓되 어울리지 않는다'라고 함.

하에서 창조와 혁신은 억압된다.[52)]

관광개발은 외부 관광객 방문과 외부투자에 민감해야 하기에 교량형 사회적 자본의 역할은 매우 중요하다. 관광객은 방문 지역의 배타성을 싫어하며 배타성을 지역의 정체성으로 편하게 받아들이지 않는다. 기업도 관광개발 관련 외부환경 및 수요변화에 둔감한 채 자원성만을 고집하는 지역에 더 이상 투자하지 않는다. 관광은 포용적 태도가 큰 지역에서 성장할 수 있다. 이런 이유로 교량형 사회적 자본이 형성되지 않은 상태에서 관광개발을 추진하는 것은 위험할 수 있다. 외부환경 및 수요변화에 부응하는 관광상품 및 서비스의 개발은 열린마음과 혁신환경의 조성없이 불가능하기 때문이다.

지역관광개발의 성공을 위하여 역량강화는 매우 중요하다. 역량이 없는 지역에서 추진하는 관광개발은 갈지 않은 밭에 씨앗을 뿌리는 것과 같다. 하지만 역량강화는 밭을 가는 것보다 어려워 몇 번의 트랙터 작업으로는 성취되지 않는다. 역량강화를 위하여 체계적 학습프로그램의 개발과 교량형 사회적 자본 축적을 위한 지속적인 투자가 요구된다. 지역의 역량은 창조, 혁신 그리고 네트워크를 통하여 지역의 경쟁력을 제고하는 근원적 힘이다.

52) 결속형 사회적 자본이 잘못 형성되면 '집단지성(collective intelligence)'이 아닌 '집단사고(group think)'가 발생하게 됨. 집단지성은 지역의 다수 개체들이 서로 협력과 경쟁을 통하여 지역의 가장 우수한 개체가 만든 지식보다 우월한 지식을 만들어 가는 과정임. 반면에 집단사고는 평범한 개인보다 못한 집단의 사고나 지식을 만들어 가는 과정으로 자기 확신이 강한 리더가 존재하거나 유대감이 강한 조직에서 쏠림현상이 클 때 나타남. 개인의 생각을 집단의 소수에게 맡기고 집단을 통해서만 목소리를 냄.

관 광 개 발 성 공 했 나

CHAPTER 04

지자체의 과제

관광개발정책

1. 관광지개발은 공공이 주도해야 하나?
2. 관광단지는 허브(hub)의 역할을 하고 있나?
3. 관광특구제도는 계속 필요한가?
4. 관광레저형 기업도시는 정주인구를 창출할 수 있나?
5. 전문 컨벤션센터는 계속 건립되어야 하나?
6. 카지노 개발은 대세인가?
7. 축제의 양은 질의 전환을 가져왔나?
8. 농어촌 관광개발이 힘든 이유는?
9. 해양관광개발이 활성화되려면?
10. 관광거점도시의 의미는?
11. 관광권역과 광역권이 제 역할을 하려면?
12. 관광개발기본계획의 역할이 제고되려면?

1 관광지개발은 공공이 주도해야 하나?

관광지는 '자연적 또는 문화적 관광자원을 갖추고 관광객을 위한 기본적인 편의시설을 설치하는 지역(관광진흥법 제2조 6항)'으로 정의되며 관광지개발제도는 1963년도에 도입되었다. 관광지개발 시 관광지의 진입도로, 주차장, 상하수도, 오수처리시설 등 기반시설은 공공사업으로 추진하고 숙박시설, 상가시설, 휴양문화시설 등 수익시설은 민간자본을 유치하여 개발하게 되어있다. 관광지개발 절차는 좀 복잡하다. 기초자치단체장이나 광역자치단체장이 관광지 지정을 신청하면 시 · 도지사가 심사 후 지정을 하고, 지정받은 자치단체의 장은 조성계획을 작성하여 시 · 도지사에게 다시 승인을 받은 후 개발을 하게 되어있다. 문화체육관광부장관은 지역특성을 살린 관광지개발과 지방분권정책의 일환으로 장관에게 있었던 관광지 지정과 조성계획 승인권을 2005년에 시 · 도지사에게 이양했다. 분권화의 큰 흐름이 관광지개발에도 영향을 주었다.

2018년 기준 전국에 227개의 많은 관광지가 지정되었으나 개발실적은 낮다. 2018년 기준 관광지의 투자계획 대비 집행실적률은 38.6%인데, 민간투자 실적률은 31.3%로 공공부문 투자실적률 63.9%의 절반수준이다(문화체육관광부, 2019b). 민간투자실적률은 지역에 따라 큰 차이를 보이고 있는데 대도시인 부산과 인천은 민간투자가 완료되었으나 강원, 충남, 전남, 경북 등 비도시권의 실적률은 20%대로 낮다. 관광지의 지정과 조성계획 승인이 끝났으나 민간투자가 미흡한 이유는 다양한 관점에서 설명될 수 있다(문화체육관광부, 2019b; 김영준, 2011; 김향자, 2010; 윤양수, 2001; 최승담, 2000a, 1998a).

첫째, 시장 · 군수에 의하여 수립되는 관광지 조성계획이 시장여건을 제대로 반영하지 못했기 때문이다. 관광지 개발이 성공적으로 완료되기 위해서는 공공이 기반시설을 조성한 후 기반시설 이외의 관광시설은 민간투자를 유치해야 한다. 하지만 조성계획에서 제시되는 민자유치시설의 수익성이 낮아 민간이 투자를 하지 않았다. 많은 조성계획이 토지이용이나 시설배치계획 중심으로 작성되어있고 가장 중요한 민간투자 대상사업의 수익성 분석은 미흡했다.[1)]

관광지 개발에서 공공에 의한 조성계획 작성과 승인의 명분은 사업의 공익성 확보이다. 민간이 사업주체가 되어 계획을 작성하는 경우 공익성 결여로 환경적, 사회적 차원의 문제가 발생할 수 있다는 우려 때문이다. 하지만 공공이 민간의 투자속성을 잘 모르고 작성한 조성계획은 사업부진과 경제적 손실로 지역에 더 큰 피해를 줄 수 있다. 사업이 성사되지 않았을 때 지역민의 삶의 질 제고나 편의 증진 등 의도했던 공익성을 추구할 수 없기 때문이다.

둘째, 정치적 과시용으로 관광지가 지정되는 경우가 많았다. 관광지개발이 시작되면 중앙정부로부터 사업비의 50%까지 보조금을 받을 수 있고 개발과정에서 행정적 지원도 크다. 지역 관광진흥을 위하여 정부지원으로 관광지 개발을 한다는 것 자체가 정치적 자산이 될

1) 제3장 Ⅱ-3을 참조 바람.

수 있기에 관광지 지정을 받기 위한 지자체의 관심은 컸다. 관광지의 지정도 용이한 편이어서 토지가 100% 확보되지 않아도 사업계획서를 잘 만들면 지정받을 수 있다. 지정의 원칙이 명확하지 않고 관광지의 신규지정 시 현장점검이나 지정계획서를 토대로 한 수익모델 창출의 가능성 등에 대한 점검도 철저하지 않았다.

특히 94년부터 관광지 지정권자가 문화체육관광부 장관으로부터 시 · 도지사에게 이양되면서 관광지 지정건수는 증가했다. 시장 · 군수와 유권자가 겹치는 광역시장 및 도지사의 입장에서 시장 · 군수의 관광지 지정요구를 거부하기는 어렵기 때문이다. 관광지 지정이 처음 이루어진 69년부터 94년까지의 지정관광지 수는 137개로 연평균 5.5개이었으나 지정권 이양 후인 95년부터 2001년까지 7년간 지정된 관광지는 81개로 연평균 11.6개이다. 제도변경 이전에 비하여 2배가 넘는 수준이다.

셋째, 1963년에 시작된 관광지 지정제도가 60년 가까이 되었지만 그동안의 관광지개발정책의 골격이 거의 그대로 유지되었고 정책수단의 부분적 변화만 있었다.[2] 정책결정에서 '경로의존성(path dependency)'이 강하게 나타나고 있다. 일인당 국민소득이 120불 수준이었던 1963년도의 국민들의 관광수요의 양과 질 그리고 정부의 역할 등은 일인당 국민소득이 3만불이 넘는 현재와는 큰 차이가 있다. 그동안 외부환경 변화가 반영되어 관광진흥법을 기반으로 한 관광단지,

2) 주요 변화는 지정권자의 위임 및 이양, 조성계획의 효력상실 등임.

관광특구, 문화 및 생태 녹색 관광자원 개발의 제도가 시행되었고, 타 법에 의하여 유원지, 자연공원의 공원집단시설지구, 농어촌 관광휴양 시설사업등의 제도가 집행되었다(〈표 4-1〉, 〈표 4-2〉). 문제는 관광지의 개발내용이 타 유형의 관광개발과 차별성이 부족하고 상대적 경쟁력이 높지 않다는 것이다. 이러한 여건하에서 민자유치실적은 낮을 수밖에 없다(김향자, 2010; 문화체육관광부, 2019b).

〈표 4-1〉 관광진흥법상 관광지 관련 제도

구분	관광지	관광단지	관광특구	문화 및 생태 · 녹색 관광자원 개발
사업 목적	쾌적한 관광환경 조성, 관광을 통한 국민 삶의 질 향상	관광산업의 진흥 촉진, 관광객의 다양한 관광 및 휴양 자원	외래 관광객이 많이 찾는 일정 구역의 관광활동 활성화	생태자원을 최대한으로 보존하면서 환경친화적 관광개발 유도
관련 법규	관광진흥법 제52조	관광진흥법 제52조	관광진흥법 제70조	관광기본법 제9조 관광진흥법 제46조 국가균형발전특별법 제15조
지정 기준	• 기본계획 및 권역계획을 기준 – 시설기준: 관광진흥법 시행규칙에서 정하는 공공편익시설 구비	• 기본계획 및 권역계획 기준 – 면적기준: 100만㎡ – 시설기준: 관광진흥법 시행규칙에서 정하는	• 접객 · 쇼핑 · 상가 · 오락 · 숙박 · 편의 · 안내 시설 등이 외국인 관광객의 수요를 충족시킬 수 있을 것	

		공공편익시설, 숙박시설 3종류 이상, 휴양놀이시설 3종류 이상, 접객시설 등 구비	• 외국인 관광객이 주로 이용	
조성계획	• 사업시행자가 조성계획 작성 • 시·도지사 승인 사업비 보조	• 사업시행자가 조성계획 작성 • 시·도지사 승인 • 일부 세제 감면	• 조성계획은 없음(단, 시·도지사가 특구진흥계획 수립·시행) • 시·도지사 승인 • 사업비 보조·융자	• 시·도지사 승인 • 사업비 보조

출처: 김향자(2010)

〈표 4-2〉 타 법에 의한 관광지 관련 제도

구분	유원지	자연공원의 공원집단시설지구	농어촌 관광 휴양시설사업
사업목적	이용자들에게 수려한 자연환경을 바탕으로 여가선용의 기회를 제공	공원입장자에 대한 편의제공 및 자연공원의 보전·관리	농어촌의 자연환경과 특산물을 활용하여 이용객에게 숙박·음식·체험 등을 제공
관련법규	도시계획시설의 결정·구조 및 설치기준에 관한 규칙 제56조	자연공원법 제18조	농어촌정비법 제2조
지정권자	시장·군수	국립공원: 환경부장관 도립공원: 시·도지사 군립공원: 시장·군수·구청장	시장·군수·구청장

출처: 김향자(2010)

넷째, 관광지의 개발배경이 시장보다는 지역이 보유한 자원이었다. 대부분 관광지는 산악계곡형, 해안형, 내수면형, 온천형, 역사문화형으로 쉽게 구분된다(교통개발연구원, 1991). 이렇게 자원성 중심의 관광지가 개발된 이유는 시장은 눈으로 보기 어렵지만 지역의 자원은 쉽게 눈에 들어오기 때문이다. 특히 관광개발에 대한 깊은 이해가 없을 때 자원의 유혹은 강하고 개발은 자원 중심으로 쏠리게 된다. 한편, 지역중심적인 사고도 한몫을 했다. 오래 보존된 지역자원에 대한 애착심이 커서 자원의 가치를 과하게 평가하는 경향이 있다. 하지만 앞에서 여러 번 언급되었듯이 시장의 니즈가 간과된 자원성 중심개발은 시장의 선택을 받기 어려워 민자유치 실적이 낮을 수밖에 없다.

공공주도 관광지개발에 대한 전반적인 검토가 요구된다. 공공주도에 의한 관광지개발 명분은 제도가 도입된 1963년도에 비하여 약해졌다. 관광지는 공공재도 아니고 민간이 투자를 감당할 수 없을 만큼 규모가 크지도 않으며 정부의 참여가 시장에 주는 신뢰도 높지 않다. 관광지개발은 점차 민간주도로 전환되어야 한다. 조성계획도 민간에 의하여 작성하게 한 후 공익성 약화 문제는 공공에 의한 심의가능의 강화를 통하여 걸러지는 편이 합리적이다. 관광단지의 경우 1993년 민간개발자에게 조성계획수립을 허용한 이후 민간에 의한 관광단지의 성공사례가 증가하였는데 시사하는 바가 크다.

② 관광단지는 허브(hub)의 역할을 하고 있나?

관광단지는 '관광객의 다양한 관광 및 휴양을 위하여 각종 관광시설을 종합적으로 개발하는 관광거점지역'이다(관광진흥법 제2조 7항). 관광단지개발은 1970년대 외래관광객 유치를 통한 경제활성화를 위하여 정부가 주도한 대표적인 관광개발정책으로 우리나라 관광발전을 위한 기반 구축에 크게 기여했다. 하지만 제도 도입 50년 가까이 된 현 시점에서 관광단지 개발정책의 명분 및 실효성 등에 대한 검토가 요구되고 있다(고동완 · 권인택, 2011; 김영준, 2011; 박경렬, 2011).

관광단지 개발의 사업시행권은 초기에는 한국관광공사만 가지고 있었으나 점차 지자체, 공공법인 및 민간기업에게로 확대되었다. 1973년 한국관광공사에 의한 최초의 경주보문관광단지 개발사업 시행 이후 단지의 수는 점차 증가되어 2018년 기준 총 46개의 관광단지 개발이 진행 중이다. 이 중 지자체 및 공공법인에 의하여 사업이 추진되는 단지는 14개소이고, 민간에 의하여 사업이 추진되는 단지는 32개소이다.

관광단지개발 관련 점차적으로 규제는 완화되고 지원은 확대되어 왔다(〈표 4-3〉). 단지의 면적기준은 100만m^2에서 50만m^2로 줄었고 설치해야 되는 시설은 4종에서 3종으로 완화되었으며 민간개발자가 관광단지를 개발하는 경우에도 자치단체장은 공공시설에 대한 보조금을 지급할 수 있도록 하였다.

〈표 4-3〉 관광단지 제도의 변천과정

관련 법(개정시기)	주요 내용
관광진흥법 (1993.12.27)	민간개발자에 의하여 조성계획 수립 가능
관광진흥법 시행규칙 (1994.7.30)	관광단지의 지정/취소/면적 변경은 관광지와 같이 시도지사에 위임하지 않고 교통부장관이 직접 승인
관광진흥법 (2002.5.20)	관광단지 개발자라 함은 시도지사/공공법인/민간개발자로 규정
관광진흥법 (2004.10.16)	관광단지 지정 및 조성계획 승인 시도지사 이양 관광단지 지정 및 조성계획 실효 및 취소제 도입
관광진흥법 시행규칙 (2009.3.31)	관광단지 설치시설 기준을 4종(공공편익, 숙박, 운동·오락, 휴양·문화)에서 3종(공공편익, 숙박, 운동·오락 또는 휴양·문화)으로 완화
관광진흥법 시행규칙 (2009.12.31)	관광단지 지정을 위한 면적 기준을 100만 제곱미터에서 50만 제곱미터로 완화
관광진흥법 시행규칙 (2011.3.30)	관광지 및 관광단지 시설지구 안에 설치할 수 있는 시설에 의료시설 포함
관광진흥법 (2011.4.5)	관광지 등의 지정을 위하여 사전에 문화체육관광부장관 및 관계 행정기관의 장과 협의

출처: 김영준(2011)

한편, 관광단지는 사회기반시설로서 도로, 철도, 항만, 공항 등에 준하는 지원을 법적으로 인정받고 있다. 민간이 '사회기반시설에 대한 민간 투자법'에 의거하여 관광단지 개발사업 시행 시 사회기반시설에 준하는 지원을 받을 수 있다. 그 이유는 관광단지는 각종 생산활동의 기반이 되며 주민생활의 편익을 증진시키는 시설로서의 기능을 하고

있기 때문이다.[3)]

관광단지는 크게 공공에 의한 개발과 민간에 의한 개발로 구분될 수 있는데, 공공의 개발은 주로 관광단지제도 도입 초기에 이루어졌다. 인바운드 관광활성화를 위하여 제주와 경주지역에 단지개발은 필요했으나 민간의 투자역량이 부족하였기에 공공이 앞장을 섰다. 관광단지의 큰 그림을 그리고 토지를 매입하고 개발허가를 받은 후에 민간에게 부지를 분할해서 매각했다. 민간은 공공이 작성한 마스터플랜의 틀 안에서 부지에 허용된 관광시설 건립과 운영을 통하여 수익을 창출해야 했다. 단지개발사업 성공의 관건은 부지 분양에 있었고, 분양을 위하여 대부분의 부지는 제주나 경주지역에 부족했던 고급숙박시설의 용도로 계획되었다. 결과적으로 분양에는 도움이 되었지만 복합관광단지조성의 개발은 어려웠다.[4)]

한편, 공공은 지역문제의 해결을 위하여 관광단지 개발에 참여했다. 지역균형발전 명분하에 낙후지역에 관광단지를 조성하기 위해 투자했다. 하지만 사업성 확보가 어려운 곳에 투자는 무리였다. 낙후지역에 설립된 산업단지에서 생산된 상품은 물류수단을 통하여 소비자에게 접근할 수 있지만 유인력이 없는 낙후지역 관광지로 관광객을 끌고 오기는 어렵기 때문이다. 부지 조성 이후 민간 투자유치가 있어

3) 대부분의 개발도상국가가 산업화 초기단계에 호텔 및 리조트 등 관광시설에 투자하는 이유는 사회기반시설로서의 관광시설의 기능 때문임. 국제기준의 관광시설 조성 없이 외국투자가나 브레인의 유치가 어렵기 때문임.

4) 제1장 Ⅲ-4 참조 바람.

야 하지만, 민간은 사업성이 없는 사업에 투자하지 않았다. 초기 정부 예산으로 조성된 단지 진입로 및 주차장 등의 인프라가 애물단지로 전락하는 사례도 발생하고 있다.[5)]

민간의 관광단지 개발은 1993년 사업시행자의 대상이 민간기업에게 확대됨으로써 가능해졌다. 민간의 관광단지 개발사업은 유리한 점이 많다. 관광진흥법에 의하여 세제 및 행정상의 혜택이 타 유형 관광개발에 비하여 상대적으로 크기 때문이다.[6)] 또한, 민간개발의 경우 공공과는 달리 독자적으로 단지 전체를 개발할 수 있기 때문에 단지의 분할없이 단지 전체에서 수익모델을 창출하면 된다. 시설과 서비스 조합에서 자유로워졌기에 창의적이고 혁신적 아이디어로 어려운 시장여건도 극복해낼 수 있다.[7)]

한편, 관광단지개발에 있어 단지의 최소 규모가 100만m^2에서 50만m^2로 하향조정된 것은 긍정적인 면과 부정적인 면이 있다. 긍정요인은 작은 규모의 개발도 관광단지로서 정부의 지원을 받을 수 있게 된 것이다. 정부의 지원으로 수익성이 제고되기에 관광개발의 활성화가 도모될 수 있다. 부정적 요인은 규모기준이 낮아져 허브의 역

5) 공공에서 추진한 한 관광단지의 경우 조성된 인공비치 및 수중보 등은 모래의 비산과 녹조의 발생을 유발하여 단지 내에 지속적인 민간투자에 장애요인이 되고 있음.

6) 기존 종합휴양업 등으로 영업하던 관광시설군의 개발이 확대되면서 관광단지로 전환했던 경우가 다수 있음. 평창용평, 평창 횡성 웰리힐리 파크, 휘닉스 파크 등이 주요 사례임.

7) 1995년 개발이 시작된 원주 월송관광단지(원주 오크밸리 관광단지)는 우리나라 최초 민간에 의한 관광단지개발사업으로 1997년 IMF를 창의적인 시설개발과 마케팅으로 극복했음.

할을 할 수 있는 관광단지 개발이 어려워진 것이다. 허브의 힘은 복합화된 시설의 집적과 관련시설과 연계된 창의적 서비스에서 나올 수 있기 때문이다. 50만m^2가 적은 규모는 아니지만 우리나라의 지형구조 및 수요특성의 감안 시 허브의 역할을 하기는 어렵다. 우리나라 땅은 64%가 산지여서 실제로 개발할 수 있는 개발면적의 비율이 매우 낮기 때문이다. 수요의 특성상 수익모델의 창출을 위하여 관광단지 내 골프장, 스키장, 워터파크, 콘도 등 다양한 시설의 집적이 요구되지만 50만m^2는 골프장 18홀도 수용하기 어려운 규모이다. 실제로 제도 개선 이후 조성되고 있는 8개 관광단지의 주 도입시설은 호텔과 콘도 등 숙박시설이다. 일부 단지에 워터파크, 테마파크 및 공연장의 시설이 있지만 허브 단지의 시설로서는 규모나 내용 면에서 부족하다.

본래 법 취지에 의한 관광단지의 역할은 앞장에서 여러 번 논의되었던 허브(hub)의 역할이다. 허브의 역할을 하기 위하여 관광단지는 혁신적 상품과 서비스를 창출해야 한다. 상품과 서비스의 혁신은 다양한 시설과 서비스의 조합에서 가능하기에 단지 내에서 규모의 경제와 범위의 경제추구는 중요하다. 시장에서의 선호도와 경영실적이 우수한 대부분 관광단지가 부지는 넓고 시설은 다양하고 규모도 큰 이유이다. 한편, 허브로서의 관광단지는 주변 지역과 연계되면서 관광단지로 유인된 관광객을 주변의 소규모 관광지 및 관광명소로 보내주어야 하는데 허브의 힘이 강력할수록 주변으로 보낼 수 있는 관광객의 수는 증가한다.

이런 맥락에서 보면 우리나라의 관광단지는 허브 역할을 하는 곳이 많지 않고 제도적으로도 허브의 개발을 지원해 주지 못하고 있다. 단지 관광개발을 용이하게 하는 수단으로 존재해 오면서 관광단지는 숫자만 46개로 증가한 것이다. 그러다 보니 관광지와 관광단지의 차이가 무엇인가 하는 냉소적 질문도 나오고 있다.

3 관광특구제도[8)]는 계속 필요한가?

관광개발관련 주요 정책 중 하나는 관광특구다. 특구는 의미상 '관련 시설이나 서비스를 집적할 목적으로 특별히 설정한 구역'으로 다른 구역과는 차별화되고 필요시 격리된다. 이런 이유로 관광특구에 대한 관광객의 이미지는 타 지역과 다르다. 다른 곳에서는 찾기 어려운 관광시설, 서비스 및 가격을 기대한다. 하지만 우리나라의 관광특구는 좀 다르다. 이름은 특구지만 특별한 시설이나 서비스의 집적보다는 규제완화의 수단으로 제도가 도입되었기 때문이다.

관광특구제도는 관련된 규제의 완화를 통하여 관광시설이 밀집한 특정지역의 관광활동을 촉진하고자 1993년 도입되었다. 지금은 이해하기 어렵지만 관광특구제도가 도입될 당시에 술집영업은 12시까지

8) 관광특구란 외국인 관광객의 유치 및 촉진 등을 위하여 관광활동과 관련된 관계 법령의 적용이 배제되거나 완화되고, 관광활동과 관련된 서비스, 안내체계 및 홍보 등 관광여건을 집중적으로 조성할 필요가 있는 지역임(관광진흥법 제2조, 11조).

만 가능했고, 호텔의 사우나 영업일수도 규제되었다. 심지어 호텔 객실 온도도 계절별로 최저와 최고 온도가 정해졌다. 과음으로 인한 사회문제 해소와 에너지 절약이 규제의 명분이었지만 우리나라를 방문한 외국인들에게는 고통이었다. 객실은 여름에는 더웠고 겨울에는 추웠으며, 여독을 풀기 위한 음주나 사우나를 하는 것도 불편했다. 관광진흥을 위하여 규제의 완화를 시도했지만 관련 부처나 단체의 반대에 부딪혔다. 결국엔 특별한 구역을 지정해서 관련 규제를 풀 수밖에 없었는데 그 결과가 관광특구제도의 도입이다.

제도도입 초기 관광특구에게 주어진 영업시간 제한 완화의 힘은 예상 외로 컸다. 자정이 넘기까지 2차, 3차의 음주가 성행하던 시절이기에 자정 이후에도 음주가 가능한 관광특구는 주변 지역의 음주 수요를 빠르게 빨아들였다. 관광객이 많이 몰리는 관광특구가 아니라 음주객이 몰리는 술구라는 비아냥이 있었으니 법의 의도와는 전혀 다른 '의도하지 않은 결과의 법칙(Law of Unintended Consequence)'[9]이 작동했다. 하지만, 1999년 야간 영업시간 제한 조치가 전국적으로 자율화되면서 관광특구에 대한 실질적인 혜택은 사라지게 되었다. 그럼에도 불구하고 특구 수는 점점 늘어나 제도도입 초기인 1994년 특구 수는 5개[10]였으나 2018년에는 31개소로 증가하였다.

9) 미국의 사회학자 로버트 머튼(Robert K. Merton)의 법칙으로 선의의 공적 행동이 예상 밖의 바람직하지 못한 결과를 가져올 수 있음을 설명함.

10) 5개 특구는 우리나라의 대표적 관광지인 제주도, 경주시, 설악산, 해운대, 유성이었음.

한편, 특구의 발전을 위한 몇 차례의 제도변화가 있었다. 분권화의 과정 속에서 2004년에는 특구지정권한이 시·도지사에게 이양되었고, 특구에 대한 국가 및 지방자치단체의 지원근거가 마련되었으며, 특구 진흥계획의 수립과 평가가 의무화되었다. 2005년에는 특구지역 내 문화·체육시설, 숙박시설 등에 대한 관광진흥개발기금의 보조 및 융자도 가능해졌다. 한편, 특구에서는 자치단체장이 옥외 광고물 허가 등에 기준을 별도로 정할 수 있고, 일반음식점과 휴게음식점에 대하여 옥외 영업을 허용할 수 있고, 축제 및 공연을 위한 도로통행 제한조치도 할 수 있게 하였다.[11)]

관광특구는 여러 규제로 관광산업이 어려움을 겪던 시절에 문제해결을 위한 제도였다. 제도 덕분에 특구지역 관광수용태세가 증진되었으며 일부 특구의 경우 인바운드 관광객들이 즐겨 찾는 명소로 발전하였다. 하지만 관련 규제의 완화로 제도도입 초기의 명분이 많이 퇴색한 현 시점에서 여러 문제점이 나타나고 있다(김영준, 2015; 2002; 신용석, 2009; 이영주·최승담, 2008).

첫째, 특구라는 이미지와 특구의 실제 내용과 차이가 크다. 인천공항에 도착한 외국인이 처음 접하는 한국관광지도에는 31곳의 관광특구가 표시되어 있다. 관광객이 관광특구 방문 시 다른 구역과 차별화된 시설과 서비스의 소비를 기대하는 것은 당연하다. 하지만 특구에서 관광객이 인지할 수 있는 수준의 특별한 시설과 서비스를 찾

11) 관광특구는 식품위생법 제 43조, 건축법 제 43조, 도로교통법 제 2조 등에 의한 규제를 받지 않음.

기 어렵다. 특구지역에 대하여 추가적 규제완화로 허용된 일부 시설이나 서비스도 우리에게 특별할 수 있지만 대부분의 국가에서는 이미 일상적으로 제공되는 것들이다.

둘째, 지정된 관광특구의 수가 지나치게 많다. 특구는 특별해야 하며 특별한 것은 희소성이 있어야 한다. 대종상 수상식에서 31명에게 특별상을 준다면 희한한 일이 될 것이다. 관광특구의 핵심 혜택이었던 영업시간 제한조치가 1999년부터 자율화되어 특구에 대한 규제완화의 의미가 별로 없음에도 그 이후 12곳의 특구가 추가로 지정되었다. 2004년부터 특구 지정권한이 문화체육관광부 장관으로부터 시·도지사에게 이양되면서 특구 수는 더 증가하였는데 2004년 이후 새롭게 지정된 특구 수는 9개소이다. 특구로 일단 지정되면 미비하지만 정부지원을 받을 수 있고 영업상의 일부 규제도 완화될 수 있기에 지자체 입장에서는 손해볼 것이 없다는 안일한 생각이 작용하고 있는 것 같다.

셋째, 상충되는 용도의 중복 지정이다. 기존에 타 용도로 지정된 곳이 특구용도로 중복 지정되기도 하였는데 지정된 용도가 서로 부합되지 않는 경우가 있다. 경주와 무주는 국립공원으로 지정되어 있었으나, 후에 일부 지역이 관광특구로 중복 지정되었다. 국립공원 지정의 주목적은 생태계, 역사문화자원 및 자연경관의 보존으로 국립공원은 기본적으로 보존을 위하여 신규시설의 개발과 활용이 억제되는 지역이다. 적극적인 관광활성화를 위하여 시설과 서비스의 집적이 요구되는 관광특구와는 제도의 성격상 함께 가기가 어렵다.

그럼에도 불구하고 특구가 타 용도와 중복 지정된 배경에는 지자체의 욕심과 정부 부처 간 협의 부족이 있다. 정부의 지원을 바라는 지자체의 욕심이 매우 커서 가능한 다양한 정부 정책에 편승하여 지원을 받으려고 했고, 부처 간 정책조율의 미흡은 이러한 지자체의 욕심이 걸러지지 않은 채 수용되었다. 동일한 지역에 대하여 상반되는 정책을 집행하는 것은 예산의 낭비를 수반할 뿐 아니라 지역의 문제를 해결하는 데 장애가 된다.

넷째, 설정된 특구지역의 면적이 전반적으로 넓어 관광특구 지원정책이 실효성을 갖기 어렵다. 우리나라 관광특구의 평균면적은 85km^{2}로 18홀 골프장 85개를 수용할 수 있는 매우 큰 규모이다. 지정된 특구의 80% 이상이 관광활동과 관련이 없는 전, 답, 임야 등으로 구성되어 있다. 서울, 부산, 인천, 대전 등 도심 지역에 지정된 관광특구의 평균면적도 2.1km^{2}로 넓다. 자연유산이나 문화유산을 보유한 넓은 면적의 관광지도 관광객의 활동과 관광사업들은 특정지역에 집중된다.[12] 골프장 85개 규모의 부지를 대상으로 특별한 관광상품과 서비스 공급 전략을 구축하겠다는 것은 너무나 무모하다. 하지만 초기 특구제도 도입 당시에는 규제를 피해 보려는 욕심에서 넓은 지역을 특구로 지정받았다. 정책의 배경과 목적 그리고 수단 등이 잘

12) 특정지역 안에서도 사람들이 많이 모이는 스트리트와 핫플레이스가 있는데 장소의 매력도 높지만 모이는 사람들 자체가 주는 매력도 큼. 스트리트 양옆에는 명품 상가들이 입점하여 있고 관광객들은 스트리트를 통하여 핫플레이스로 접근하게 되며 스트리트와 핫플레이스에는 다양한 볼거리, 할 거리, 살 거리 그리고 역사문화적 모뉴먼트가 있음. 관광은 길과 핫플레이스를 중심으로 번성함.

맞지 않아 나타나는 문제이다.

다섯째, 관광특구제도가 관을 중심으로 추진되었고 특구의 활성화를 위한 민간의 동력이 약했다. 지자체가 중심이 되는 특구의 육성은 한계가 있다. 커뮤니티의 응집력과 결속력이 부족한 상황에서 특구 내에서의 상호교류를 통한 혁신은 어렵기 때문이다. 특구 구성원의 혁신능력이 미흡한 여건에서 정책적 지원에만 의존하는 관광특구는 지속적으로 성장할 수 없다. 정책은 마중물의 역할이고, 특구성장의 핵심은 특구 안 관광사업체 간 협력을 통한 비즈니스 환경의 변화이기 때문이다. 하지만 특구관리를 위해 구성된 협의체의 역량이 부족하여 특구의 체계적 성장을 유도하지 못했다.[13)]

관광특구는 정책내용에 비하여 이름이 너무 거창하다. 정책개발 초기에 규제를 피하기 위한 수단이었지만 규제가 완화된 이후에도 정책이 지속되다 보니 실효성이 떨어지고 있다. 환경변화에 부응하여 정책의 부분적 수정이 이루어져 왔지만 제도명칭의 변경, 면적의 축소 및 민간역할의 강화 등 보다 근원적인 정책개선이 요구된다.[14)]

---

13) 2015년 기준 관광특구 내 민간협의체를 설립 · 운영하고 있는 지역은 22개소이며, 협의체는 주로 상가연합회를 중심으로 자생적으로 설립되었고 이 중 8개 협의체는 사단법인화 되어 있음. 명동, 이태원 등의 협의체는 특구 진흥의 주체적 역할을 수행하고 있으나 대부분의 협의체의 역량은 미흡한 것으로 나타남(김영준, 2015).

14) 관광특구와 관련 시사점을 얻을 수 있는 대표적 제도로 미국과 영국을 중심으로 정착되고 있는 산업활동촉진지구(Business Improvement District) 제도가 있음(이영주 · 최승담, 2008).

4 관광레저형 기업도시는 정주인구를 창출할 수 있나?

관광레저형 기업도시는 기업도시[15]의 한 유형으로 관광레저기능과 정주 기능이 함께 존재하는 새로운 형태의 도시이다. 도시에는 관광레저시설뿐만 아니라 주민의 정주공간이 포함되며, 공공이 주도하여 개발하는 일반도시와 다르게 민간기업이 초기 계획부터 실행까지 책임을 지고 개발하는 도시이다. 관광레저형 기업도시개발사업은 민간의 창의력과 투자를 기반으로 한 도시개발을 통하여 소득증대, 고용창출 및 국가균형발전 효과 등을 기대하고 있다. 관광레저형 기업도시의 성공적 개발을 위해서는 집약된 관광시설 개발이 유발한 정주인구의 규모가 도시를 형성할 수 있을 만큼 커야 한다. 즉, 도시 내 입주한 관광기업과 관련 비즈니스에 근무하는 종사자 수가 도시인구 규모가 돼야 함을 의미한다.(김성진, 2010a; 김성진 · 김윤영, 2008; 남기범, 2004; 문화체육관광부, 2019a; 신용석, 2005; 이광국 · 윤상복, 2008; 조철주, 2005).

기업도시 개발을 위하여 2004년 '기업도시개발 특별법'이 제정되었고, 2005년도에는 문화체육관광부에 '관광레저도시 추진기획단'이 설립되었다. 같은 해에 시범사업지역으로 무주, 태안 및 영암 · 해남 지역이 선정되어 사업이 추진되었지만 사업진척은 대부분 부진했다

15) 민간기업이 토지수용권 등을 가지고 주도적으로 개발하는 특정 산업 중심의 자급자족형 복합기능도시를 의미함. 산업 교역형, 지식기반형, 관광레저형 등으로 구분됨. 미국의 실리콘 밸리, 프랑스의 니스, 일본의 도요타시 등은 대표적 사례임.

(〈표 4-4〉). 2005년 7월 제일 먼저 시범사업으로 선정된 무주기업도시는 2007년 개발구역지정 및 개발계획이 승인되었으나 사업시행자의 사업포기로 개발구역 지정이 취소되었다. 투자환경 변화와 사업시행사와 출자회사의 사업추진 의지약화 등이 사업포기의 주요원인이었다.[16)]

〈표 4-4〉 관광레저형 기업도시 사업개요

(단위: m^2, 년, 억 원)

구분	태안	영암 · 해남
위치	충남 태안군 태안읍, 남면	전남 영암군 삼호읍, 해남군 산이면
면적	1,546만	3,389만
기간	2007~2025	2006~2025
투자비	12,141	23,158
시행자	㈜현대도시개발	서남해안레저㈜, 서남해안기업도시개발㈜

출처: 문화체육관광부(2019a).

영암 · 해남 기업도시는 골프장, 바이오 산업단지, 테마파크, 호텔 및 주택단지 등의 시설개발계획을 갖고 있는데 계획인구는 시범사업 중 가장 많은 5만 6,600명이다. 부분별로 개발계획과 실시계획이 승인되었지만 추진되고 있는 사업은 골프코스 정도로 개발은 부진하다. 사업부지는 농어촌공사가 1985년부터 농지조성을 목적으로 조성하고 있는 간척지인 관계로 공유수면의 양도, 양수, 토지가격의 결정

16) 무주기업도시의 지정취소는 주민피해의 구제, 사유권 제한의 보상 등의 해결해야 할 많은 문제를 남기고 있음.

및 이행지급보증 등의 복잡한 과정이 사업추진에 부정적 영향을 미치고 있다.

충남 태안군 천수만 B지구 일원에 조성되고 있는 ㈜현대도시개발에 의한 태안 관광레저형 기업도시사업의 계획인구는 1만 7,000명으로 영암 · 해남 기업도시의 경우보다 적다. 초기단계에서 사업추진 속도는 빨랐지만 2007년 착공 이후 사업진척은 전반적으로 부진하다. 초기사업 속도가 빨랐던 이유는 사업부지의 90% 이상이 시행사 소유 토지로서 토지확보과정이 원활했기 때문이다. 하지만 투자환경 변화에 따른 사업성 재검토, 실시계획 변경과 모기업 인수합병 등의 복합적 요인으로 개발은 늦어지고 있다. 2019년 기준 골프장, 관광숙박시설 및 화훼 보존화 센터 등만 개발이 완료되어 운영되고 있다.

관광레저형 기업도시 개발의 미래에 대한 전문가들의 평가는 부정적이었다.[17] 부정적 평가의 이유는 금융위기, 부동산 경기침체, 조성토지 분양의 불확실성 증대 및 정부의 정책적 관심변화 등이었다. 이러한 요인들이 출자사의 채무상환과 사업자금확보에 부정적 영향을 주어 사업시행사의 지속적 투자를 어렵게 할 것이라는 판단이었다. 기업도시개발의 정책목표 달성과 관련한 전문가들의 의견도 긍정적이지 않았다. 기업도시개발의 정책목표인 민간투자 활성화, 고용창출, 국토의 균형발전 및 관광산업 경쟁력 향상 등 대부분 항목에

17) 관광레저형도시 사업대상지 5개 지구에 대한 사업추진 전망에 대한 전문가 조사의 평균값은 2.59로 부정적임. 사업추진전망은 "① 매우 원활하게 추진되지 못할 것이다 ~ ⑤ 매우 원활하게 추진될 것이다"의 5점 리커트 척도로 평가함(김성진, 2010).

대한 평가는 높지 않았다.[18)]

한편, 관광레저형기업도시의 본질적 기능은 정주인구의 유발이다. 기업도시의 정주인구는 타 지역 정주인구의 이전이 아니라 도시 내 레저기업에 의하여 스스로 창출되어야 한다. 하지만 관광단지를 운영하는 레저기업 때문에 단지 주변에 정주단지가 형성되는 사례는 보기 어렵다. 관광단지의 고용인구는 방문객 수에 비하여 많지 않고[19)] 대부분의 관광단지 종사자들은 주거지로서 단지 주변에 위치한 소규모 커뮤니티보다 학교, 병원 및 쇼핑센터 등 기반인프라가 구비된 큰 규모의 주변 도시를 선호한다.

이러한 맥락에서 기존 레저형기업도시에 포함되어있는 주거단지 개발사업이 레저기업도시 성공에 기여할 개연성은 낮다. 레저단지 개발이 스스로 큰 규모의 주택 수요를 창출할 수 없기 때문이다. 레저기업도시 내에서의 신규 주택수요가 많지 않음에도 주거단지가 채워지는 경우는 주변으로부터의 전환수요 때문이다. 여러 특혜 속에서 새롭게 조성되는 주거단지의 쾌적성은 주변 중·소규모 도시의 정주인구를 기업도시로 이동하게 만든다. 우리는 이미 혁신도시의 주거시설 거주자의 상당수가 인근 도시로부터 전환되고 있음을 경험하고 있다. 이 경우 레저형 기업도시가 추구하는 지역균형 발전의 명

18) 관광레저형도시 사업대상지 5개 지구에 대한 정책목표 달성가능성에 대한 전문가 조사의 평균값은 3.07로 긍정적이지 않음. 정책목표 달성 가능성은 "① 전혀 달성하지 못할 것이다 ~ ⑤ 매우 크게 달성할 것이다"의 5점 리커트 척도로 평가함(김성진, 2010).

19) 연인원 800만 명이 방문하는 에버랜드 테마파크의 고용인원은 1,400명 미만임(크레딧잡, 2019).

분은 퇴색된다. 오히려 레저기업도시가 지역 내에서 새로운 불균형을 초래하는 셈이다.

5 전문 컨벤션센터는 계속 건립되어야 하나?

컨벤션이란 회의, 전시, 이벤트 등을 수반하는 일련의 집회이고 컨벤션센터는 집회를 수용하는 시설이며, 컨벤션 산업은 컨벤션의 개최 및 전후과정에서 파생되는 산업이다. 개방화 및 세계화와 함께 회의, 전시 및 이벤트 수요가 증가하고 있으니 컨벤션 산업의 성장을 예견하고 준비해야 하는 것은 너무도 당연한 일이다. 그런데 컨벤션 산업의 성장을 위하여 우선적으로 요구되는 것이 컨벤션센터이다. 컨벤션센터가 없으면 회의, 전시, 이벤트 등 컨벤션을 유치할 수 없고, 컨벤션의 유치 없이 컨벤션 산업의 성장은 불가능하기 때문이다(이우람 외, 2015; 최승담, 1995c; 최승담 · 한정헌 · 김상태, 1994).

우리나라의 경우 오래전부터 컨벤션 수요에 비하여 컨벤션센터는 많았다. 관광호텔 건립 시 의무규정으로 컨벤션센터를 지어야 했기 때문이다. 컨벤션 시설의 수요가 있었으나 공급이 되지 않았기에 관광호텔 건립 시 지원과 함께 컨벤션 시설의 건립을 의무화시킨 것이다. 컨벤션센터의 수는 증가하였으나 관광호텔 내 컨벤션 시설이었기에 시설의 규모가 작고 첨단화가 이루어지지 않았다. 컨벤션 규모가 점차 커지고 전문화되면서 컨벤션 참가자들은 대규모의 첨단화된 고급시설을 선호했고, 회의, 전시 및 이벤트의 동시 개최를 위한 다양한 시설의 집적화를 요구했다. 이와 같은 추세 속에서 선진국뿐만 아니라 우리 주변 국가들도 대규모 첨단시설이 집적화된 전문컨벤션센터들을 건립하고 있었다.

하지만 이러한 흐름과는 다르게 전문컨벤션센터 건립에 대한 우리의 관심과 의지는 크지 않았다. 대규모 회의는 서울의 세종문화회관이나 예술의 전당, 심지어는 체육시설인 서울의 장충체육관에서 개최되어야 했다. 전시장, 회의장 및 호텔은 서로 멀리 떨어져 있어 차로 이동해야 했고, 이벤트홀은 필요성조차도 인식하지 못하고 있었다. 대규모 전문컨벤션센터의 건립의 필요성이 제기되었으나 주요 의사결정권자나 일반인 모두 필요성에 대한 인식은 높지 않았다.

최초의 한국방문의 해 행사가 있었던 1994년 우리나라는 태평양아시아 관광협회(PATA)의 3대 주요행사인 연차총회, 관광교역전 및 세계지부회의를 동시에 개최한 바 있다. PATA의 3대 주요행사가 한 나라에서 동시에 개최된 것은 이례적인 일로서 세계 각국의 정부관광기구, 관광업계 및 언론기관 관계자 등 총 2,700여 명의 참가자에게 관광한국의 이미지를 부각시킬 수 있는 좋은 기회였다. 하지만 PATA 총회의 개막식 행사는 시설의 미비로 노력에 비하여 빛을 발하지 못했다. PATA 회원 1,700명이 동시에 참가했던 PATA 총회 개막식이 전문 국제회의시설이 없던 관계로 한국종합전시장(KOEX)[20]의 대형전

20) 1998년에 COEX로 변경됨.

시관에서 개최되었다. 하지만 KOEX의 대형전시관은 장방형 평면구조의 단순한 전시장으로 뒷자리의 참석자들은 중간에 위치한 방송 장비와 취재진 때문에 앞쪽의 단상을 거의 볼 수 없었다. 행사를 위해 설치된 2개의 대형 스크린 중 한쪽은 공연을 위해 설치한 큰 북에 거의 가려져 많은 개막식 참가객들이 한쪽 스크린만을 쳐다봐야 했다.

전문컨벤션센터 건립의 기회는 2000년도에 개최되었던 제3차 아시아유럽정상회의(ASEM)의 유치와 함께 찾아왔다. 26개국의 정상급이 참석하는 회의를 유치했으나 막상 회의에 참석하는 많은 VIP[21)]들을 수용할 수 있는 시설이 전무했기에, 빠른시간 내에 국제적 규모의 컨벤션센터 건립이 요구되었다. 지자체가 정착되던 시대상황과 맞물려 지자체 간 ASEM 유치를 위한 컨벤션센터 건립 경쟁이 치열해졌고 결과적으로 우리나라 전문컨벤션 인프라 구축의 일등공신은 ASEM 유치가 되었다.

전문컨벤션센터의 확충은 컨벤션산업 발전에 기여한 바가 크지만 부작용도 만만치 않았다. 지자체 간 과도한 경쟁으로 센터의 건립이 수요에 비하여 지나치게 많아졌다. 갑자기 컨벤션산업의 중요성이 강조되었고 ASEM을 자기 지자체에서 개최하겠다는 욕심과 함께 전문컨벤션센터 건설붐이 생겼기 때문이다. 전문컨벤션센터 건립에 나

21) 2000년 10월 20일부터 21일까지 개최된 제3차 ASEM 정상회의에는 22개국 정상과 4개국 정상대리를 포함 1800여 명의 대표단과 2,200여 명의 내외신 기자단이 참가하였음.

타난 '밴드왜건 효과'[22] 였다.

전문컨벤션센터 건립을 위하여 지자체가 접근했던 방식은 크게 3가지 유형으로 구분될 수 있다. 첫 번째는 기존에 있던 컨벤션시설을 기반으로 관련 시설을 확충한 경우이다. 건축법 및 민법상 해결할 문제가 복잡하여 추진이 어려웠던 컨벤션센터 시설의 증축사업을 ASEM 개최에 따른 지지여론을 기반으로 추진했다. 시설 확충을 통해서 전문컨벤션센터로서의 경쟁력이 커졌고, 부대시설 확충으로 수익사업의 매출도 증대되었다. 전문컨벤션센터는 복합적 시설로 단지화되어 컨벤션을 위한 공간으로서뿐만 아니라 도시의 명소로 성장하여 컨벤션센터 주변지역 경제 활성화에도 기여하였다.

두 번째는 지자체가 정책의지를 갖고 완전히 새로 전문컨벤션센터를 건립하였으나 호텔, 쇼핑센터 및 문화시설 등 컨벤션 자원시설에 대한 민간투자가 부진한 경우이다. 시장여건보다는 정책의지가 앞서 입지 및 시설구성의 타당도가 낮아 민간이 투자에 소극적이었다. 컨벤션 유치는 컨벤션 관련 인프라만으로는 어렵고, 도시의 중심성, 포용성 및 산업구조 등이 주요한 역할을 하는데 이러한 여건이 구비되지 못한 지자체에서의 센터건립이 어려움을 겪고 있다. 이용률이 낮은 일부 컨벤션센터의 경우 유지관리 경비도 공공예산에서 지원

22) 악대차(band wagon)가 악단을 선도하며 요란한 연주로 사람을 끌어 모으는 현상으로 유행에 동조함으로써 타인들과의 관계에서 소외되지 않으려는 심리현상을 설명하는 용어임. 한편, 선거철 사전 여론조사에서 우세한 후보쪽으로 유권자들의 표가 집중되는 현상을 의미하기도 함.

받고 있다.

세 번째는 두 번째와 동일하나, 컨벤션센터에 대한 투자를 지자체 주민들이 직접 하는 경우였다. 컨벤션 산업이 성장하고 있기에 컨벤션센터의 건립과 운영을 통하여 큰 수익을 창출할 수 있다는 생각에 기반하였다. 지역주민이 직접 투자하여 수익을 외부유출 없이 지역으로 환원시키려는 의도였다. 하지만 수익은 발생하지 않았고 이익을 기대했던 지역의 투자자들은 오히려 큰 손실을 감수해야 했다. 관련 지자체는 컨벤션 산업과 컨벤션센터를 동일하게 생각하는 오류를 범했다.

본질적으로 컨벤션센터의 건립과 운영은 수익을 창출하기 어렵다. 그래서 민간이 컨벤션센터 건립에 투자하는 경우는 찾기 힘들고 대부분의 국가에서 시설의 투자와 운영은 공공이 하고 있다. 공공의 예산이 소요되지만 시설투자로 인한 파급효과가 커서 공공에게 주는 후생이 플러스가 된다는 판단에서이다. 하지만 중소규모 도시에서 무리하게 대형 컨벤션센터를 건립했을 경우 건립비용뿐만 아니라 시설관리 및 운영에 대한 부담은 매우 크다. 국제적 중심성이 큰 대도시를 제외하고 대규모 컨벤션 개최횟수는 많지 않기 때문이다. 무리한 투자로 건축단가가 3.3m^{2}당 수천만 원이 넘는 고급시설의 전문컨벤션센터에서 스포츠웨어 빅 바겐세일이나 인기가수 콘서트가 개최되는 것은 가슴 아픈 일이다.

특정 국제회의나 이벤트의 개최만을 위하여 전문컨벤션센터를 건립하는 것은 무모할 수 있다. 전문컨벤션센터는 도시 및 지역의 향후 발전전략의 큰 틀 안에서 건립이 구상되어야 한다. 일반적으로 도시재개발, 신도시 및 부도심개발 그리고 리조트개발전략의 일환으로 건립된다(최승담, 1995c; 최승담 외, 1994).

먼저, 도시재개발형태의 경우 도시 내 낙후지역의 활기를 되찾기 위하여 쇠퇴한 항만, 철도역, 도심상업지역 등에 건립된다. 항만, 철도 중심의 도시교통체계가 자동차와 항공기 중심으로 바뀌거나 기존 도심부 내 상업, 업무시설이 노후화되면서 쇠퇴하는 지역이 생기는 경우이다. 도시구조변화에 따라 발생한 쇠퇴지역의 활성화를 위해 컨벤션센터의 건립과 관광, 문화, 숙박시설 등의 확충으로 지역의 성장을 도모하는 것이 도시재개발 형태이다.

신도시 또는 부도심의 활성화를 촉진하는 차원에서도 컨벤션센터가 건립된다. 도시의 인구 및 비즈니스 수요 증가에 부응하고 새로운 첨단산업 육성을 위하여 대부분의 주요 대도시들이 채택하고 있는 전략이다. 일반적으로 도시 외곽지역이나 임해매립지 등이 세계화와 정보화 추세에 부응하여 국제 정보교류의 거점으로 개발된다. 전문컨벤션센터는 거점의 핵심 시설이 되며 숙박, 문화, 쇼핑, 위락 및 교통여건이 좋은 지구에 위치하여 컨벤션 파급효과의 극대화를 도모한다.

리조트형 컨벤션센터는 자연환경이 우수하고, 다양한 관광서비스가 지원되는 리조트에 건립된다. 이는 컨벤션이 일상환경을 떠난 곳에서 이루어지며, 체재를 수반하고, 관광활동이 부수되는 등 관광과 많은 연관성을 갖고 있기 때문이다. 리조트 입장에서는 수요의 증가로 새로운 수익모델을 창출할 수 있는 기회가 된다. 하지만 컨벤션센터 건립의 초기 투자비가 크고 실제적으로 비수기시 리조트에서 컨벤션을 선호하는 참가객은 제한적일 수도 있기에 센터건립 시 수요에 대한 심층적 분석이 요구된다.

컨벤션 산업의 성장과 함께 전문컨벤션센터의 필요성은 증대되고 있다. 또한 전문컨벤션 시설은 성장하는 도시가 구비해야 할 기본적인 인프라이다. 우리나라의 경우 2000년 ASEM 개최를 계기로 전문컨벤션센터의 수가 많아졌지만 아직도 지역 컨벤션센터 건립 구상들이 종종 제시되고 있다. 하지반 사업 타당성에 대한 설명은 미흡하여 우려가 된다. 전문컨벤션센터의 건립은 단순히 컨벤션 유치를 확대하기 위함이 아니라 도시의 향후 발전전략의 큰 틀 안에서 추진되어야 한다. 몇몇 회의나 이벤트를 수용하기 위한 공간확보 차원에서 건립되는 시설은 곧 애물단지가 될 수도 있음을 우리의 경험이 이야기해 주고 있다.

6 카지노 개발은 대세인가?

카지노업이란 '전문영업장을 갖추고 주사위 · 트럼프 · 슬롯머신 등 특정한 기구들을 이용하여 우연의 결과에 따라 특정인에게 재산상의 이익을 주고 다른 참가자에게 손실을 주는 행위 등을 하는 업'이다(관광진흥법 제3조 5항). 우리나라의 카지노업은 원래 경찰청에서 관리하였으나, 1994년 관광진흥법 개정을 통하여 관광사업으로 전환되었다. 문화체육관광부가 허가권과 지도감독권을 갖고 카지노를 건전한 관광사업으로 육성하고자 하는 정책적 의도였다. 카지노업에 내국인 출입을 허용하는 오픈카지노는 허용되지 않았는데, 이는 카지노로 인하여 발생하는 사회적 비용에 대한 우려가 컸기 때문이다(사행산업통합감독위원회, 2009; 2014; 2018; 서원석 · 이보배, 2012).

하지만 우리나라의 오픈카지노는 관광정책에 의해서가 아니라 타 분야 정책에 의해서 허용되었다. 정부의 에너지 정책 전환으로 석탄에 대한 소비가 줄어들면서 석탄의 주생산지였던 강원도 태백 및 정선 지역의 경제는 침체되었다. 피해를 입은 지역의 문제를 해결하기 위한 처방은 특정지역에 대한 오픈카지노의 허용이었다. 1995년 '폐광지역 개발지원에 관한 특별법'이 제정되었고, 2000년부터는 강원도 정선지역에 '강원랜드'카지노가 문을 열고 한시적 영업이 허용되었다. 영업기간은 수차례 연장되었고, 현재는 2025년까지 영업이 허용되어 있는 상태이다. 지역 문제의 해결을 위한 정책적 선택이었지만 사회적 면역력이 약한 상태에서 내국인 카지노의 허용은 많은 문제를 야기했는데 가장 큰 문제는 높은 도박유병률이다. 2009년의 경우 우리나라의 도박중독유병률(CPGI)[23]은 9.5%로 선진국 유병률인 2~3%에 비해 매우 심각한 수준이다(사행산업통합감독위원회, 2009).

카지노로 인한 사회적 비용은 문제가 되고 있지만 카지노는 관광

23) 일반 국민에게 적용하기 위해 설계된 도박중독유병률 측정 척도임. 척도 문항은 도박에 대한 태도, 도박행동 및 결과 등을 고려하고 있고, 세계적으로 비교 가능한 유사연구가 많음.

진흥개발기금 납부를 통하여 관광산업 진흥에 기여하고 있다. 관광진흥개발기금은 관광기반시설, 관광객 이용시설의 확충 및 관광사업체 운영 등에 지원되는 주요 공공재원이다. 총카지노매출액의 10% 수준을 관광진흥개발기금으로 납부하고 있다. 2018년도에 카지노가 기금에 납부하는 총금액은 2,942억 원이고[24] 이 중 47.4%는 오픈카지노인 강원랜드가 부담한 액수이다(문화체육관광부, 2019a).

2007년에는 '사행산업통합감독위원회법'에 따라 카지노와 타 사행산업[25]을 통합 관리감독하는 '사행산업통합감독위원회'가 출범하였다. 동위원회는 '사행산업 건전화를 통한 건강사회 구현'이라는 정책목표하에 사행사업의 건전한 영업환경을 조성하고, 도박피해에 대한 사회안전망 구축을 위한 업무를 추진하고 있다. 위원회가 구성된 후 3차에 걸친 '사행산업 건전발전 종합계획'이 수립되었고 사행산업의 건전육성을 위한 많은 노력이 있었지만 위원회의 역할은 한계를 보이고 있다. 가장 큰 문제는 위원회가 사행산업의 통합관리를 위한 실제적인 정책수단을 갖고 있지 못한 것이다. 위원회의 권한은 사행산업 관련 지도감독, 대책수립, 조사연구 및 협의 · 조정 · 권고 등이다. 예를 들어 위원회는 영업장의 수와 매출액 규모 등 총량을 설정하고 총량의 준수를 권고할 수 있다. 하지만 업체가 위원회와 협의 및 조정

24) 2018년 기준 관광진흥개발기금의 순조성액은 1,560억 원이고 운영규모는 1조 942억 원임. 법정부담금의 39.5%는 카지노 납부금, 60.5%는 출국납부금임.

25) '사행산업통합감독위원회법' 제2조 1항에 따른 사행산업은 카지노업, 경마, 경륜, 경정, 복권, 체육진흥투표권, 소싸움임.

과정에 소극적이고 권고를 무시했을 경우에 위원회가 집행할 수 있는 실질적인 처벌 수단은 갖고 있지 못하다. 실제 내국인 카지노의 경우 위원회가 권고한 매출 총량의 초과는 연속적으로 발생하고 있다(사행산업통합감독위원회, 2009; 2014; 2018; 최승담, 2011).[26)]

위원회 업무의 연속성과 전문성에 대해서도 의문이 제기되고 있다. 위원회 사무처 인력의 대부분은 기획재정부, 행정안전부, 문화체육관광부 및 농림축산식품부 등 사행산업 관련 부처의 파견 공무원이다. 파견 공무원들은 통상 1~2년마다 교체되기에 위원회 업무의 연속성과 전문성의 담보가 어려운 구조이다. 또한 사행산업이 관련부처의 지도감독도 받고 있기 때문에 파견나온 공무원이 위원회보다는 관련부처의 입장에서 업무를 추진하는 경향을 배제할 수 없다.

한편, 카지노는 특정지역의 투자유치를 위한 정책적 수단으로 활용되어 왔다. '제주국제자유도시특별법'[27)]에 의거 5억불 이상의 관광사업을 제주도에 투자하는 사업체에게 외국인 카지노업을 허가할 수 있다. '기업도시개발특별법'[28)]은 관광레저형 기업도시 실시계획에 반영되어 있고 관광사업에 5,000억 원 이상을 투자하는 사업시행가에게 외국인 전용 카지노업을 허가할 수 있도록 했다. '크루즈 산업의 육성 및

26) 내국인 카지노의 경우 2013년부터 2017년 5년간 총 5,534억 원의 매출 총량 위반이 발생함.

27) 2004년에 제정됨.

28) 2005년에 제정됨.

지원에 관한 법률'[29]에 의거 국제순항 국적 크루즈선으로서 총톤수가 2만 톤 이상인 경우에 선박 내 외국인 전용 카지노업의 허가도 가능하다. 또한, 대규모 간척지인 새만금 지역의 개발활성화를 위한 수단으로 카지노의 도입이 허용되었다. '새만금 사업추진 및 지원에 관한 특별법'[30]은 새만금 사업지역에서 관광사업에 5억불 이상 투자하는 경우 외국인 전용 카지노를 허용하고 있다(문화체육관광부, 2019a).

내국인의 입장을 허용하는 오픈카지노에 대해서는 찬성과 반대의 논리가 팽팽하다(류광훈, 2013; 2016; 류광훈 · 박상곤, 2008; 사행산업통합감독위원회, 2009; 2014; 2018). 오픈카지노 찬성쪽의 논리이다. 카지노의 수요는 항상 존재해 왔다. 실존하는 수요의 출구가 없을 때 지하도박이나 해외원정도박 등의 문제가 심각해질 수 있다. 차라리 공적으로 흡수하여 관리하는 것이 현실적 대안이다. 분리된 지역에 업장을 최소한으로 허용하고 관리를 철저히 하면 음성화된 카지노의 확산의 경우보다 피해가 훨씬 적다. 무리한 규제는 '풍선효과'를 유발한다. 불법도박의 단속을 위하여 한쪽을 눌러주면 불법도박이 이동하여 다른 쪽이 부풀어 오르는 풍선효과만 생긴다. 근원적 문제는 해결이 안 되고 문제지역만이 바뀌는 것이다. 차라리 허용하고 세금을 걷어서 공리민복을 위하여 활용하는 것이 현실적이다. 미국 네바다주나 인디언 보호지역은 카지노 합법화가 성공한 좋은 사례이다.

---

29) 2015년에 제정됨.

30) 2017년에 제정됨.

카지노가 대세임을 강조하면서 싱가포르 카지노 개발의 사례를 자주 언급한다. 2010년에 개장된 싱가포르의 마리나베이 샌즈(Marina Bay Sands)와 리조트월드 센토사(Resort World Sentosa)는 복합리조트(Integrated Resort)라고 부른다. 복합리조트는 언제부터인가 카지노가 포함된 리조트를 의미하게 되었다. 두 곳에 모두 15,000m^2 규모의 카지노 매장이 오픈되었고 싱가포르인들도 입장이 자유롭다. 도덕국가, 벌금의 천국, 깨끗한 나라 싱가포르까지도 오픈카지노를 허용하였으니 이제 오픈카지노는 대세라는 말이 나올 만도 하다. 오픈카지노 허용을 지지하는 좋은 근거가 될 수 있다(류광훈, 2012; 2014).

하지만 싱가포르 오픈카지노 허용의 배경에는 간과하기 쉬운 그들의 국가성장전략이 있다. 싱가포르는 1963년 영국으로부터 독립했다. 소국의 한계를 극복하기 위해 말레이시아 연방에 가입했으나 정치적 경제적 갈등으로 1965년 연방에서 탈퇴했다. 자원이라고는 좁은 땅밖에 없는 싱가포르였지만 리콴유 총리 정권하에서 입지적 특성을 활용한 중개무역업과 금융업의 고성장에 힘입어 싱가포르는 선진국 반열에 오르게 되었다. 하지만 21세기에 진입하면서 싱가포르는 경제성장률의 둔화와 청년실업 문제를 갖게 된다. 관광자원의 한계로 관광산업도 위축되었고 GDP의 25%를 유지하던 제조업도 중국 등 주변국 제조업의 급성장으로 위기를 맞게 되었다. 새로운 경제성장동력의 발굴이 요구되었고 2004년 리센룽 총리 집권 이후 국가의 리브랜딩(rebranding) 정책이 국민적 합의를 통하여 추진되었다.

싱가포르는 더 이상 '깨끗하지만 재미없는 도시'를 원하지 않았다. 싱가포르는 관광산업의 육성을 위하여 'Clean City'에서 'Fun City'로 도시성장전략을 수정했고 새로운 성장전략의 주요 프로젝트가 카지노가 도입된 복합리조트의 건립이었다. 투자력과 경영능력이 뛰어난 샌즈(Sands)와 겐팅(Genting)말레이시아를 투자자로 선정했고 유명한 관광지구인 마리나 베이에 카지노 시설을 건립했다. 카지노 산업의 부작용을 최소화하기 위해 내국인에게는 다소 부담스러운 싱가포르 100달러를 지불하게 했다.

싱가포르 복합리조트 개발이 우리에게 주는 메시지는 국가 성장동력으로서 오픈카지노를 허용했다는 사실이 아니다. 이보다는 '위기의식에 대한 공감대', '국가성장전략의 전환', '부작용완화 전략' 및 '역량 있는 사업자 선정' 등이 메시지의 키워드이다.

〈사진〉 싱가포르 마리나 베이(Marina Bay)

한편, 오픈카지노 반대의 논리도 만만치 않다. 핵심은 카지노로 인한 도박중독이다. 우리나라의 도박중독유병률은 선진국 유병률에 2~3배 수준이다.[31] 도박중독으로 인한 통제력 상실 및 가정파괴로 인한 피해뿐만 아니라 도박자금조달을 위한 공금횡령, 절도, 사기 등 2차 범죄로 인한 문제도 심각하다. 하지만 도박중독의 예방 및 치유 자원은 매우 부족한 실정이다. 2018년 기준 중독예방치유 부담금 규모는 204억 원으로 선진국에 비하여 매우 낮다.[32] 도박중독의 예방 및 치유 수요는 증가하고 있으나 전국에 설치된 한국 도박문제 관리센터는 14개소에 불과하다.

오픈카지노 허용은 '기관차효과'를 유발한다. 카지노의 허용이 카지노 수요를 자극할 수 있다는 이야기다. 도박에 관심이 없던 사람도 합법적인 오픈카지노가 개장되어 일상에서 쉽게 접할 수 있게 되면 호기심으로 방문할 수 있다. 지하화된 도박장보다 접근이 용이하고 죄책감이 없기에 반복할 수 있고 반복이 지나치면 습관화되고 심하면 중독된다. 갑자기 나타난 기관차의 기적소리를 듣고 좇아가는 모양새이다.

카지노가 창출하는 경제적 수익은 매우 크기에 새로운 성장산업이 주는 기회를 적극 활용해야 한다. 하지만 카지노에 의한 사회적

31) 도박중독 유병률은 조사방식이나 시점 등에 따라 차이가 큼. 사행산업통합감독위가 제시한 자료에 의하면 유병률은 2002년도 9.5%에서 2012년 5.3%로 지속적으로 감소되어 왔으나 아직도 OECD회원국 유병률에 비하여 높음.

32) 우리나라의 부담률은 총매출액의 0.2% 수준이고, 미국, 호주 등 주요 선진국의 중독 예방, 치유 관련 예산은 순매출액의 1.5% 수준임.

비용을 간과해서는 안 된다. 오픈카지노의 허용으로 우리의 일상에서 카지노를 쉽게 접하게 될 때 사회가 감당해야 할 부담은 커지게 된다. 도박중독도 큰 문제이지만 학습의욕저하, 근로의욕 감퇴, 경제도덕관념 훼손 등이 발생한다. 안타깝게도 우리나라의 경우 카지노에 대한 사회적 면역력은 매우 낮고 면역력 제고를 위한 제도적 장치도 미흡하다.

카지노 개발은 국가나 지역의 성장 패러다임과 연계하여 전략적으로 접근해야 한다. 싱가포르의 오픈카지노개발 사례나 라스베이거스 카지노 개발사례가 주는 시사점이다. 두 도시 모두 카지노를 기반으로 도시의 지속가능한 성장의 틀을 구축했다. 싱가포르 카지노는 도시의 이미지 전환이나 경제활성화의 마중물 역할을 하고 있고, 라스베이거스 카지노는 컨벤션 도시로의 전환에 기반이 되었다. 카지노는 도시성장의 수단이었지 도시성장의 목표는 아니었다.[33)]

우리의 경우, 오픈카지노 입지 지역의 미래성장모델 구축을 위한 노력은 미흡하다. 카지노가 단지 황금알을 낳는 거위의 역할만 하고 있고, 거위의 수명을 연장시키기 위해 정치적 압력만이 존재한다면 문제이다. 특혜로서의 카지노는 한시적이어야 한다. 지나친 특혜의 연장은 지역의 자생력을 약화시켜 지속가능한 지역발전에 역행할 수 있다. 지역 산업의 자생적인 육성 없이 정책지원에만 의존했던 지역

33) 라스베이거스는 도시의 성장을 카지노 산업으로 시작했으나 컨벤션 도시로의 전환에 성공했음. 개최되는 컨벤션의 수는 연간 4,000회가 넘고 카지노 목적 방문객의 비율은 4% 수준임. 라스베이거스 카지노 개발전략에 대해서는 (최승담, 2005)를 참고하기 바람.

이 성공한 사례는 없기 때문이다.

7 축제의 양은 질의 전환을 가져왔나?

문화체육관광부가 주관하는 문화관광축제 지원사업은 외국인 관광객 유치 확대와 지역관광활성화를 목적으로 하여 1995년에 시작되었다. 전국의 전통문화와 독특한 주제를 배경으로 한 지역축제 중 관광상품성이 큰 축제를 선정하여 지원한다. 지원축제의 선정을 위하여 관련분야 전문가로 구성된 선정위원회는 콘텐츠, 운영 및 발전가능성 등을 기준으로 대상축제를 평가한다. 평가를 바탕으로 2018년에는 40개 축제에 총 58억 원이 지원되었고 40개 축제가 유치한 관광객 수는 총 11,550,354명으로 추산되며 경제적 파급효과는 806,555백만 원에 이른다(문화체육관광부, 2019a).

1995년 시작된 문화관광 축제지원사업은 1994년 관광행정기능의 문화부 이관과 관련이 크다. 정치적 또는 사회적 이유로 교통부 관광국의 문화부 이관 이후 관광과 문화를 접목한 정책개발이 요구되었고, 주요 결과물의 하나가 문화관광축제 지원사업이다. 한편, 동 사업은 1995년부터 본격적으로 시작된 지방자치제도와 맞물리면서 독자적 지역사업의 발굴이 필요했던 지자체로부터 큰 호응을 얻었다. 문화관광축제 지원사업은 초기 선정위원회의 평가를 통하여 축제등급별로 차등지원하였으나 추후 일몰제, 등급제 폐지, 지정제 등의 도입을 통하여 제도가 수정 및 보완되었다(문화체육관광부, 2003; 문화체육관광부 국내관광진흥과, 2019; 오훈성, 2013; 2016).

문화관광축제 개발의 명분은 관광객 유치 확대를 통한 지역관광 활성화였다. 지자체의 입장에서는 벤치마킹이 요구되었고 주요 대상은 유럽의 축제와 일본의 마츠리였다. 하지만 성공사례의 본질이 간과된 것 같아 아쉬움이 크다. 유럽과 일본축제에는 그들의 삶이 녹아있다.[34] 그들의 축제에서 삶과 축제와의 관계를 주목해야 하며 축제를 통하여 그들이 관광객에게 소구하는 근원적인 체험요인을 찾아내야 한다. 외부환경 변화에 따른 축제의 진화 모습이나 시장의 반응을 살피는 것도 중요하다. 벤치마킹이 성공하기 위해서는 겉으로는 보이지 않는 핵심요인들을 끄집어내야 한다. 하지만 우리는 겉으로 보이는 것만 따라한 것 같다.

어쨌든 우리의 축제는 문화체육관광부의 육성정책 덕분에 수적으로 빠르게 증가하였다. 하지만 안타깝게도 매년 천 개 이상의 축제가 25년간 집행되었지만 질적인 도약을 이룬 축제는 드물다. 투자대비 성과가 낮고 지역발전에 기여도가 낮은 전시성 소모성 축제였다는 비난이 큰 이유이다(오훈성, 2013; 2016; 정강환, 2007; 2015). 지역축제의 바람직한 성장을 위하여 축제의 내용과 정책에 어떤 변화가 요구되고 있나?

34) 예를 들어 스웨덴의 하지축제는 햇빛에 대한 감사의 마음을 담았고, 독일 뮌헨 옥토버페스트(Octoberfest)는 바이에른 왕국 왕세자 결혼기념식 행사에서 출발하였음. 스페인 라 토마티나(La Tomatina) 축제는 1944년 토마토 가격폭락을 항의하는 농민들의 토마토 던지기 항의에서 유래되었고, 일본의 마츠리는 농경에서의 휴식을 위한 지역의 문화임.

〈사진〉 독일 뮌헨 옥토버페스트(Octoberfest)

첫째, 지자체의 축제에는 지역의 삶이 녹아들어 있어야 한다. 지역의 삶이 담긴 축제가 지역민을 행복하게 하고 시장의 선택을 받아 계속 성장할 수 있기 때문이다. 지역의 삶과 유리된 채 인위적으로 개발된 축제는 단기적으로 시장의 관심을 끌 수 있으나 생명력이 짧아 축제는 빠르게 쇠퇴단계로 들어선다. 지역의 정체성을 구현할 수 없고 지역민의 참여를 유도할 수 없기 때문이다.[35)]

일반적으로 축제는 주민화합형과 지역개발형으로 분리된다. 전자의 경우는 돈을 쓰는 주민잔치이다. 잔치에는 많은 주민들이 어우러져 음식과 가무를 즐기며 돈을 쓰면 되기에 부담이 적다. 하지만 후

35) 지역의 역사와 문화활용에 있어 지역의 정체성이 왜곡되거나 다른 지역의 정체성이 이식되는 경우 '박물관화'나 '디즈니화'의 경향이 나타나게 됨(Relph, 1976).

자의 경우는 축제가 수익모델을 창출할 수 있어야 한다. 지자체가 관심을 갖는 축제는 후자이다. 하지만 두 유형의 축제를 구분하여 논의하는 것은 타당해 보이지 않는다. 지역개발형 축제도 주민화합형 축제에 기반하였을 때 성장이 가능하기 때문이다. 앞에서 논의되었던 유럽과 일본의 사례도 주민화합형 축제를 기반으로 성장하였다. 시장의 니즈를 반영하여 축제내용에 일부 변화가 있었지만 축제의 본질은 변하지 않았기에 시장에서 살아남을 수 있었다.

둘째, 축제를 통한 소귀의 성과를 이루기 위해서는 지자체의 전문성이 강화되어야 한다. 축제를 상품화하는 일은 단순하지 않기 때문이다. 복잡한 수요의 변화를 읽어내야 하고 하드웨어와 소프트웨어를 접목시켜 새로운 가치를 창출해야 하며 지역민을 설득시켜 참여를 유도하고 시장의 호응도 얻어내야 한다. 시장의 호응은 단순한 박수와 격려가 아니라 구체적 수익으로 나타나야 된다. 즉, 지역개발형 축제의 수행은 단순한 행사의 운영이 아니라 고도의 노하우가 요구되는 경영이다.

하지만 기존 축제의 주최자와 지자체의 전문성은 높지 않다. 축제 담당 공무원이 해야 하는 다른 일이 많고, 축제가 반복되면서 공무원의 전문성이 쌓이지만 순환보직에 의하여 자리가 바뀐다. 전문성의 강화를 위하여 축제 재단화의 필요성이 제기되고 있다. 전문인력이 충원되고 축적된 노하우가 축제수준을 높이는 데 기여할 수 있겠지만, 기존 지자체가 관광개발시설의 경영을 위해 설립한 재단의 부실을 보면 우려되는 바가 있다. 잘못하면 새로운 공공조직만 늘어나 정부 예산이 낭비될 수도 있다. 궁극적으로 지역개발형 축제는 노하우가 축적된 민간이 주도하여 개발하고 경영하는 것이 원칙이다. 지역개발형 축제에 정부가 직접 나설 명분이 크지 않기 때문이다. 축제의 공공재적 성격은 약하고 많은 축제가 개최되는 상황에서 정부가 앞장서서 마중물 역할을 할 명분도 크지 않다. 정부는 뒤에서 지원과 감시의 역할을 하면 된다.

셋째, 축제시기와 시간의 조정이다. 축제시기는 가급적 소비자 수요에 맞추어 조정해야 한다. 지역화합형 축제는 지역의 전통이나 지역민의 선호가 우선이지만 지역개발형 축제는 소비자의 니즈가 우선이다. 지역의 문화와 정체성이 깨진다는 우려가 있지만 정말 문제가 크다면 지역개발형 축제는 생각하지 않는 편이 좋을 것이다. 지역개발형 축제는 모든 지자체가 반드시 해야 할 사업이 아니라 지자체가 선택할 수 있는 사업 중 하나이다. 지역개발형 축제를 지향한다고 하면서 지역문화와 정체성의 원형을 지나치게 강조하는 것은 타당하지 않다. 외국의 성공사례를 보면 축제는 시장의 선택을 받기 위하여 변화하면서 발전을 이루었다.

한편, 축제가 개최되는 시간과 관련하여 야간축제에 대한 관심이 증대되어야 한다(정강환, 2015). 야간축제의 개최는 방문객의 체류시간을 늘려 지역관광활성화에 큰 도움을 줄 수 있기 때문이다. KTX 및 고속도로의 개통 등으로 주요관광목적지의 접근성이 좋아졌으나 지역의 관광은 생각만큼 활성화되고 있지 않다. 파격적으로 단축된 이동시간으로 숙박의 필요성이 낮아져 체류형 관광지가 당일 관광지로 전환되면서 방문 관광객 수는 증가하고 있으나 관광총량이나 객단가는 오히려 주는 지역도 있다. 지역을 방문한 관광객을 숙박하게 하는 유용한 방법은 야간에 꼭 방문하거나 체험해야 할 어트랙션을 개발하는 것인데 그중 하나가 야간축제이다.

야간축제는 축제의 공간을 넓혀 관광객에게 다양한 체험을 할 수 있는 환경을 제공해 준다. 야간은 낭만적 분위기를 만들고 빛과 소리에 집중할 수 있게 해 주며 밤의 하늘은 삼차원의 광활한 화면을 제공한다. 레이저, 유등, 촛불, 음악 그리고 드론 등을 활용한 이벤트는 관광객이 반드시 체험해야 할 어트랙션으로 인지되어 숙박에 좋은 명분이 된다.

넷째, 세계적 축제가 나올 수 있는 생태계의 조성이다. 우리 축제의 경우는 '양질 전환의 법칙'이 적용되고 있지 않는 것 같다. 동 법칙은 '양'적인 누적이 어느 날 '질'적인 변화를 가져오는 현상을 설명한다. 우리나라 관광축제의 경우 양적인 팽창은 대단했다. 축제의 정의에 따라 다르지만 적게는 900개 많게는 3,000개의 축제가 있다. 지자체가 축제에 본격적으로 관심을 갖기 시작한 지도 25년이 되었다. 누적된 축제의 수로만 보면 질적인 도약이 이루어질 때가 되었지만 현실은 그렇지 않다. 성공사례로 보령 머드, 안동 국제탈춤, 진주 남강유등, 김제 지평선, 화천 산천어 등이 언급되지만 국제적 명성의 축제와는 아직 거리가 있다.

글로벌 축제 육성을 위해 축제지원 대상의 확대나 선택과 집중 방안들이 모색되고 있다. 하지만 이보다 중요한 것은 세계적 축제가 나올 수 있는 생태계 조성이다. 지원에 의해서 육성되는 축제보다는 스스로 축적된 노하우를 바탕으로 도약하는 축제가 글로벌화 될 가능성이 높기 때문이다. '양질전환의 법칙'이 적용될 수 있는 생태계가 구성되어야 한다. 생태계에서 정부의 직접적 관여는 점차 축소되는 것이 좋다. 정부는 뒤에서 생색나지 않는 병풍역할만을 해야 한다. 어차피 수익모델을 다루어야 하는 지역개발사업이라면 생태계 내에서 민간의 역할이 커져야 한다.

8 농어촌 관광개발이 힘든 이유는?

농어촌 관광개발 활성화 정책의 배경은 농어촌의 낙후와 농어촌 관광수요 증가에 있다. 전통적인 농업과 어업만으로는 침체에서 벗어날 수 없기에 새로운 소득창출의 수단으로 관광개발이 요구되었고, 관광수요가 다양한 형태의 대안관광으로 변화하는 추세 속에서 농어촌 관광수요도 증가하고 있었기 때문이다. 그동안 정부의 관련부처는 다양한 유형의 농어촌관광개발 사업을 개발하고 지원하였다(강신겸, 2007; 김광선 외, 2016; 박시현 외, 2017; 박용순 · 고동완, 2010; 유승우 · 이희찬, 2005).[36)]

36) 본문에 소개된 사업 이외에 민박마을, 농어촌 휴양단지, 아름마을 가꾸기, 전통테마마을, 팜스테이 마을사업 등이 있으며 사업의 주관부처는 농림부, 행정자치부, 농촌진흥청, 해양수산부, 농협중앙회 등으로 다양함.

농어촌 관광개발관련 주요사업인 관광농원개발사업은 농촌의 쾌적한 자연환경, 전통문화, 농림 생산기반 등의 자원을 관광상품으로 개발하는 사업이다. 국민의 여가 수요를 농촌으로 유치하고, 도시와 농촌의 교류를 촉진하며, 농촌과 농업인의 소득증대를 도모하는 사업이다. 관광농원개발 목적에 부합되도록 전체면적의 20% 이상을 과수, 화훼, 가축사육장 및 양어장 등 농업 및 농촌의 체험시설을 갖추도록 하였다. 정부는 관광농원의 지원 및 육성을 위하여 농원의 개발 및 운영 시 농협종합자금(금리 2~2.5%)으로 지원하고 있는데 2018년 말 기준 전국의 726개 관광농원이 운영 중이다.

농촌체험휴양마을 사업은 도시민의 관광수요를 농촌으로 유치하기 위한 사업이다. '농림어업인 삶의 질 향상 및 농산어촌개발 촉진에 관한 특별법'과 '도시와 농어촌 간의 교류촉진에 관한 법률'을 근간으로 농외 소득증대 및 농촌 활력증진을 도모하기 위해 추진되었다. 사업지원은 농촌체험 · 휴양기반의 지속적인 확충, 맞춤형 홍보 및 마케팅, 지역의 인적역량 강화 등의 차원에서 이루어지고 있는데 2018년 말 기준 전국에 1,073개소의 농촌휴양마을이 조성되어 있다.

어촌체험휴양마을 사업도 도시민의 어촌관광수요를 어촌으로 유치하기 위하여 시작되었다. 동 사업은 '도시와 농어촌 간의 교류 촉진에 관한 법률'에 기반하여 어촌유휴 노동력의 고용가치창출 및 어촌경제 활성화를 도모하고 있다. 2018년 기준 전국에 97개소의 어촌체험휴양마을이 지정되어 운영 중이다. 어촌의 체험프로그램이 주요 상품인데 요트, 낚시, 선사어로, 갯벌, 해녀 및 미역채취체험 등 다양한 체험프로그램이 제공되고 있다.

하지만 정부주도에 의한 농어촌 관광개발사업은 기대만큼의 성과를 내지 못하고 있다. 농어촌을 도와주려는 정책이었지만 지원받은 사업의 실패로 농어촌을 더 어렵게 하는 경우도 발생하고 있다. 농어촌의 개발여건과 관련정책의 내용이 잘 부합되지 않고 있음을 의미하는데 농어촌관광개발 사업의 문제는 여러 관점에서 제기되고 있다(강신겸, 2007; 김광선 외, 2017; 박시현 외, 2012; 박용순 · 고동완, 2010a; 유승우 · 이희찬, 2005;).

첫째, 농어촌 관광개발사업의 정부정책 의존도가 너무 높았다. 사업적 관점보다 정부정책사업의 관점에서 접근되었기 때문이다. 이런 여건에서 농어촌의 산업화 기반이 형성되지 못했고 기반강화를 위한 정부와 농어촌의 노력도 미흡했다. 자생적 성장이 어려운 사업을 정부가 지원하여 끌고가는 고된 일이 지속되었다. 정부의 지원도 하드웨어 중심이었고 경영능력 제고를 위한 소프트웨어 부분의 지원은 미흡하여 문제는 점차 쌓여가고 있다.

둘째, 농어촌에서 제공되는 관광서비스가 높아진 소비자의 서비스 수준을 충족시키지 못하고 있다. 농어촌 방문 관광객은 '농촌성', '어촌성', '지역성'을 추구하지만 서비스 질에 있어서는 보편적 기준이 형성되어 있다. 농어촌이기에 위생, 편의, 안전 등에서의 기준 이하의 서비스가 용납되지 않는다. 하지만 농어촌 관광서비스에 대한 소비자의 신뢰수준이 아직 높지 않다. 서비스업의 신뢰제고를 위하여 기존 서비스업계에서는 표준화, 등급화 그리고 평가제[37]가 운영되고 있으나 농어촌 관광의 경우 관련 제도의 정착은 매우 미흡한 수준이다.

셋째, 운영주체의 경영능력이 미흡하다. 경영 마인드를 갖춘 농어촌관광 운영자를 찾기는 쉽지 않다. 1차 산업인 농업과 어업에 종사하던 분들에게 서비스 산업인 관광사업은 생소할 수밖에 없다. 농어촌 관광지에서 체험이라는 이름이 붙은 다양한 상품이 판매되고 있지만 '체험경제(The Experience Economy)'의 배경이나 의미를 이해하고 있는 운영주체는 많지 않다. 시장의 변화를 읽고 시장 수요에 부응하는 상품과 프로그램을 개발하여 농촌 어메니티의 가치를 제고하는 일은 더 어렵다.[38] 도농교류를 통하여 시장을 확대하고 외부 브레인의 영입을 모색해야 하지만 입지적으로 배타성을 갖고 있고 고령화되고 있는 농어촌 지역의 경우 단순한 일은 아니다.

한평생 땅과 바다를 상대로 일해오신 분들이 사람을 상대로 일을 하는 것은 새로운 도전일 수밖에 없다. 방문객의 마음을 헤아려서 그들을 만족시키고 지갑을 열게 하는 법을 배우고 익히기 위해서는 태도의 변화와 시간이 요구된다. 하지만 평생 1차 산업에 종사했던 고령화된 노인분들에게 태도의 변화와 새로운 학습을 요구하는 것은 그분들 삶의 자긍심을 훼손하는 일로 인식될 수 있다.

---

37) 우버와 에어비앤비의 시장 확산속도가 빠른 이유는 IT 분야 기술의 급속한 발전도 있지만 공급자와 소비자 간 상호 평가 시스템의 도입임. 평가 결과가 공개됨으로써 신뢰할 수 없는 공급자와 소비자는 시장에서 퇴출되게 됨.

38) 기존 농촌관광관련 시설은 영농체험시설, 학습장, 판매시설들이나 소비자의 수요는 힐링, 건강치유, 생태체험, 음식체험, 역사유적 및 문화자원체험 등 다양함(김광선 외, 2016).

넷째, 자원성 중심개발이다. 대부분의 농어촌 관광개발사업은 농촌성, 어촌성, 지역성을 부각해야 하는 사업이다. 자원성 중심 개발의 개연성이 큰 이유이다. 하지만 앞서 언급되었듯이 우리나라의 관광개발 여건상 자원성 개발로 수익모델 창출은 어렵다. 시장성이 고려되어야 한다. 시장성이 결여된 지역의 경우 접근성 제고를 위하여 새로운 인프라가 구축되어야 하는데, 소규모 농어촌 관광개발에서 인프라 구축비가 감안되었을 때 수익모델의 창출은 매우 어렵다. 농어촌 관광지 중 상대적으로 실적이 높은 곳은 대부분 접근성이 좋은 도시 주변에 있다.

농어촌 관광개발의 성과가 정책의지나 기대에 비하여 낮다. 1차 산업기반의 농어촌이 3차 산업기반의 관광사업을 추진하는 것이 쉽지 않고 시장에 기반을 두지 않은 자원중심의 개발은 한계가 있음을 보여준다. 또한, 지역의 역량 강화 없이 정부정책에 대한 의존도가 높은 사업이 지속되기 어려움을 설명해 주고 있다.

9 해양관광개발이 활성화되려면?

국내외의 해양관광수요의 빠른 증가와 함께 해양관광개발 활성화의 필요성이 커지고 있다.[39] 선진국의 경우 관광 및 레저의 행태가 내

39) 해양관광개발 활성화는 해양관광수입 증대 이외에도 관광기회의 다양성 확보, 지역균형 발전 및 국가관광경쟁력 제고 등의 차원에서 의미가 큼(최승담, 2008).

륙에서 해양쪽으로 이동하고 있고, 유럽과 미국 등의 경우 해양관광 참여율은 40~50% 수준으로 높다. 또한 활동 장소 및 행태도 바닷가에서의 해수욕에서 벗어나 점차 해양, 해중, 해저에서의 요트, 크루즈, 윈드서핑 및 레저 잠수 등으로 범위가 확대되고 있다. 우리의 관광레저도 선진국과 유사하게 해양관광 쪽으로 이동될 것으로 예측되고 있다.[40] 해양관광 참여행태는 아직 해수욕과 낚시가 주를 이루지만 건강지향형 및 시간소비형 레저의 증가 추세에 따라 앞으로는 윈드서핑, 요트 및 레저 잠수 등의 스포츠형 해양관광도 서서히 증가될 전망이다(김성귀, 2006; 최승담, 2008; 2017; 해양수산부, 2013; 2019).

이러한 배경하에서 해양관광개발 진흥을 위한 다양한 정책이 해양수산부를 중심으로 집행되었다. '해양관광진흥기본계획'이 수립되었고 해수욕장, 마리나, 해중 레저, 크루즈의 활성화를 위한 법률이 제정되었다. 해안관광정보 통합 D/B가 구축되었으며 어촌관광휴양단지 조성사업과 어촌 체험휴양마을사업 등이 집행되었다. 하지만 정책사업 성과와 해양관광개발 활성화가 기대에 못 미치고 있기에 해양관광정책에 대한 전반적인 평가는 그렇게 높지 않다(해양수산부, 2000; 2013; 2019; 홍장원 · 최승담, 2008).[41]

해양관련 정책사업이 부진한 이유는 무엇보다도 입지적 특성상

40) 1990년대 초 도입되기 시작한 스키는 이미 성숙기를 지나 수요가 감소하고 있으며 골프는 도입기와 성장기를 거쳐 성숙기 끝에 있는 상태임.

41) 한국해양수산원의 전문가 조사에 의하면 해양관광 관련 정책사업의 기여도는 각 사업의 중요도에 비하여 낮게 평가됨. 각 사업에 대한 중요도의 평균값은 100점 기준 71.5점이고 기여도의 평균값은 68.3점임(해양수산부, 2019).

관련 규제가 많아 수익모델을 창출할 수 있는 개발방안을 모색하기가 어렵기 때문이다. 해양개발 잠재대상지의 대부분은 각종 보호구역으로 지정되어 있다. 해변의 경우 군사시설 보호구역으로 묶여있는 곳이 많은데 관광시설 개발을 위해서는 지역부대장의 승인을 얻어야 하며, 야간영업 및 야간입출항이 허용되지 않는다. 해양의 경우 많은 지역이 국토의 관리이용에 관한 법률(제40조)에 의하여 관광개발 사업이 원천적으로 불가능한 수산자원보호구역으로 지정되어 있다.[42] 또한 우리나라 국립공원의 49.1%가 되는 총 3,183,683㎢이 해안 · 해상 국립공원으로 지정되어 있다. 이중보존과 이용의 완충지대 역할을 하는 공원자연환경지구 비율이 전체 공원구역의 96%에 달하며 동지구 내에서는 공원시설의 설치만 가능하고 각종 해역이용개발 행위에 제약이 따르기 때문에 해양관광개발이 사실상 불가능하다.

이외에도 많은 지역이 문화재보호구역(문화재보호법), 습지보호구역(습지보전법), 해양생태계 보전지구(자연환경보전법)로 지정되어 각종 규제를 받게 되는데 문화재보호구역의 경우 인근 500m 지역까지 개발관련 규제가 많다. 이러한 규제는 안보나 환경보존 등을 위하여 필요하지만 문제는 규제 관련 부처가 종합적인 균형감각 없이 지나치게 부처의 입장만을 대변하고 있다는 점이다. 적절한 선에서의 합리적인 지역개발을 위한 조정과 타협이 이루어져야 하지만 현실은 그렇지가 못하다.

42) 수산자원보호구역은 남해안지역에 집중되어 있는데 지정된 곳은 전남 5개소(195,000ha), 경남 4개소(167,571ha), 충남 1개소(24,323ha)임.

해양관광개발의 계절성 문제는 육지부 관광개발의 경우보다 더 심각해 민간의 투자를 어렵게 하고 있다. 하지만 그동안 추진된 해양관광진흥정책은 개발여건의 개선을 위한 근원적 문제보다는 어촌체험마을 사업이나 마리나 개발 등 새로운 유형의 레저활동 공급을 위한 기반조성에 치중했다.

한편, 물놀이에 대한 부정적 인식도 해양관광개발 활성화에 장애가 되고 있다. 전통적 유교의 영향으로 해양에서의 관광활동이 권장되고 있지 못하다. 도전, 모험, 진취적 기상, 성취 및 체력강화 등에 대한 기대보다는 관습 및 안전사고의 두려움 등으로 해양관광에 대한 거부감이 많이 남아있다. 특히 최근 일어났던 대형 여객선 참사는 해양관광에 대한 부정적 인식을 증대시켰다. 이러한 여건하에서 국민 국내 해양관광수요의 확대와 수요분산 정책의 집행은 매우 어렵다. 관광에 대한 행태와 사회적 관습을 바꾸는 일은 단순하지 않기 때문이다.

삼면이 바다인 우리에게 해양관광개발 활성화의 길은 열려있고 필요성도 증대되고 있지만 활성화 여건은 미흡하다. 해양관광개발의 장애요인을 극복하고 잠재력의 강화를 위한 새로운 접근이 요구된다(해양수산부, 2000; 2013; 2019; 최승담, 2008). 우리나라의 해양관광개발 활성화를 위하여 정책의 방향 및 개발 내용에서 필요한 변화는 무엇인가?

첫째, 해양관광개발은 광역적 차원에서 점단위가 아닌 면단위로 이루어져야 한다. 지자체의 독자적인 사업시행보다는 지자체 간의 연합을 통한 사업시행으로 사업의 실효성이 높아지도록 해야 한다.

광역적 차원에서 유인력과 시장의 확대를 제고하고 수익모델 창출에 유리할 수 있기 때문이다. 광역적개발사업에서 허브개발과 지역중심 소규모 개발은 상호보완적으로 이루어져야 하는데 앞에서 언급되었던 '허브 앤 스포크' 개발 방식은 주요대안이다. 거점인 허브(hub)에는 마리나와 크루즈 터미널 등 해양관광시설 이외에도 수익성이 높은 골프장, 콘도, 워터파크 및 주제공원 등의 다양한 시설을 복합적으로 수용하도록 한다. 신항만 개발이나 항만 재개발 시 항만배후부지에 관광허브를 조성하는 것도 물류와 관광의 연계를 통하여 시너지를 창출할 수 있는 좋은 방안이 될 수 있다.

둘째, 해양관광수요의 확대를 위한 정책적 노력이 필요하다. 수요 없이 스스로 성장하는 산업은 없기 때문이다. 초중고 교과과정에 해양 스포츠 활동과 다양한 여가활동 과목을 포함할 필요가 있다. 해양관광은 학습이 요구된다. 특히 해양관광의 주를 이루는 해양스포츠의 경우 참여를 위한 기본교육은 필수적이다. 교육을 통하여 해양스포츠에 대한 선입관과 편견을 없애주어야 한다. 초중고 교육에서 기본 훈련과정을 제공함으로써 해양관광참여에 대한 동기부여와 함께 실제적 참여의 폭도 점차 확대시킬 수 있다. 체육활동 진흥으로 인한 국민건강증진과 함께 탄탄한 관광내수의 확보차원에서도 의미가 크다.

셋째, 해양개발로 인한 문제발생의 개연성이 있는 경우, 획일적 규제보다는 계획기능의 강화를 통하여 지역실정에 적합한 개발이 유도되도록 해야 된다. 계획기능의 강화는 명령적 계획으로서 계획이 강력한 힘을 발휘해야 된다는 의미가 아니다. 획일적인 규제에서 발생하는 문제를 계획으로 풀자는 이야기다. 획일적인 규제는 다양한 관광상품 및 서비스의 공급을 억제하여 시장의 복합적인 관광 욕구의 수용을 어렵게 하여 사회, 경제 및 환경적 손실을 야기할 수 있다. 해양관광개발 관련 안보 및 환경훼손 등의 문제는 지역특성이 반영된 세부적 계획을 통하여 적절한 개발이 이루어지도록 유도하는 것이 타당하다. 하지만 기존 해양관광개발 관련 계획은 전략적 개발 패러다임의 제시보다는 개발대상지 선정이 중심이 되고 있어 계획의 본래기능을 다하지 못하고 있다.

넷째, 해양관광개발정책의 조정기능이 강화되어야 한다. 해양관광개발 관련 제도는 매우 복잡하고 다양한 부처에 의하여 추진되고 있다. 내륙의 관광개발관련 제도 이외에도 해양관련 많은 제도가 있다. 해양수산부와 관련된 '해양수산 발전기본법'에서는 해양레저 및 스포츠 진흥을 위한 정부의 책무를 선언하고 있고, '항만법'에서는 항만친수시설을 규정하고 있으며, '어촌어항법'에서는 어항시설 중 관광 · 레저시설에 대한 규정이 있다. 한편, 경찰청과 관련하여 '수상레저안전법'이 있는데 수상레저사업자 등록 및 안전 검사 등에 대한 내용을 담고 있다.

이렇게 해양관광개발 제도가 다양한 것은 해양관광의 다원적 특성 때문이며, 다양한 부처가 해양관광에 대하여 높은 관심을 보여준다는 점에서는 긍정적이다. 하지만 정책의 방향이나 내용에 부처의 입장만이 반영되었을 경우 전체적으로는 조화가 되지 않는 그림을 그릴 개연성이 높다. 해양관광정책의 조정기능강화가 요구되는데 그

중심에는 관광주무부처가 있어야 할 것이다. 이것은 해양관광관련 모든 업무를 관광주무부처가 해야 한다는 의미가 아니다. 각 부처는 부처의 특성이나 역할에 부합되게 정책을 집행해야 하지만 정책의 큰 그림을 그리고 정책 간 충돌을 방지하는 일은 관광주무부처가 담당하는 것이 타당하다고 본다.

10 관광거점도시의 의미는?

도시와 관광이 창출하는 시너지에 대한 기대로 도시관광개발에 대한 관심과 투자가 증대되고 있다. 도시의 성장으로 중심성이 커진 도시는 관광수요의 증대와 함께 관광개발이 활성화된다. 관광개발을 통하여 매력이 증대된 도시는 도시성장의 원천인 사람과 기업을 유인하여 도시경쟁력 제고에 기여하게 된다. 21세기에 들어와서 문화체육관광부가 도시관광을 주요정책 과제로 삼은 것도 이러한 배경에서이다. 그동안 '대형이벤트 개최도시 지원사업', '도시별 테마형 도시관광 활성화 사업' 및 '올해의 관광도시 사업'을 통하여 도시관광개발을 지원하였다. 한편, 최근에는 광역시 1곳을 글로벌 관광도시로, 4개 기초자치단체를 지역관광허브로 육성하기 위한 '관광거점도시 육성 정책'을 추진하고 있다.[43] 새로운 정책이 추진될 때는 기대와 함께

43) 2020년 1월에 국제관광도시로 부산광역시가 선정되었고, 지역관광거점도시로 강릉시, 전주시, 목포시 및 안동시가 선정됨.

우려도 생긴다. 앞에서 논의되었듯이 제도의 본질이 퇴색되면서 왜곡된 방향으로 진화되는 경우가 종종 있었기 때문이다. 제도의 발전적 진화를 기대하면서 차제에 관광거점도시의 의미와 거점도시가 되기 위한 과제들에 대하여 생각해 보기로 한다(김향자, 2011; 2014; 김향자 외, 2008; 김향자 · 유지윤, 2000; 최승담, 2019; 한국관광공사, 2019).

관광객 관점에서 관광거점도시란 '특정지역 방문 시 해당지역에서의 관광활동을 위한 교통, 숙박 등의 근거지 역할을 하는 도시'이다. 관광여행에서 의존도가 높은 도시를 의미한다. 한편, 정책적 관점에서의 관광거점도시는 '관광 목적지로서 도시의 유인력과 관광산업의 도시성장 기여도가 높을 뿐 아니라, 도시관광의 지속적 성장이 주변지역 관광성장으로 파급될 수 있는 도시'이다. 관광거점도시는 도시만이 아니라 주변지역과 함께 성장할 수 있어야 의미가 있게 된다.

관광거점도시와 관련된 이론으로는 불균형 성장이론에 기반한 '성장거점이론', 핵을 중심으로 공간의 위계를 설명하는 '중심지 이론', 체계적 물류를 위한 '허브 앤 스포크' 패러다임, 수평적 네트워크의 시너지를 설명하는 '네트워크 이론', 시설군집의 시너지와 긍정적 외부효과를 설명하는 '클러스터 이론' 등이 있다(한국관광공사, 2019). 각 이론에 대한 개념적, 경험적 검증은 아직 미약하여 추가적 보완이 요구되지만 전반적으로 관광거점도시 개발의 타당성을 지지하고 있다.

관광거점도시는 다양한 요소로 구성된다. 기본적으로 도시관광의 구성요소와 유사하나, 구성요소의 규모와 내용이 크고 강력하여 관광객에게 강하게 인지되어 있다. 물리적 요소로는 자연 · 문화자원, 교통

인프라, 시설, 관광단지, 관광진흥지구, 관광기업 및 스마트 관광 인프라 등이 있고, 비물리적 요소로는 관광이미지, 관광콘텐츠, 비즈니스 문화, 지역민의 정서, 제도 및 관광 거버넌스 체계 등이 포함된다.

관광거점도시는 다양한 기능을 수행할 수 있다. 첫째 관광거점도시는 주변 지역자원과의 연계를 통하여 도시와 주변지역 전체의 관광경쟁력을 강화시킨다. 지역의 관광거점은 관광단지보다는 도시가 담당하는 것이 유리할 수 있다. 도시가 관광거점이 되는 경우 도시의 중심성과 도시가 보유한 관광자원 및 시설들은 관광거점으로서 유리한 조건이 되기 때문이다. 중심성이 미약하고 모든 시설을 새로 투자해야 하는 관광단지에 비하여 거점으로서 득이 많다.

둘째, 지역균형 발전의 수단이 된다. 지역균형의 주요문제는 낙후지역에서 발생한다. 지역이 낙후되는 주원인은 2, 3차 산업의 유치가 어려운 입지 때문이지만 보존된 자원은 역으로 관광개발을 통한 지역활성화의 잠재력이 된다. 하지만 지역이 스스로 관광시설 및 서비스를 공급할 능력이 부족할 경우 관광을 통한 지역 활성화는 어렵다. 관광거점도시는 주변 낙후지역 자원의 체험을 원하는 관광객에게 시설과 서비스를 공급해 줌으로써 낙후지역 발전을 지원하게 된다. 관광거점도시로부터의 원활한 시설과 서비스의 지원은 낙후지역 관광개발시 투자비를 낮추고 지역 스스로의 투자를 가능하게 하여 지역의 소득을 증대시키고 수익의 외부유출 문제를 해결해 준다.

셋째, 도시성장의 수단이 된다. 관광거점화된 도시는 인적 · 물적 다양성을 창출하여 도시에 혁신 환경을 제공할 수 있기 때문이다. 또한, 관광거점도시의 경우 주변 관광지 성장의 파급효과를 흡수하는 힘이 크다. 관광거점도시는 주변 관광지로의 게이트웨이이며 인력과 물자의 공급처가 되기 때문이다. 실제로 대형행사로 인한 파급효과는 행사지 주변보다 관광인프라가 구비된 인근 도시에서 높게 나타난다. 2018년 평창동계올림픽의 경우에도 파급효과는 행사장 주변 지역보다 인근 도시에서 크게 나타났다.

넷째, 관광거점도시는 광역 차원에서의 체계적 관광개발을 유도하여 관광객의 편의를 증대시킨다. 관광거점도시 개발이 다양한 자원으로의 접근성을 개선시켜 자원선택의 폭을 확대시킬 수 있기 때문이다. 관광객들은 게이트웨이인 관광거점도시를 통하여 다양한 자원에 접근할 수 있게 된다. 한편, 관광거점도시는 단순한 게이트웨이가 아니라 다양한 상품과 서비스를 제공할 수 있다. 관광거점도시에 조성된 관광시설은 규모의 경제와 범위의 경제를 추구하여 가격인하나 서비스 질 제고에 기여하며, 정비된 도시의 어메니티는 관광객에게 새로운 체험의 기회를 제공하여 만족도를 증대시킨다.

하지만, 관광거점도시개발은 거점으로서 관광단지개발보다 훨씬 어려운 과제이다. 거점관광단지는 특정기업의 의지와 집중적 투자로도 조성될 수 있지만, 관광거점도시는 도시의 특성상 단시간에 만들어질 수 없다. 합리적 정책과제의 선택과 도시 구성원 및 이해관계자 간의 지속적 협업이 요구되는 장기적 과제이다. 유기적 생태계인 도시의 특성상 도시는 특정 정책과 단기적 지원에 의하여 빠르게 변화되지 않기 때문이다.

이러한 이유로 몇몇 대형 인프라 구축이나 자금지원으로 관광거점도시가 조성될 것이라는 생각은 매우 위험하다. 정부의 역할은 마중물의 공급이며, 마중물은 펌프질이 있을 때만 요긴하다. 펌프질이 없는 곳에 붓는 물은 잠시 지면을 적시다 흔적 없이 사라진다. 즉, 물을 끌어 올리려는 동기와 에너지가 있는 도시에는 큰 힘이 되지만 그렇지 않은 곳에 대한 자원은 낭비이다.[44)]

관광거점도시 개발은 단순히 도시의 관광을 진흥하는 정책이 아니라 도시의 성장을 도모하는 도시개발정책 차원에서 추진되어야 한다. 단순한 지원과 지자체의 경쟁유도는 불필요한 예산과 에너지의 낭비를 가져올 수 있다. 도시성장 및 도시관광개발에 요구되는 중심성 강화, 포용성 증대, 이미지 제고 및 스마트화 등을 염두에 두면서 장기적으로 접근할 때 관광거점 도시개발은 성공할 수 있다.

11 관광권역과 광역권이 제 역할을 하려면?

관광진흥법 제49조는 법정계획으로서 관광개발분야 최상위 계획인 '관광개발기본계획' 수립 시 '관광권역'을 설정하도록 했다. 또한, 시 · 도지사는 매 5년마다 해당권역을 대상으로 권역계획을 수립하도록 했는데 권역계획에는 관광여건과 동향, 관광수요와 공급, 관광지

44) 세종실록에 의하면 세종은 우리나라 백성들은 정부가 지원해 주면 처음에는 지원 때문에 사업을 하는 척하다가 곧 시들어지지만 백성들이 직접 추진하는 일을 찾아서 정부가 지원해 주면 백성들은 신이 나서 열심히 일을 한다고 함(박현모, 2016).

및 관광단지 조성, 관광사업 추진 등의 내용을 담아야 한다.

관광개발기본계획에 의하여 설정된 권역의 내용은 그간 몇차례 변화가 있었다. 제1차 계획에서는 5대 대관광권과 24개 소관광권이, 제2차 계획에서는 16개 시도 행정 단위를 기준으로 16개의 관광권이 설정되었다. 한편, 제3차 계획에 와서는 권역제도가 복잡해진다. 기존 16개 관광권과 7개의 광역관광권이 함께 존재한다. 그리고 관광권과는 별도로 지역의 자원 및 수요특성을 기반으로 6개의 초광역 벨트가 설정되었다. 즉 전국의 모든 지역은 16개 관광권과 7개 광역 관광권에 속하지만, 초광역 벨트는 특정지역만 속하게 된다. 각 권역을 대상으로 한 권역별 관광개발계획은 관광진흥법에 의하여 5년 주기로 작성하게 되어 있는데 현재는 제6차 계획(2017~2021)이 시행 중에 있다(문화체육관광부, 2019a).

관광권역 설정의 장점은 지자체가 관광개발진흥에 대한 관심을 갖게하는 것이다. 권역계획수립의 주체가 되는 광역자치단체는 매 5년 단위로 지자체의 관광개발에 대하여 고민할 기회를 갖게 된다. 권역계획 수립시 요구되는 관광여건과 동향에 대하여 모니터링하고 권역 차원에서 관광수요와 공급의 양과 질도 분석해야 한다. 관광지와 관광단지의 개발 및 운영 실적을 평가하고 조성, 정비 및 보완방안도 모색해야 한다. 이러한 과정을 통하여 지자체의 관광수용여건을 개선하고 상대적인 경쟁력도 제고할 수 있다.

또한, 권역계획을 통하여 지역차원의 관광개발 패러다임과 장기적 개발전략을 구축할 수 있다. 권역계획이 없는 경우 지역의 관광개발은 민간에 의한 개별적 투자에 의존하게 되는데 이 경우 개별사업의 타당성은 점검이 되지만 지역차원에서의 종합적 점검은 어려울 수 있다. 큰 그림 없이 투자를 시장에만 위임했을 때 난개발의 개연성은 커지게 되는데 권역계획은 사적이익만을 추구하는 투자에서 발생하는 문제를 피하기 위한 수단이 된다.

하지만 권역계획의 제도가 잘못 집행될 경우 부작용도 발생할 수 있다(최승담, 2002a). 앞에서 언급된 긍정적 요인들이 부정적으로 변할 수도 있기 때문이다. 권역계획제도를 통한 관광개발에 대한 관심보다는 개발에 대한 강박관념이 커져 관광개발을 지자체가 반드시 수행해야 하는 의무로 인식할 수 있다. 더욱이 관광지나 관광단지 개발사업처럼 지정 후 중앙정부의 지원이 수반되는 경우 일단은 사업을 시작하고 보자는 유혹에 빠질 수 있다. 중앙정부 지원사업에 지자체의 경쟁이 있는 경우 권역계획의 내용이 부풀려지는 이유이다. 법정계획으로서 권역계획의 내용은 향후 정부지원을 요하는 사업의 분석 및 평가시 기준이 되기 때문이다.

지역관광발전을 위한 패러다임의 도입과 장기적 개발전략 추진을 위해서는 권역의 범위가 넓어야 하지만 현재 설정된 권역의 범위는 충분하지 않다. 광역자치단체를 기반으로 한 관광권역 내에서 우리나라의 개발여건이 고려된 장기적 발전 패러다임을 찾아내는 것은 용이하지 않기 때문이다. 이러한 맥락에서 3차 관광개발기본계획에서 권역의 수를 7개로 줄인 것은 고무적이지만 실제적인 권역계획은 16개 행정구역 단위로 수립되고 있다. 분명히 관광객은 행정구역을 중심으로 목적지를 정하거나 이동하지 않고 자원과 인프라를 중심으로 이동한다. 굳이 행정구역단위로 권역을 묶는 이유는 행정의 효율성과 정책개발을 위한 지자체 협력은 어렵다는 판단에서 온 것 같다.

한편, 정부는 지역의 관광경쟁력을 높이기 위해 광역권 관광개발사업을 추진해 왔다. 남해안 관광벨트 조성사업과 경북북부 유교문화권 관광개발사업으로 시작된 동 사업은 총 11개로 그중 6개 사업은 완료되었고 5개 사업은 진행 중에 있다.[45] 광역관광권 설정의 기준은 권역이 보유한 동일한 특성의 자연, 문화 및 역사자원이다. 광역적 차원에서 유사한 자원을 연계개발함으로써 광역권 전체의 유인력을 강화시켜 보자는 의도이다. 문제는 유사한 자원이 퍼져있는 넓은 지역을 하나의 울타리 안에 묶었다고 권역의 관광유인력이 커지기 어렵다는 데 있다. 관광객은 동일한 자원이 있는 광역권에 오래 머물거나 지속해서 방문하기를 원하지 않기 때문이다. 일반적으로 관광객의 행동은 도시나 거점관광지를 중심으로 이루어진다.

한때 국토계획에 의하여 자연자원이 많이 분포되어있는 강원도 일대를 '국민여가지대'로 지정하였지만 지역의 관광유인력 증대나 국민 여가기회 증대 차원에서의 기여도는 찾기 힘들었다. 지자체를

45) 광역권 관광개발 11개 사업은 남해안 관광벨트, 경북북부 유교문화권, 지리산권, 서해안권, 동해안권, 남해안 관광클러스터, 3대 문화권 문화생태관광기반조성, 한반도 생태평화벨트, 중부내륙권 광역관광개발, 서부내륙권 광역관광개발 및 충청유교문화권 관광개발사업임. 제3차 관광개발기본계획에서 설정된 6개 초광역벨트 중 백두대간 생태문화관광벨트, 한반도 평화생태 관광벨트 및 강변생태문화관광벨트는 정부의 광역권 관광개발사업에는 포함되어있지 않음.

통합하면 인구가 늘어나 정치적 힘이 커지지만 점단위의 자원을 통합하여 면단위로 권역을 설정하였다고 관광적 유인력이 커지기는 어렵기 때문이다. 광역권 관광개발제도가 잘못 시행되면 지자체의 관광유인력 증대보다는 정부정책에 편승하여 지원을 받기 위한 수단이 되어 지자체 간 불필요한 경쟁과 함께 과도한 광역권 지정을 초래할 수 있다.

관광광역권 설정제도에 대한 검토 및 보완이 요구된다. 관광개발권 설정의 기준은 앞에서 논의되었듯이 자원의 동질성, 행정구역 그리고 전략적 개발 패러다임의 구축 가능성이다. 자원의 동질성과 행정구역에 의한 광역권 설정은 개념적으로나 경험적으로 큰 의미가 없어 보인다. 이 중 우리에게 가장 의미있는 기준은 '전략적 개발 패러다임의 구축 가능성'이다. 패러다임의 구축을 위해서는 눈에 보이지 않는 것을 읽어낼 수 있어야 하고 이를 위해 광역권 내부와 주변지역을 깊고 넓게 꿰뚫어 볼 수 있어야 한다. 단순한 일이 아니지만 광역권 사업의 성공을 위하여 꼭 필요한 일이다. 만약 전략적 패러다임의 구축이 어렵다면 광역권 설정은 하지 않는 것이 좋을 수 있다. 이미 추진되고 있는 광역권 관광개발 사업은 총 11개로 많으나 초기 정책의도와는 다른 결과들도 발생하고 있다(한국문화관광연구원, 2020). 무리한 광역관광개발권의 설정과 사업추진은 기회비용과 예산의 낭비를 가져올 수 있다.

12 관광개발기본계획의 역할이 제고되려면?

'관광개발기본계획'은 법정계획으로서[46] 문화체육관광부장관이 전국을 대상으로 장기적 관점에서 관광개발의 진흥을 모색하며 그리는 큰 그림이다. 관광개발기본계획의 법정계획 전환에는 국제관광의 여건변화와 국민관광의 질적 · 양적 성숙 등에 원활히 대응하려는 정책의지가 담겨있다. 1992년에 제1차 관광개발기본계획이 수립된 이후 10년 단위로 계획이 재수립되었고 현재 제3차 계획(2012~2021)이 시행 중에 있다. 계획을 통하여 관광개발 환경을 분석하고, 국가의 관광개발 비전과 계획지표를 설정하며, 수급분석을 바탕으로 관광공급량을 산정하여 제시하고 있다. 한편, 자원 및 행정구역을 기반으로 관광권역, 광역관광권 및 초광역벨트를 설정하여 체계적인 관광개발을 도모하고 있다.

관광개발기본계획이 우리나라 관광개발 활성화에 기여한 바는 크다. 관광개발에 대한 국가 및 지자체의 관심을 증대시켰고, 활성화를 위한 제도의 개선과 재정적 지원방안도 강구하게 하였다. 하지만 제도가 도입된 지 30년 가까이 되는 현 시점에서 공공계획으로서 관광개발기본계획이 갖는 문제점도 드러나고 있다. 제도가 처음 도입된 1992년도와 비교 시 우리나라의 정치, 경제 및 사회환경은 크게 변했지만 관광개발기본계획의 기본 골격은 크게 바뀐 것이 없다. 우리나

46) 1994년 6월 30일 관광진흥법(제49조 1항) 개정에 의하여 법정계획으로 전환됨.

라 관광개발 여건 감안 시 관광개발기본계획은 어떤 역할을 해야 하며 계획에는 무엇을 담아야 하나?

첫째, 관광개발 기본계획에서는 국가차원에서 장기적으로 추진해야 할 관광개발의 큰 방향만 제시하도록 하고, 권역 및 지역 단위에서의 추진할 세부적인 계획의 작성은 가급적 지양하도록 해야 한다. 중앙정부 차원에서는 지식 및 능력의 한계로 권역 및 지역을 위한 실천력 있는 계획을 제대로 만들기 어렵다. 하지만 일단 계획이 공포되면 구속력을 갖게 되어 창의적인 지역관광개발계획 수립 및 집행에 장애요인이 될 수 있기 때문이다.

둘째, 관광개발 기본계획에서는 타 계획 및 관광관련 정책 수립의 근간이 될 수 있는 주요 통계나 지표가 제시되어야 한다. 제시되는 통계나 지표는 전문가 및 실무자들에 의하여 검증되어 신뢰성을 인정받아야 하며, 주기적으로 수정 및 보완될 수 있어야 한다. 특히, 지자체의 관광개발관련 수요와 수익성 분석을 위한 정보가 제시되어야 하는데, 관광개발기본계획에서 제시되어야 할 주요 지표 항목은 외국인 국내관광(inbound)수요, 내국인 해외관광(outbound)수요, 내국인 국내관광(intrabound)수요, GDP 기여율, 관광 부문 예산, 관광 부문 공공 및 민자 투자액, 자원 및 공급시설 현황 및 목표치 등이다.

셋째, 관광개발기본계획에는 이전 관광개발기본계획의 집행성과에 대한 객관적인 평가를 포함해야 한다. 평가방식은 차기 계획 수립 시 실제적인 반영이 가능하도록 가급적 계량적으로 하며, 평가항목도 계획의 목표에서 제시한 주요 지표들과 직접적으로 연결되도록 한다. 이전 계획성과에 대한 명확한 평가는 실천력 있는 계획수립의 핵심요소이다.

넷째, 전국적인 차원에서 잠재력 있는 광역관광권을 설정하고 개발방향을 제시해야 한다. 앞에서 논의되었듯이 광역권 설정 기준을 자원보다는 전략적 패러다임에 기반하여 지자체 및 민간투자자가 광역권개발에 관심을 갖을 수 있어야 한다. 단순히 유사자원의 연계나 개발의 지역안배를 염두에 둔 광역권의 무분별한 설정은 중앙정부 지원에 대한 기대심리 및 지가상승 등의 부작용만 유발할 수 있다.

다섯째, 관광개발기본계획은 관광관련 타 부처 계획의 지침 역할을 할 수 있어야 한다. 현실적으로 동 계획은 문화체육관광부가 정책권한을 보유한 관광자원의 보호, 개발, 이용, 관리 등에 관한 내용을 중심으로 다룰 수밖에 없다. 하지만 관광개발과 관련된 종합계획으로서 타 부처가 주관하고 있는 해양관광, 생태관광 및 농촌관광 등과 관련하여 개발의 방향을 제시하는 것이 바람직하다. 관광개발은 문화체육관광부뿐만 아니라 타 부처의 업무 영역을 포함하고 있어 부처간 협력과 조정이 필수적인데, 관광개발정책의 중심에 있는 문화체육관광부가 핵심적 역할을 담당하는 것이 합리적이기 때문이다.

여섯째, 관광개발기본계획의 계획기간의 확대가 적극 검토되어야 한다. 국가적 관광개발 프로젝트가 시작되어 제 역할을 수행할 때까지 통상 20년 이상이 소요되고, 상위계획인 국토개발계획의 계획기간이 20년임을 감안할 때 관광개발기본계획의 계획기간도 20년으로 확대하는 것이 바람직할 것이다. 계획기간이 확대될 때 장기적 프로젝트를 구상할 수 있고 상위계획과의 시간적 조율이 가능하여 계획의 실천력도 제고할 수 있다. 단, 관광개발 여건의 급속한 변화를 감안하여 국토종합계획과 동일하게 관광개발기본계획도 5년마다 수정과 보완이 되어야 한다.

관광분야 국가 최상위 법정계획으로서 관광개발기본계획이 수립되기 시작한 지 30년 가까이 되었지만 그동안 계획의 골격은 크게 변하지 않았다. 관행에서 벗어나 관광개발기본계획이 앞에서 논의되었던 절차적 차원에서 또는 정책집행의 수단으로서 의미있는 역할을 하기 위해서는 계획의 기능과 내용의 변화가 요구된다.[47)]

47) 제2장 Ⅰ-2, 3의 내용을 참조하기 바람.

memo

CHAPTER 05

지자체의 과제

진단과 과제

제5장은 이 책을 쓰기 시작하면서 던졌던 질문 "관광개발 성공했나?"의 답을 정리하는 장이다. 질문에 대한 답으로 우리나라 관광개발의 문제를 진단하고 개발의 주요 주체인 지자체에게 요구되는 도전과제를 모색해 보았다. 대부분 1, 2, 3, 4장에서 언급하였지만 본 장에서의 논의는 종합적이다. 진단결과 도출된 관광개발의 문제는 '지력', '전략' 그리고 '인내심'의 결여이다. 관광개발에 대한 지자체의 관심과 열정은 컸지만 관광개발 본질에 대한 이해는 부족했다. 지력이 부족한 상태에서 친숙함과 의지만을 기반으로 한 지자체의 관광개발은 시장의 선택을 받지 못했다. 지자체 관광개발 활성화를 위한 중앙정부의 지원정책이 있었지만 의도에 비하여 성과는 크지 않았다. 가시적 성과를 위한 정부와 지자체의 성급함은 장기적, 광역적 패러다임의 구축 없이 지역중심 점단위 개발에 치중하게 했다. 열심히 씨를 뿌리고 물은 주었지만 밭을 제대로 갈지 않아 식물이 잘 자라지 못하고 있는 셈이다.

I

진단

1. 투자여건에 부응한 개발패러다임 미형성
2. 정책의 거시성 및 통합성 결여
3. 관광개발의 도시발전 기여도 미흡
4. 지역관광개발 성과의 미흡
5. 지자체 문화관광개발 성과 미흡

1 투자여건에 부응한 개발패러다임 미형성

우리나라의 입지 특성상 관광사업의 계절별 수요 차이가 크고 영업일 수가 짧으며 토지와 관련된 규제가 많아 지자체가 추진하는 관광개발 사업의 투자여건이 미흡하다. 국내외 기업이 투자를 선호하는 일부 지역의 경우도 개발 관련 복잡한 규제로 투자가 억제되어 있다. 이러한 문제는 그동안 적극 추진되었던 다양한 유형의 복합관광단지 개발사업의 유치 실패에서 나타났다. 잠재 투자자들은 투자여건이 우월한 타국의 경쟁지역을 선택했다. 관광개발과 관련된 규제의 주요 이유는 안보, 환경보존 및 지역균형발전 등이며 규제에는 관련부처의 정책기조가 담겨져 있다. 하지만 부처 간 조정기능이 미흡하여 규제가 과하거나 중첩되어 있어 관광산업진흥을 위한 투자유치에 장애가 되고 있다.

한편, 주변 경쟁국의 경우 카지노를 앵커시설로 하는 '복합리조트(Integrated Resort)'[1]의 개발이 성공을 거두고 있으나 우리나라의 경우 카지노에 대한 부정적 정서와 사회적 면역력의 결여로 복합리조트 개발이 성과를 거두지 못하고 있다. 제도적으로 제주국제자유도시, 레저기업도시 및 새만금지역 등에 관광사업투자와 연계한 카지노

1) 복합리조트는 '대규모 부지에 게이밍 시설을 핵심적 앵커시설로 하여 숙박시설, 레저 · 스포츠 시설, 테마파크 및 MICE 시설 등의 다양한 시설이 포함된 관광단지'를 의미함. 게이밍(gaming)은 기존 겜블링(gambling)에 대한 관련 업계의 대체 언어로 겜블링 참여자의 책임감이 강조되어 있음.

사업이 허용되어 있으나 투자실적은 미흡하고, 인천경제자유구역 내에서 추진되었던 카지노 기반의 복합리조트개발 사업도 시장 및 투자여건의 변화로 중단되었다. 물론 복합리조트단지 개발은 국민정서 및 국가성장 패러다임 등과 연계하여 전략적으로 추진해야 하지만 이와 관련한 고민과 협의는 미흡한 상태이다.

한편, 반도 국가로서 다양한 해양자원을 기반으로 한 해양관광개발 활성화의 필요성이 증대되어 왔으나 투자여건은 미비하다. 계절성 및 복잡한 규제 등으로 사업성이 결여되어 있고, 유교적 관습과 해양사고 우려 등으로 인한 해양활동에 대한 부정적 정서는 해양관광개발 활성화의 장애요인이 되고 있다. 하지만 그동안 추진된 관련정책은 해양관광진흥을 위한 근원적 문제의 해결보다는 어촌체험마을이나 마리나 개발 등 새로운 유형의 레저활동 공급을 위한 기반조성에 치중했다.

관광개발의 투자여건이 열악하지만 문제해결을 위한 전략개발은 미흡했다. 그간 지자체를 중심으로 다양한 관광개발이 추진되었으나 점단위의 자원성 중심개발로 성과가 크지 않다. 광역차원의 개발을 위하여 국토의 상당한 부분이 관광광역권으로 지정되어 있으나 유사한 자원분포지역을 제도적으로 한 울타리에 묶었을 뿐 전략적 패러다임의 제시가 미흡하여 제 역할을 하지 못하고 있다. 지자체의 관광개발도 장기적 개발패러다임이 배제된 채 특정 지역문제의 해결이나 특정 행사의 지원을 위한 단기적 사업이 주를 이루었다. 그 결과 관광개발정책의 합목적성이 결여되었고, 외부여건에 부응한 개발패러다임의 발전적 진화도 일어나지 못했다.

2 정책의 거시성 및 통합성 결여

관광개발진흥을 위한 다양한 정책이 추진되었으나 정책의 거시성과 통합성 결여로 정책의 실효성이 높지 않다. 첫째, 지역개발의 수단으로 관광개발의 유용성이 논의되어 왔지만 미시적, 국지적 차원의 정책이 많았고 단기성과 위주의 지역 중심개발로 지역경제 활성화나 지역균형발전에 대한 기여도가 제한적이다. 한편, 지역활성화를 위한 지역관광자원개발 사업에 대한 지원은 다양한 자원의 개발을 유도했으나 시장의 선택을 받지 못해 사업의 성과가 낮다.

둘째, 관광개발정책의 지속적 발전이 이루어지지 못했다. 초기 정책개발 당시의 명분이 사라지거나 정책환경의 큰 변화가 있었으나 대부분의 정책은 초기 큰 골격을 그대로 유지하고 있다.[2] 이러한 정책의 '경로 의존성'은 비합리적인 지원수단이 되어 정책의 실효성을 저하시켰다. 경로 의존적 정책의 틀 하에서 지자체에 많은 예산이 지원되고 다양한 사업이 수행되었으나 지자체 경제 활성화에 대한 기여도가 낮다. 재정으로 유인하는 정책은 성공하기 어렵고 정책이 성공하려면 시장을 움직여야 하기 때문이다.

한편, 전국을 대상으로한 '관광개발기본계획'이 처음 수립된 이

2) 제4장의 내용 참고 바람.

후 30년이 되었지만 현재까지 계획의 성격 및 틀에서의 발전적 변화는 미흡했다. 법정계획으로서 총합적이고 명령적인 성격이 강하지만, 계획이 제시하는 비전과 내용이 지역 및 시장의 여건과는 차이가 있어 제 기능을 충분히 발휘하지 못하고 있다. 현실성과 실현성이 결여된 계획이 명령적 성격을 갖을 때 계획의 순기능보다 불필요한 규제로 작용하고 민간의 창의적 투자를 제한하여 관광개발의 장애요인이 될 수 있다.

셋째, 관련 부처에서 추진 중인 다양한 관광개발정책의 일관성 및 통합성이 결여되어 체계적인 관광개발에 장애 요인이 되고 있다. 관광개발정책의 주무 부서인 문화체육관광부는 개발 관련 실질적인 권한을 갖고 있지 못해 정책의 일관성과 통합성 유지를 위한 주도적인 역할 수행에 한계가 있다. 부처 간 조율이 안 된 관광개발정책의 양산은 이름만 다른 유사 유형 관광지에 대한 중복 투자 및 타당성이 낮은 프로젝트의 양산으로 지역관광발전에 장애요인이 될 수 있다. 전문가들은 현 관광정책에 대하여 전반적으로 부정적으로 평가하고 있는데 '부처 간 정책 협력 미흡'과 '정부 조직체계의 비효율성'에 대한 평가가 가장 부정적이다(〈표5-1〉).

관광개발정책의 거시성 및 통합성 결여의 주요 원인은 정책 집행자 및 지역의 역량 부족이다. 또한 역량 부족은 우리나라 관광개발정책의 문제로 논의되었던 시장과 유리된 정책, 과도한 정책의지, 왜곡된 벤치마킹 및 부적절한 계획 및 정책의 경로 의존성 등의 문제를 야기했다.

〈표 5-1〉 현 관광정책의 문제점에 관한 전문가 인식

항목	응답자 정책분야별 통계(평균)						전체통계	
	관광 자원 개발	콘텐츠 개발	산업 진흥 지원	국민 관광 진흥	국제 관광 진흥	기타	평균	표준 편차
법률 체계의 미비	5.29	4.50	4.50	5.88	4.44	5.00	4.96	1.25
정부조직 체계 비효율성	5.29	5.28	5.13	6.00	5.22	5.31	5.42	1.29
재정 투입규모의 부족	5.22	5.44	5.38	5.38	3.56	5.50	5.17	1.38
법정 · 행정 계획의 부족	5.04	4.83	4.50	5.88	3.67	5.54	5.11	1.36
행정계획의 활용 미흡	5.52	5.12	4.75	6.13	4.44	5.23	5.29	1.27
관광업계(시장) 역량 부족	5.08	5.39	4.50	6.25	5.11	5.08	5.15	1.30
관광업계 정책 참여 부족	4.83	5.06	5.13	6.00	4.78	4.85	5.11	1.24
관광문화 낮은 국민의식	4.71	4.44	4.25	5.88	4.38	5.23	4.77	1.43
관광의 효과 경시	4.79	5.11	4.38	5.63	4.56	4.85	4.86	1.51
업계와 정부 간 낮은 협력	5.25	5.50	5.63	5.25	4.89	5.00	5.31	1.19
부처 간 정책 협력 미흡	5.83	6.06	5.50	5.88	5.78	6.23	5.91	1.06

출처: 김상태, 박상곤, 김동현(2016). (7점 리커트 척도: ① 매우 동의하지 않음 ~ ⑦ 매우 동의함)

3 관광개발의 도시발전 기여도 미흡

도시관광개발과 도시발전 정책과의 연계가 미흡하여 도시관광개발의 도시발전 기여도가 미흡하다. 유기체인 도시의 진화과정에서 관광개발은 도시의 문제해결과 잠재력 제고를 위한 주요 수단이 된다. 관광개발은 도시의 문제를 어메니티의 확대를 통하여 사람을 끌어들임으로써 해결할 수 있기 때문이다. 인구가 감소하는 도시재생지구의 관광개발은 사람을 유인하고 고용을 창출하여 지역을 다시 살릴 수 있다. 관광개발을 통하여 조성된 도시 내 만남의 장은 다양한 사람 간의 교류를 촉진시키는 혁신 환경을 제공해 준다. 이러한 기능이 제 역할을 하기 위해서 도시관광개발은 도시성장 및 발전의 관점에서 총체적으로 추진되어야 하지만 도시관광개발은 지엽적이고 미시적인 차원에서 추진되었다.

기존 도시의 관광개발은 점단위 개발이었고 개발 배경에는 도시 내 특정구역의 민원해결이나 국제적 행사의 지원 및 벤치마킹 등이 있었다. 도시환경이 다른 서구의 개발사례가 벤치마킹이라는 명분하에 분별없이 도입되기도 했다. 지역 여건이나 역사 문화적 배경에 대한 고려 없는 랜드마크, 관광지구, 관광거리, 벽화거리, 뮤지엄 등이 유사한 형태로 복제되었다. 도시의 문화와 시민의 욕구가 반영되지 않은 벤치마킹은 도시 정체성에 혼란을 가져오고 도시의 경관 및 삶의 질을 저해하고 있다. 한편, 대표적인 도시관광 개발정책인 문화관광부의 지역방문의 해, 올해의 관광도시, 도시관광 활성화 사업 등은 이벤트 중심의 단기적 사업으로 도시발전을 위한 본질적인 정책과는 다소 거리가 있다.

도시개발전략에 내재된 관광개발전략 형성이 미약한데, 도시행정과 관광행정 간의 미흡한 협력 체제 구축이 주요 원인이다. 중앙의 국토교통부와 문화체육관광부, 지자체의 도시국과 관광국의 긴밀한 협력 없는 도시관광개발이 도시발전에 기여하기는 어렵다.

4 지역관광개발 성과의 미흡

투자 대비 지역관광개발의 성과가 낮다. 지역의 경제자립 욕구 증대와 관광수요의 빠른 성장은 지역관광개발에 대한 공공의 투자를 확대시켰다. 지방자치제도 실시 이후 중앙의 관광개발정책에 편승하거나 지자체의 독자적 개발정책을 기반으로 많은 사업이 추진되었지만 지역관광개발의 성과는 낮다. 관광개발, 시장 및 투자속성 등에 대한 심층적 이해가 없는 여건에서 열정과 지역중심적 사고에 의한 개발이 시장으로부터 호응을 얻지 못하고 있다.

한편, 지역 관광개발의 성공을 위해 지자체 혁신역량 강화는 필수적이나 여건 조성은 매우 미약하다. 지역의 공공차원의 R&D 체계는 구축되어 있으나 혁신적인 성과물의 개발실적은 높지 않다. 지역 관점에서 문제를 해결하고자 하는 관성과 R&D를 위한 지역 인력 풀의 제한으로 지역관광개발 관련 전문성의 축적이 미흡했기 때문이다.

낙후된 지역에 대한 정부의 시혜성 지원은 지역균형발전 차원에서 의미가 있으나 사업성의 검증 없는 프로젝트의 양산을 초래하고 있다. 공공주도의 관광자원개발 지원 사업은 정치적 가시성이 커서 지자체의 선호도는 높다. 중앙정부의 재정지원이 지역관광진흥에 기여할 것이라는 기대에서 사업이 추진되었지만 공공자본이 투자된 후에 민간투자로 이어지지 않아 지역의 애물단지로 전락하는 경우가 발생하고 있다. 정부지원 후 모니터링이 실행되고는 있으나 모니터링 결과의 피드백이 미약하여 실효성이 약하다(윤주, 2019). 왜곡된 과시용 지역관광개발 사업은 정부 및 지역의 예산낭비만이 아니라 지역의 문화와 환경을 훼손하여 지역민에게 상처를 남긴다. 개발로 인하여 발생되는 기회비용과 매몰비용이 크기 때문이다.

민간의 참여 없이 지방자치제가 직접 추진하는 개발사업의 성과는 더 좋지 않다. 수요가 반영되지 않은 공급자 주도의 사업이 시장에서 외면당했기 때문이다. 한국문화관광연구원 조사에 의하면 2014년부터 2018년까지 지역관광개발사업 평가대상 총 314개 사업 중 적합 판정을 받은 사업은 49개 사업(15.6%)에 불과하다(윤주, 2019). 원인의 규명과 명확한 개선책이 없는 상황에서 사업 만회를 위한 추가적 투자가 지역재정에 더 큰 부담을 주는 사례도 다수 발생하고 있다. 매몰비용에 대한 두려움이 매몰비용을 증대시키고 있다.

5 지자체 문화관광개발 성과 미흡

정부개발정책 및 계획에 문화관광개발 활성화 의지가 반영되어 왔다. '제4차 국토종합계획'에서는 문화국토조성을 위한 역사 · 문화 · 관광자원의 연계활용, 문화권 및 문화 · 관광 특정 지역 개발 및 매력적인 문화도시 창조 등이 제시되었다. 또한, '제3차 관광개발기본계획'에서는 문화를 통한 품격있는 한국형 창조관광, 예술관광 특화거리 조성 및 문화콘텐츠를 활용한 지역재생 등이 강조되고 있다.

하지만 관련 정책의 성과는 미흡하다. 우리의 지방자치제 역사는 짧지만 지자체 실시 이후 정체성이 강조되면서 지자체는 독자적으로 지역특성을 부각시켜야 한다는 강박관념을 갖게 되었다. 여기에 중앙정부에 의한 문화 · 관광 활성화정책의 영향으로 각 지자체는 경쟁적으로 문화관광 인프라를 급하게 조성하였다. 하지만 정부 예산의 확보를 위한 경쟁하에서 급속하게 조성된 인프라이기에 격은 높지 않다.

지자체의 문화정체성과 문화환경은 정책의지로 단기간에 만들어지지 않는다. 지자체 구성원의 문화역량 제고 없이 불가능하고 문화역량 제고에는 장시간이 걸리기 때문이다. 하지만 여건의 성숙을 위한 노력보다 문화관광개발 사업에 대한 열정이 앞서갔다. 경제사회 발전에 따라 문화적 욕구는 증대되고 있으나 아직도 국토의 모습에서 문화와 경제 간 지위격차는 크다(최승담, 2014).

Ⅱ

지자체의 과제

1 지자체의 역할 강화 및 발전적 개발패러다임의 구축

1) 지자체의 역할과 책임 강화

관광개발 사업에 있어 지자체의 역할과 함께 책임이 강화되어야 한다. 지방분권화, 지역공동체 형성, 지역정체성 강화 및 민간 역할 증대의 추세 속에서 중앙 정부 주도의 하향식 관광개발의 실효성은 점차 약해지고 있다. 관광개발은 지자체 주도 및 책임하에 민간의 투자를 중심으로 집행하도록 하고, 필요시 지역주도로 지자체 간 협력하에 광역차원의 관광개발을 추진하도록 해야 한다. 지역중심 광역관광개발의 필요성은 지역혁신의 중심은 지역에 있어야 하지만, 지역단위의 독자적 개발로는 우리나라 여건에 부합되는 관광개발 패러다임의 구상이 어렵기 때문이다. 단, 자원의 동질성을 중심으로 한 기존 개발 방식에서 벗어나 시장기반의 전략적 개발 패러다임하에서 광역권의 선정과 개발이 이루어져야 할 것이다.

지자체가 수립하는 계획의 경우 시장 및 사업성 분석에 대한 객관적 검증 강화를 통하여 계획의 실천성이 제고되어야 한다. 이를 위하여 분석 또는 분석의 검증은 사업의 이해관계자가 아닌 외부 전문가에 의뢰하는 것이 타당하다. 지자체가 직접 투자하는 개발은 가급적 지양해야 하지만, 부득이 지자체의 직접 투자가 필요한 경우 성공한 사업에 대한 포상과 무모한 개발로 예산을 낭비한 사업에 대하여 책임을 추궁할 수 있는 체계가 구축되어야 한다. 책임체계 구축을 위하여 사업담당 팀은 계획단계부터 집행 및 운영단계까지 업무를 책임지도록 하여 사업의 책임소재를 명확히 하도록 한다.

지역의 사업은 지자체 책임하에 수행되어야 하지만 지역중심적 사고에서는 벗어나야 한다. 우선 지역의 자원보다는 시장을 중심으로 한 관광개발이 추진되어야 한다. 관광지, 축제 및 농어촌 관광 등의 사례에서 충분히 인지되었듯이 시장이 없는 자원개발은 지속적 성장이 어렵기 때문이다. 또한 지역은 외부인재가 호감을 갖고 지역에 정착할 수 있는 여건을 만들어 주어야 한다. 정착을 결정하기 전에 지역에 편하게 머물면서 정주를 위하여 탐색하고 고민할 수 있는 기회를 제공할 필요가 있다. 대부분의 지역관광개발의 성공사례를 보면 외부인재의 도움이 있었다. 지역과 연고가 크지 않았으나 지역이 정주공간으로서 그들에게 주는 경제적, 정서적 혜택이 있었기에 지역에 머물면서 지역의 성장을 도왔다.[3] 인적자본 없이 성공한 지역관광개발의 사례는 찾기 어렵다.

한편, 중앙정부 계획의 역할이 변화되어야 한다. 중앙정부 계획이 지역의 관광개발의 내용을 총체적으로 지시하고 간섭하여서는 안된다. 지역관광개발과 관련된 검증된 통계나 지표를 제시하고 거시적 차원에서 국가 및 지역관광개발의 방향과 전략을 제시하는 조언적

3) 경기도 이천시 부래미 마을은 외지의 공예작가가 정주하며 공예 및 관련 프로그램을 운영하여 마을의 유인력을 제고하고 있음. 일본 나라시 '유메큐브'는 폐쇄된 게임센터를 통유리로 된 큐브 모양의 상점으로 리모델링 후 젊은 작가들에게 제공하여 작품활동과 판매를 하게 함으로써 지역의 명소로 발전시킴.

(indicative) 성격으로 전환이 요구된다. 조언적 계획은 개발의 큰 방향하에서 지역의 자주성과 창의력에 기반한 혁신적 개발을 유도할 수 있기 때문이다.

2) 발전적 개발패러다임 구축

지자체의 관광개발추진 시 세부적 개발대상지의 입지선정이나 규모 산정에 앞서 국가관광개발정책의 기조하에서 각 지역의 내외부 환경이 종합적으로 고려된 전략적 관광개발 패러다임을 구축할 수 있어야 한다. 전략적 관광개발패러다임의 개발은 단순하지 않고 내용적으로나 과정적으로 매우 어렵다. 패러다임의 논리성도 중요하지만 정치적 합의도 이룰 수 있어야 하기 때문이다. 지자체 산하 R&D 기관을 중심으로 개발하고 외부기관의 조언을 냉정히 수렴하여 수정 및 보완해야 한다.

패러다임의 핵심은 지역관광개발 관련되어 다양하게 제시되고 있는 전략 중 지역에 부합되는 전략에 대한 선택이다.[4] 패러다임의 결정 시 전략적 대안에 대한 논리적 분석과 정치적 고려가 함께 있어야 한다. 예를 들어 지역개발정책에서 관광을 성장의 수단으로 볼 것인지 분배의 수단으로 볼 것인지에 대한 결정에는 지역의 정치적 성향이 반영되어 있어야 한다. 안정을 원하는 지역에서 성장이 강조되

4) 지역개발패러다임 관련 논의는 제1장-Ⅱ 및 제2장-Ⅰ을 참고하기 바람.

는 계획이나, 성장을 원하는 지역에서의 안정적 계획은 계획집행과정에서 많은 장애물을 만나게 된다. 이 단계에서 합리적 여론의 형성은 매우 중요하고 합리적 여론은 지역역량에 기반하기에 지역역량의 강화는 발전적인 지역 관광개발의 필수적 요건이다.

법정계획인 '관광개발기본계획'의 내용은 명령적 지시사항이 아니라 거시적 관점에서 지역의 상대적 잠재력을 이해하고 문제점, 개발방향을 제시하는 가이드로서의 의미를 가져야 한다.[5] 국가적인 차원에서 관광개발의 큰 틀은 유지되어야 하지만 지역의 특성이 내재된 창의적 지역관광개발이 요구되기 때문이다. 한편, 지역관광개발의 성공을 위하여 공간적 차원에서의 개발패러다임 구축이 요구되는데, 지역의 관광개발 전략으로 제시되는 '클러스터링(Clustering)', '허브 앤 스포크(Hub & Spoke)', '네트워킹(Networking)' 등의 패러다임 중 지역실정 감안 시 객관적 타당성이 높은 대안을 선택하도록 한다.

지자체는 설정된 개발패러다임하에서 지역의 자원, 시장, 투자여건 등이 반영된 실효성 있는 개발계획 및 전략을 수립해야 한다. 실효성이 반드시 구체성을 의미하지는 않는다. 시장을 이해하지 못한 상황에서의 구체성은 오히려 민간의 투자를 위축시키고 사업을 어렵게 할 수 있기 때문이다. 관광개발의 영향요인 및 소비패턴 등은 빠르게 변화하고 있기에, 관광개발의 계획 및 전략 개발 시 관광지가 시

5) 관광개발기본계획의 역할과 관련된 내용은 제4장-12를 참고하기 바람.

장에 의하여 발전적으로 진화할 수 있는 여건을 조성하는 것이 중요하다. 정부의 주요 역할은 종합적이고 세부적인 계획과 전략을 개발하여 추진을 명령하는 것이 아니라 관광개발의 기조를 설정하고 기조에 부합되는 적정한 촉진 및 규제정책을 강구하는 것이다.

3) 협력 및 조정기능 강화

발전적 관광개발의 주요 문제로 대두되고 있는 관광개발정책 관련 협력 및 조정 기능 결여의 문제를 해결하기 위해서는 무엇보다도 담당 공무원들의 역량이 강화되어야 한다. 관광개발의 본질을 이해하는 책임감 있는 담당자라면 관련 부처와의 협력을 통하여 관광개발정책의 실효성 제고를 위하여 노력할 것이기 때문이다. 하지만 관련 공무원의 역량강화만으로는 한계가 있고 제도의 보완이 요구된다. 제도적으로 관광기본법에 의하여 구성된 '국가관광전략회의'의 운영 강화가 요구된다. 국가관광전략회의는 관광진흥의 방향 및 주요시책에 대한 수집 · 조정과 관광진흥계획의 수립 등에 관한 사항을 심의 · 조정하기 위해 국무총리가 위원장이 되고 관련 부처장관이 위원이 되는 국가회의이다.[6] 국가관광전략회의의 정기 개최를 통하여 관광개발 관련 부처 간 협력 및 조정이 강화되도록 해야 한다. 협력 및

6) 국가관광전략회의의 위원은 기획재정부장관, 교육부장관, 외교부장관, 법무부장관, 행정안전부장관, 문화체육관광부장관, 농림축산식품부장관, 보건복지부장관, 환경부장관, 국토교통부장관, 해양수산부장관, 중소벤처기업부장관 및 국무조정실장임.

조정업무의 성과는 국가관광전략회의 위원장의 힘에 좌우되는 경우가 많기에 필요시 전략회의의 위원장을 대통령으로 격상시켜야 한다. 과거의 경험을 보면 대통령이 관광을 직접 챙기는 경우 관광산업 성장의 기반은 단단해졌다.[7)]

협력 및 조정기능 강화는 중앙부처뿐만 아니라 지자체 간에도 중요하다. 특히 인근지역 지자체들 간의 협력을 통하여 불필요한 갈등을 없애고 자원개발의 가치도 높여야 한다. 지자체별 각자 도생이 아니라 지자체 간 연대가 필요하다. 문제가 생겼을 때 현안과제의 해결을 위한 단기적 차원의 협력은 의미가 약하기에 협력체계는 항상 유지할 수 있어야 한다. 협력의 내용도 기초자료조사와 정보공유 등의 단기 과제에서 출발하여 새로운 개발패러다임 구축과 광역권 설정 등 장기적 관점에서 논의가 필요한 영역으로 확대해야 한다. 협력 및 조정기능 강화를 위하여 협약을 체결하거나 협의회, 위원회 및 조합 등을 구성하도록 하는데 협력의 형식은 사안의 특성, 외부환경 및 정부의 정책기조 등을 반영하여 결정해야 할 것이다.

7) 중문, 보문단지 개발 시절에는 청와대의 관광을 담당하는 경제수석 비서관이 있었고, 국민의 정부시절에는 분기별로 대통령 주재하에 '관광진흥확대회의'가 청와대에서 열렸음.

2 민간 역할의 강화 및 제도 개선

1) 민간 역할의 강화

관광개발에서 민간의 역할이 강화될 수 있도록 관련 제도가 보완되어야 한다. 관광개발이 지역문제를 해결하고 국가성장에 기여할 수 있기 위해서는 시장 수요에 부응하는 관광 인프라 및 서비스의 개발이 필수이다. 관광개발은 자원의 가치창출을 의미하는데 시장의 호응 없이 가치는 창출될 수 없다. 생물이 자연선택의 원칙에 의하여 살아남듯이 관광개발의 지속성도 시장선택의 원칙에 의하여 결정되기 때문이다. 결국 관광개발 성공의 주요 관건은 시장을 읽는 힘인데 시장을 모니터링할 수 있는 민감한 센서를 보유한 민간의 역할이 중요한 이유이다.

또한, 관광개발정책은 민간의 창의적 아이디어와 전략이 자유롭게 구현될 수 있는 환경조성에 기여해야 한다. 이를 위하여 민간이 선호하는 지역에 대한 투자유치를 위하여 진흥과 규제완화 정책을 적극 검토하여야 한다. 관광개발의 허용이 금지되는 지역을 가급적 줄이고 규제하는 시설 및 서비스의 항목도 축소하도록 한다. 규제의 방식도 허용되는 것만 나열하는 '포지티브(positive)규제'에서 허용되지 않는 것만 나열하는 '네거티브(negative)규제'로 전환되어야 한다. 지나치게 경직된 틀에서 창의성의 발현은 기대하기 어렵기에 민간의 의견을 우선적으로 수렴 후 시장실패의 문제가 예상되는 부분은 심의과정을 통하여 수정 및 보완하도록 한다.

2) 허브(hub)관광단지 조성을 위한 제도개선

우리나라가 보유한 관광자원의 특성 및 계절성 등으로 인한 관광산업진흥의 한계를 극복하기 위하여 허브(hub)의 역할을 수행할 수 있는 복합관광단지의 조성이 활성화되도록 해야 한다. 복합관광단지 조성이 단순히 특정기업의 이윤창출을 위한 대규모 시설개발과 투자를 의미해서는 안 된다. 급속한 관광 트랜드 변화에 대응하고 지역균형발전에 기여할 수 있는 전략적 개발패러다임 관점에서 조성되어야 한다.

허브로서의 복합관광단지는 단순히 단지의 성장만 도모하는 것이 아니라 허브에 온 관광객을 주변 관광지로 확산시켜 총체적인 지역관광 성장에 기여할 수 있도록 계획되어야 한다. 즉, 지자체 간 광역적 협력체계하에서 구축되는 '허브 앤 스포크' 패러다임[8] 안에서 허브의 개발은 의미를 갖는다. 이러한 맥락에서 허브개발은 광역적 차원에서 선별적으로 추진되어야 하기에 앞에서 언급되었던 지자체 간 협력과 조정기능의 강화는 필수적이다. 또한, 시장의 기반없이 허브가 존재할 수 없기에 시장성 중심의 개발로 국내외 기업의 적극적인 투자를 도모할 수 있어야 한다. 허브에 투자하는 기업도 국내외 기업에

8) 'Hub & Spoke' 개발패러다임과 관련된 논의는 제1장 Ⅱ-4를 참고하기 바람.

대한 차별 없이 시장에서의 인지도와 브랜드 가치를 중심으로 유치하도록 해야 한다. 국제적 인지도와 신뢰도를 구비한 기업의 투자는 기업의 자본력, 시장 및 경영 노하우 확보 차원에서 의미가 크기 때문이다.

허브의 개발과 육성을 위해서는 민간이 선호하는 투자지역 및 시설군과 관련된 규제완화가 적극 검토되어야 한다. 규제완화는 무조건적인 개발의 허용을 의미하는 것은 아니다. 규제의 명분이 타당하지 않거나 사라진 경우에도 존재하는 '경로의존적'인 규제의 완화를 의미한다. 예를 들어 수도권지역 대단위 관광개발사업규제[9]의 경우 주요 명분은 수도권 지역 인구억제이지만 관광단지가 유발하는 정주인구는 매우 적다. 또한, 수도권 지역 관광개발 규제 시 비수도권 지역으로의 개발이전도 현실적으로 실현되지 않고 있다. 수도권 지역에 외국기업에 의하여 추진되던 대규모 관광단지 개발사업은 비수도권지역이 아니라 타 국가로 이동하여 진행되고 있다. 수도권과 비수도권의 경쟁구도가 아닌 상황에서 수도권에 대한 규제는 타 국가의 경쟁력만 높여주는 셈이 되고 있다. 수도권의 규제를 일방적으로 풀어주자는 이야기가 아니다. 그동안의 경험을 통하여 얻은 지식이 반영된 새로운 개발패러다임과 정책이 필요하다는 이야기이다.

9) 수도권정비계획법 19조 및 시행령 4조에 의거 관광진흥법에 따른 관광지 및 관광단지 조성사업의 경우 100,000m^2 이상인 사업은 대규모 개발사업으로 분류되어 수도권 정비위원회의 심의를 거쳐 국토교통부 장관과 협의하거나 승인을 받아야 함. 택지개발촉진법에 의한 택지조성사업의 경우 대규모 개발 사업의 기준은 관광단지 기준의 10배인 1,000,000m^2 이상임.

3 관광개발을 통한 도시 및 지역발전 도모

1) 관광개발을 통한 도시발전도모

도시관광개발의 경우 개별 단위의 관광개발정책에서 탈피하여 도시 발전 정책과 연계한 관광개발정책이 수립되어야 한다. 도시 정책과 도시관광정책이 함께 가야 한다는 의미이다. 함께 갈 때 관광개발이 도시민의 삶의 질뿐만 아니라 도시의 성장을 통하여 도시의 중심성도 제고할 수 있다. 관광을 통하여 조성된 다양성과 혁신의 환경이 도시성장에 핵심동력이 될 수 있기 때문이다.

도시발전정책에 내재된 관광개발정책으로서 특별히 도시관광지구 육성에 관심을 가져야 한다. 도시관광지구의 육성은 관광 어메니티의 확충, 쇠퇴한 도심의 재생, 인구유입 및 도시 이미지 제고 등 도시발전을 위한 기여도가 높기 때문이다. 도시관광지구는 흥미로운 놀이공간으로서 방문도시에 대한 축약적 경험, 타인과의 만남 및 새로운 체험창출 기회를 제공할 수 있다. 관광지구는 도심, 주요 관광자원, 관광시설 및 서비스 밀집지역과 연계되도록 개발하여 시너지를 창출할 수 있어야 한다. 또한, 역사와 문화를 도시관광지구 개발의 핵심 소재로 사용하여 지구의 차별화 및 유인력 제고를 위한 촉매역할을 할 수 있도록 적극 활용해야 한다.

도시관광지구의 면적은 가급적 넓지 않게 시설은 밀집되게 조성하도록 한다. 시설이 밀집되었을 때 지구를 구성하는 호텔, 시장, 상점, 뮤지엄 및 모뉴먼트 등과 방문객 간 상호 네트워킹이 제고되어 큰 시너지가 나올 수 있다(Page, 1995; Page & Hall, 2003). 구성요소들의 밀집은 도보에 의한 지구의 투어를 용이하게 하여 방문객의 자유로운 탐험을 증대시킨다.

단기적 계획에 의한 도시관광지구의 인위적 개발은 지양하도록 한다. 도시관광지구의 성공의 핵심은 물리적 구조물이 아니라 방문객이 얻거나 만들 수 있는 체험의 가치이기 때문이다. 도시관광지구는 계획가의 의도대로 성장하지 않는다. 기본 인프라 조성 후 방문객에 대한 관찰과 이를 바탕으로 한 인프라 및 운영방식의 보완을 통하여 발전적으로 진화되도록 하는 것이 타당하다. 이러한 접근은 도시관광개발의 유사성과 복제성에서 벗어나 관광지구의 차별화된 경쟁력을 확보하기 위한 전략으로서의 의미도 크다. 관광지구 진화의 방식은 지구마다 다 다르기에 자연스러운 관광지구의 성장이 지구의 차별화를 위한 최상의 전략이다.

도시 내 낙후지구 활성화를 위하여 관광재생이나 재개발 방식의 전략적 선택이 요구된다. 두 방식 모두 장단점이 있기에 정책적으로 한 가지 방법만 강요하는 것은 타당하지 않다. 선택 시 해야 되는 주요 고민은 어느 방법이 지속적인 도시성장에 도움이 되는가이다. 지역의 낙후정도, 낙후의 원인, 지역정서, 정부의 재정상태, 민간의 투자여건 등에 따라 선택은 달라질 수밖에 없다. 재개발 사업을 추진하다 문제가 생겼다고 갑자기 재생으로 올인하는 것은 어리석다. 재생 방식의 문제가 생기면 다시 재개발로 올인할 것인가?

컨벤션 지구의 개발도 관광과 도시성장과의 연계를 위한 주요 전략이다. 하지만 이미 많은 지자체에 의한 과투자로 공급의 한계를 넘어선 것 같아 세심한 주의가 요구된다. 그럼에도 불구하고 새로운 컨벤션지구의 개발을 원하는 경우는 타 지자체와의 경쟁을 각오해야 한다. 경쟁에 이기기 위해서는 도시의 중심성이 커야 하고, 컨벤션 시설의 규모나 수준이 월등하고, 컨벤션센터 주변 환경이 역동적이어야 한다.

한편, 도시관광진흥을 위한 기업의 투자가 확대되도록 해야 한다. 도시는 기업의 집합체이며 기업은 자원의 보고이다. 자원은 쓰면 없어지지만 기업은 끊임없이 가치를 창출할 수 있는 소멸되지 않는 자원이다. 기업의 투자가 도시성장으로 나타나고 도시의 성장은 기업성장에 기여하는 선순환 체계가 조성되어야 한다. 도시재개발, 재생, 관광지구 및 컨벤션 지구 등의 사업에서 기업이 적극적인 역할을 할 수 있도록 건물용도 및 용적률 기준 등에서의 지원책이 강구되어야 한다. 새로운 유형의 건축물 건설, 첨단 비즈니스의 운영 및 이벤트 개발 등 기업이 할 수 있는 일은 많고 이미 많은 성공사례가 있다.[10)]

도시관광개발에서 견지해야 할 주요 원칙의 하나는 도시민에게 장소성이 높은 의미있는 공간의 보존이다. 장소성이 있는 공간은 도시민의 삶의 흔적이 있는 공간이다. 과거와의 대화를 허용하면서 위안과 각성의 메시지도 전해 준다. 장소성의 보존 없이 도시와 관광의 성장은 기대하기 어렵다. 의미 있는 장소가 많은 곳에서 인간은 인

10) 기업에 의한 도시관광개발사례는 제3장 Ⅰ-3을 참고하기 바람.

간다워지고 인간적인 도시가 사람과 관광객을 불러들이기 때문이다. 도시민이 장소에 부여한 의미의 뿌리를 계속해서 살려가야 한다. 정치가나 시민의 문화적 역량이 낮을 때 장소성은 경제 논리에 의하여 사라지기 쉽지만 장소성의 경제적 가치가 인식될 때 상황은 달라질 것이다. 성공사례의 창출을 통한 학습효과를 기대해야 한다.

2) 지역발전정책에 내재된 관광개발의 추진

지역의 성장 및 균형발전 등 지역개발정책에 내재된 지역관광개발이 추진되어야 한다. 지역발전모델에 대한 큰 그림 없이 그때그때 중앙정부의 지원정책을 따라가는 지자체 관광개발사업이 성공적으로 지속되기는 어렵기 때문이다. 관광개발사업은 지자체가 반드시 추진해야 할 무조건적 가치의 사업이 아니다. 지역발전을 위한 대안으로서 관광의 상대적 우위성에 대한 논의가 우선되어야 한다. 우위성이 판단되면 지역관광개발의 구상이 논의되고 평가되어야 하며 잠재 투자자 입장에서 수요와 사업성에 대한 검증도 이루어져야 한다. 관광개발사업은 만병통치약이 아니고 모든 지자체에서 성공할 수 없다. 사업성 있는 개발사업을 발굴할 수 없는 경우 지자체의 최선책은 관광개발에 참여하지 않는 것이다.

균형발전을 위한 지역관광개발도 전국 모든 지역의 균일한 관광개발을 의미하지 않는다. 기존 낙후지역 중 관광개발 잠재력이 높은 지역을 선별하여 개발을 지원해야 한다. 관광을 통한 균형발전 정책은 자원재분배정책보다는 지역의 가치창출정책 차원에서 접근해야 한다(최승담, 2017). 성장지역에 대한 규제나 개발억제, 낙후지역에 대한 지원이 문제해결에 도움이 되지 않고 있음을 경험했다. 지역의 가치창출 극대화를 위하여 지역 고유의 잠재력과 특성을 살릴 수 있는 전략과 능력을 갖춘 지역에 대한 선별적 지원이 요구된다.

지역발전정책에 내재된 관광개발의 추진을 위해서는 관련 부서 간의 협조가 필수적이다. 관광부서에서 초안을 만든 후 지역개발 부서에서 검토하고 보완하는 방식으로는 문제해결이 어렵다. 출발부터 같이 가야 한다. 관광개발 프로젝트지만 관광만을 고집해서는 안 된다. 경우에 따라서는 지역개발부서가 사업을 주도해야 한다. 단, 프로젝트의 책임자는 큐레이터보다는 코어디네이터의 역할을 해야 한다. 다양한 분야의 의견을 청취하고 시간이 걸리더라도 합의를 이끌 때까지 인내해야 한다. 부서 간의 협의 및 합의에 있어서 갈등의 소지는 항상 존재한다. 갈등을 지나치게 두려워할 필요는 없지만 쟁점이 가시화되기 전에 의사결정 방식을 미리 정하여[11)] 불필요한 갈등은 가급적 피하도록 한다.

11) 미국의 철학자 존 롤스(John Rawls)는 합의의 공정성을 보장하기 위한 제약조건으로 '무지의 장막(veil of ignorance)'을 주장하였음. '무지의 장막'은 합의 당사자들이 합의의 결과가 합의 당사자에게 미치는 영향을 알 수 없게 만드는 가상적 장치임(Michael, 2010).

4 스마트 관광기반 확충

관광향유 여건의 제고, 관광산업의 육성 및 관광자원의 보호 등을 위하여 지자체의 스마트 관광기반이 확충되어야 한다. 스마트 관광기반이란 '관광객이 관광계획을 짜고 방문하며 회고하는 과정에서 편의 및 경험의 질 제고를 위한 첨단기술의 서비스가 부담 없이 제공되는 여건'을 의미한다. 스마트 관광기반 확충을 통하여 관광자원, 정보, 숙박, 교통 및 안전 등과 관련된 관리 및 서비스의 수준을 제고할 수 있다. 〈표 5-2〉는 기존의 '이투어리즘(e-Tourism)'과 4차 산업혁명 시대의 스마트 관광의 차이를 설명해 주고 있다. 지능성, 초연결성, 빅데이터, 협업 및 가치 창출 등은 스마트 관광의 특성을 설명하는 주요 키워드이다.

〈표 5-2〉 이투어리즘과 스마트 관광의 차이점

자원	3차 산업혁명시대의 e-Tourism	4차 산업혁명 시대의 스마트관광
영역	온라인	온라인과 오프라인의 연결
핵심기술	인터넷 웹사이트	센서기반의 지능성과 초연결성
여행단계	여행 전, 여행 후	여행의 모든 단계
핵심요소	정보	빅 데이터 기반의 지식과 지혜
패러다임	상호작용	협업, 가치창출
구조	가치사슬(Value-Chain)	생태계(Eco-system)
거래주체	B2B, B2C, C2C	기업, 공공, 주민, 관광객 등 모든 참여자

출처: 정남호 외 (2019).

스마트 관광기반의 확충은 크게 정보의 제공, 관광경험의 질 제고 및 디지털 플랫폼(Digital Platform) 구축 차원에서 추진해야 한다. 인공지능, 로봇, 가상 및 증강현실, 3D 프린터, 1인 맞춤형 플랫폼(one demand platform), 소셜 플랫폼(social platform)[12] 등의 혁신기술이 관광객의 편의증진과 만족을 높일 수 있도록 각 차원에서 체계적으로 공급되도록 해야 한다. 스마트 관광기반 구축은 똑똑한 관광을 가능하게 하여 관광 목적지의 경쟁력을 제고시킨다(이범현 외, 2017; 이재용 외, 2018; 정남호 외, 2019).

한편, 공유관광 플랫폼 구축으로 인한 관광수요 증대 및 관광숙박 장소의 주거지 진입은 오버투어리즘이나 젠트리피케이션의 원인이 된다. 하지만 공유관광 플랫폼은 관광개발로 인한 문제 완화에 기여할 수 있다. 공유관광 플랫폼의 체계적 운용과 신뢰 구축은 방문자의 확산을 유도하여 새로 개발된 명소 주변에서의 숙박과 전통시장 및 농수산특산물 구매 등을 활성화시킬 수 있기 때문이다. 플랫폼의 기능 강화를 위하여 기술적 투자만이 아니라 이해관계자 간의 통합적 거버넌스의 구축이 중요한 이유이다.

지자체의 스마트 관광기반은 우선적으로 관광객이 밀집하는 관광지구나 관광 스트리트를 중심으로 구축하여 투자의 효율과 기반 구축 효과의 확산을 제고하도록 한다.[13] 또한, 스마트 관광기반 구축에 필

---

12) 소셜 네트워크 서비스(SNS)의 기반 위에서 개인의 생각이나 의견, 경험, 정보 등을 서로 공유하고 타인과의 관계를 생성 또는 확장시킬 수 있는 개방화된 온라인 플랫폼을 의미함.

13) 서울의 북촌한옥마을은 서울시의 사물인터넷 실증지역 1호로 2015년부터 스마트 관광

수 요건인 관련 데이터의 축적을 위하여 관광수요 대응형 첨단정보체계를 구축하도록 한다. 첨단정보 체계의 구축은 관광지에서 발생하는 문제해결이나 새로운 마케팅 전략도출에 필요한 정보를 수시로 제공하여 관광 활성화에 크게 기여할 수 있기 때문이다. 관광지에서 발생하는 문제해결을 위하여 시설과 인력의 공급보다는 정보의 공급이 우선되어야 한다.

스마트 관광기반 구축은 지자체의 스마트화 정책과 연계해서 추진하도록 한다. 지자체에 구축된 스마트 기능이 관광분야의 주요 서비스인 자원, 정보, 숙박, 교통 및 안전 등과 연계되어 관광객의 만족도를 제고시켜야 하기 때문이다.[14] 지자체의 스마트화와 스마트 관광기반 구축은 상호보완적인 관계이다. 지자체에 구축된 스마트 기능들이 관광분야와 끊임없이 연결될 때 지자체와 지자체 관광의 성장을 도모할 수 있다.

한편, 도시 및 지역의 스마트화를 위하여 중요한 것은 관련된 제도의 현대화이다. 스마트화와 관련된 정책개발 시 급속한 산업구조의 변화로 고통을 받는 계층에 대한 보상은 충분히 고려되어야 하지만

안내, 모바일 주문결제, 주차공간 공유서비스 등 18종의 사물인터넷 서비스가 제공되고 있음. 사물인터넷 실증지역은 홍대, 신촌 및 강남역 일대로 확대되고 있음.

14) 스마트 관광 하드웨어나 소프트 웨어의 사례로 스마트 주차장, 스마트 가로등, IoT 쓰레기통, IoT 물품보관 및 전달서비스, 로컬정보 실시간 가이드 플랫폼, 비디오 앱 기반의 도보 여행자 길 안내, 여행안전 및 분실방지 서비스, 스마트 상점 및 시설안내, 자전거 무인대여 시스템, 스마트 비치앱(해수욕장 온라인 결재), 어린이 미아방지 서비스(QR 손목 밴드) 등이 있음.

〈사진〉 스마트도시

정책은 도시 및 지역의 성장, 경제체질 개선 및 후생증진 등에 도움이 되는 방향으로 가야 한다. 변화에 대한 대응이 낮은 사회의 미래는 없다. 상상할 수 없는 미래가 다가오는데 변화로 인한 피해를 막기 위해 미래를 포기해서는 안 된다.[15] 낡은 법과 제도는 개선되어야 한다. 산업의 변화과정에서 기존 서비스와 완전히 다른 것이 아니면 못하게 하는 경우 새로운 사업기회와 고용창출은 어렵다.[16] 미래학자 앨빈 토플러(Alvin Toffler)는 변화는 단지 삶에 필요한 것이 아니라

15) 마키아벨리(Niccolo Machiavelli)는 구질서에서 이익을 보는 사람은 개혁자에게 적대적이지만 신질서로 이익을 볼 사람의 개혁자에 대한 지지는 미온적이어서 신질서를 만드는 일은 어렵다고 함(Machiavelli, 1532).

16) 2019년 말 유럽연합(EU) 최고 법원인 유럽사법재판소(ECJ)는 프랑스 관광호텔협회의 제소에 따라 이뤄진 재판에서 에어비앤비는 부동산 중개업체가 아니라 '정보사회 서비스'로 분류되어야 하며 프랑스는 에어비앤비 중개업 면허증을 요구할 수 없다고 판결했음.

삶 그 자체라고 했다(Toffler & Toffler, 2006).

민간의 시장진입 활성화와 창의성 제고를 위하여 규제방식도 허용되는 것만 나열하는 '포지티브(positive) 규제'에서 허용되지 않는 것만 나열하는 '네거티브(negative) 규제'로 전환되어야 한다. 글로벌 플랫폼의 경우도 거부감으로 배척하기보다 현실적인 영향력을 감안하여 수용이 적극 검토되어야 한다. 관련 정책 입안 시 감성과 여론보다는 논리와 객관적 준거가 우선되는 것이 타당하다.

도시의 스마트화는 에너지 절약 및 공간 효율화뿐만 아니라 관광산업 성장에 대한 기여도가 매우 크기 때문에 민간기업의 투자가 적극 독려되어야 하며 이를 위한 인센티브의 개발이 요구된다. 인센티브에는 세제 및 재정상의 지원뿐 아니라 건폐율 및 용적률 등의 완화가 포함될 수 있다. 기존 건축관련 규제의 주요 명분이 쾌적한 공간의 확보에 있기에 과학기술에 기반한 투자로 공간의 쾌적성이 향상되었다면 이에 상응하는 토지 이용상의 보상은 합리적이다.

5 문화적 국토 조성

1) 문화정체성의 제고 및 문화적 역량 강화

문화적 국토란 '우리 문화의 터전인 자연의 모습이 큰 손상 없이 유지되고, 지역 공동체에 의하여 학습되고 누적되어 공유된 문화가 구조물과 조경 등에 투영되어 있고, 문화 중에 아름답고 가치 있는 유산들이 보존되고, 지역의 문화적 가치가 유인요소가 되어 경제성장의 신동력으로서 지역혁신의 기반을 제공하는 국토'를 의미한다. 문화적 국토는 아름답다. 우리 삶의 귀한 자산이며 관광적 자산이 된다(최승담, 2014).

문화적 국토의 조성을 위하여 도시와 지역의 문화정체성이 관광개발에 내재되도록 해야 한다(최승담, 2014; 2015). 국토는 우리의 삶의 방식인 문화와 잘 어울릴 때 아름답고 국토의 아름다움은 관광객 유인의 주요 요인이 되기 때문이다. 도시 및 지역의 문화 중 특별히 역사적 · 미적 가치가 높은 지역 문화유산의 보존을 강화하여 지역의 문화적 자존심과 지역의 관광 잠재력이 제고되도록 해야 한다. 하지만 역량이 결여된 상태에서 지자체의 의욕과 열정은 해가 될 수 있다. 우리가 자주 접하게 되는 어설프게 조성된 지역의 문화인프라는 주요 사례이다. 잘못된 모양새를 접하면서 우리의 문화 마인드는 점점 더 황폐해지면서 익숙해진다. 잘못 조성된 문화인프라가 창출하는 왜곡된 학습효과이다.

문화적 국토의 조성은 공동체의 문화적 역량강화 없이 불가능하기에 역량강화를 위한 환경이 조성되어야 할 것이다. 지자체의 경관관리 및 문화적 환경조성 등은 지역이해관계자의 후원이나 지지 없이 성공하기 어렵기 때문이다. 단기적으로는 시범지역의 선정 및 성공사례의 창출을 통하여 문화적 국토조성에 대한 관심과 학습효과가 제고되도록 해야 한다. 장기적으로는 초중고 교과과정에 문화와 국토 관련 내용을 강화시켜 공동체의 문화적 역량강화를 위한 기반이 구축되도록 해야 한다. 한편, 문화관련 사업은 가급적 행정 단위가 아닌 문화 공동체 단위로 추진하도록 한다. 공동체 구성원 중심의 사업추진 시 공동체의 문화적 요소가 실질적으로 사업에 반영될 수 있기 때문이다.

2) 문화관광개발사업의 선별적 지원

지자체의 경쟁적인 문화관광 인프라 개발 사업이 지양되도록 해야 한다. 지자체의 정체성이 결여된 채 특정 사업을 위하여 인위적으로 개발되는 문화관광 인프라의 수명은 짧다. 지역의 삶이 내재되어 있지 않기에 지역민의 지속적인 관심과 참여를 유도할 수 없고, 관광객에게도 깊은 감흥과 지속적인 흥미를 줄 수 없기 때문이다. 사업지원에 있어서도 정부는 잠재력이 높은 지역을 우선으로 하는 선택과 집중의 논리를 견지해야 할 것이다. 이벤트 중심의 문화관광개발 사업에 대한 지원은 지양하고 도시 및 지역 발전차원에서 큰 그림을 갖고 추진하는 사업에 대하여 우선적으로 지원하는 것이 타당하다.

문화관광개발사업의 지원에 있어 새로운 시설과 공간의 조성보다는 도시 및 지역의 흔적을 보존하는 사업에 우선순위가 부여되어야 한다. 문화관광개발사업은 지역의 개발 아이템을 늘리는 사업이 아니라 기존 아이템의 가치를 증대하는 방향으로 가는 것이 타당하기 때문이다. 진정한 지역공동체가 되기 위해서는 지역민이 지역의 기억과 역사를 보존하려는 꿈을 꾸고 있어야 한다. 그런 지역만이 지역의 문화정체성을 담을 수 있다. 정부의 문화관광개발사업 지원정책이 잠재력이 낮은 지역을 자극하여 무모한 도전을 하게 하는 것은 타당하지 않다. 자원과 가치창출 역량이 없는 지자체의 최선책은 문화관광개발사업에 참여하지 않는 것이다.

참 / 고 / 문 / 헌

1. 국내문헌

강미희 · 김남조 · 최승담(2002). 대중관광객과의 비교를 통한 생태관광객의 차별적 특성규명: 여행동기 및 태도를 중심으로. 「관광연구」, 17(2) : 157-175.

강신겸(2007). 「농촌관광」. 서울 : 대왕사.

강신겸 · 최승담(2002). 관광지 지역주민의 지역사회 애착도 측정척도 개발. 「관광학연구」, 26(1) : 103-117.

강영애 · 최승담(2016). 메시지 프레이밍이 환경적으로 책임있는 방문객 행동에 미치는 영향: 조절초점을 중심으로. 「관광학연구」, 40(5) : 217-232.

강우현(2012). 「남이섬에 가고 싶다」. 서울 : 나미북스.

강원발전연구원(2010). 「강원도 도시재생전략」.

경기개발연구원(2009). 「도시의 재생」.

고동완 · 권인택(2011). 관광(단)지 제도 및 개발의 역사와 미래 대응. 「관광학연구」, 35(10) : 435-450.

교통개발연구원(1991). 「관광지 시설물 배치에 관한 모델연구」.

국립국어원(2018). 「표준국어대사전」.

국토연구원(2003). 「서해안 고속도로 주변지역 개발계획 수립연구」.

권연경 · 최영석 · 최승담(2015). 서비스케이프, 이용밀도 및 방문객 만족 간의 관계분석: 워터파크를 중심으로. 「관광학연구」, 39(6) : 245-258.

권용우 · 김세용 · 박지희 외(2016). 「도시의 이해」. 서울: 박영사.

권원용(2008). 계획환경의 변화에 대처하는 도시 계획가의 역할 모색에 관한 연구. 「도시행정학보」, 21(1) : 3-24.

김광선 · 안석 · 박지연(2017). 「농촌관광 활성화를 위한 융 · 복합 전략」. 한국농촌경제연구원.

김규찬 · 이성민 · 김현주 · 윤주(2017). 「4차 산업혁명과 문화 · 관광 산업 정책방향」. 한국문화관광연구원.

김남조 · 조광익(1998). 「지속가능한 관광개발과 지역주민 참여」. 한국관광연구원.

김대관(2001). 「지속가능한 관광개발지표연구」. 한국관광연구원.

김봉석(2019). 전시컨벤션센터 건립 시 예비타당성조사의 개선 방향에 대한 연구. 「무역전시연구」, 14(1) : 69-100.

김부성(2010). 도시이미지 제고를 통한 도시관광개발. 「한국경제지리학회지」, 13(3) : 354-380.

김사헌(1997). 「관광경제학신론」. 서울 : 백산출판사.

김사헌 · 김규호 · 박세종(2016). 「관광경제학」. 서울 : 백산출판사.

김상태 · 박상곤 · 김동현(2016). 「관광과 정부의 역할」. 한국문화관광연구원.

김선희 외(2008). 「국토관리분야의 사회적 자본 확충방안」. 국토연구원.

김성귀(2006). 「해양개발을 위한 해양관광론」. 서울 : 현학사.

김성민(2018). 「칼융의 심리학과 종교일기」. 서울 : 세창미디어.

김성일 · 강미희(2002). 「생태관광」. 서울 : ㈜트레블 애널리스트.

김성일 · 박석희(2001). 「지속가능한 관광」. 서울 : 일신사.

김성진(2010a). 「관광레저형 기업도시 개발사업의 추진실태분석 및 대응방안 연구」. 한국문화관광연구원.

______(2010b). 관광지 재생 - 남이섬 사례연구 -. 「관광학연구」, 34(4) : 183-202.

김성진 · 김윤영(2008). 「관광레저도시 정책방향연구」. 한국문화관광연구원.

김성진 · 박주영(2013). 「주민주도형 관광사업 사례 연구」. 한국문화관광연구원.

김송이 · 강영은(2019). 오버투어리즘 지역 주민의 관광객에 대한 태도 형성 요인 연구 : 부산감천문화마을을 대상으로. 「관광학연구」, 43(7) : 69-83.

김연진(2017). 「문화예술분야 젠트리피케이션 대응을 위한 기초연구」. 한국문화관광연구원.

김영래 · 여정태(2008). 한국관광개발정책의 특성에 대한 비판과 성찰. 「관광학연구」, 70(6) : 145-163.

김영준(2002). 「관광특구 제도개선 및 운영 활성화 방안」. 한국문화관광연구원.

______(2011). 「관광단지 평가체계 구축 및 운용방안연구」. 한국문화관광연구원.

______(2015). 「지역주도형 관광특구 운영 활성화 방안」. 한국문화관광연구원.

김영준 · 오훈성(2016). 「지역관광개발사업 평가운영 매뉴얼」. 한국문화관광연구원.

김영준 · 이석호 · 박석희(2008). 관광개발 갈등의 인과관계 분석. 「관광학연구」, 32(3) : 103-121.

김용웅(2001). 「지역개발론」. 서울: 법문사.

김윤영(2010). 「민간주도형 관광개발 활성화 방안」. 한국문화관광연구원.

김정섭(2009). 농촌개발사업 참여 주체의 역량 강화 방안. 「한국농촌지도학회」, 17(3) : 385-418.

김종구(2014). 방한 국제 관광수요 결정요인에 관한 연구. 「관광학연구」, 38(6) : 167-189.

김창수(1996). 지역관광개발계획과정의 집단간 갈등요인. 「관광학연구」, 20(1) : 242-259.

______(2007). 「테마파크의 이해」. 서울 : 대왕사.

김천호(2016). 「투어리스티피케이션 현상에 의한 지역주민 갈등관리 연구 : 경복궁 서측(세종마을, 서촌)을 중심으로」. 서울연구원.

김태형 · 고준호(2012). 계획가 특성에 따른 계획이론의 실무 적합성 분석. 「도시행정학보」, 25(2) : 93-119.

김향자(2001). 관광권역의 역할 조명 및 권역설정 방안 연구. 「관광연구저널」, 14(1) : 9-33.

______(2010a). 「관광지제도 개선 방향 연구」. 한국문화관광연구원.

______(2010b). 「관광개발주체간 협력 방안」. 한국문화관광연구원.

______(2011). 「도시관광 활성화 정책 추진 방안」. 한국문화관광연구원.

______(2014). 「도시재생 추진에 따른 도시관광 정책방안 연구」. 한국문화관광연구원.

김향자 · 유지윤(2000). 「도시관광 진흥방안 연구」. 한국관광연구원.

김향자 · 최승담 · 김용근 · 김영래(2008). 「지방도시 발전에 있어 관광의 역할 정립 방안」. 한국문화관광연구원.

김형미 · 최승담(2001). 지역 관광개발계획수립 및 집행과정 개선방안: 제주도 종합개발계획 사례의 시사점. 「한국공원휴양학회지」, 3(2).

____________(2007). 관광개발에서 지역 간 갈등 영향요인 분석: 강원남부 폐광지역을 사례로. 「관광레저연구」, 19(2) : 35-55.

김형종(2019). 「대기오염이 관광수요에 미치는 영향 분석」. 한국문화관광연구원.

김홍범 · 이정원(2008). 관광 측면에서의 테마도시의 역할과 의의. 「관광학연구」, 32(6) : 253-275.

김희진(2007). 「일본 테마파크의 사례와 전략」. 서울 : 커뮤니케이션 북스.

나성린(2014). 「공공경제학」. 서울 : 박영사.

남기범(2004). 기업도시 건설의 효과와 성공조건. 「도시문제」, 39(433) : 20-30.

______(2018). 보통도시로서 포용도시 논의와 서울의 과제. 「대한지리학회지」, 53(4) : 469-484.

대통령자문지속가능발전위원회(2005). 「공공갈등 관리의 이론과 기법」. 서울 : 논형.

대한국토 · 도시계획학회(2016a). 「국토지역계획론」. 서울 : 보성각.

____________________(2016b). 「도시계획론 6정판」. 서울 : 보성각.

____________________(2016c). 「도시재생」. 서울 : 보성각.

류광훈(2012). 「한국형 복합리조트 제도화 방안」. 한국문화관광연구원.

______(2014). 「크루즈 카지노 허가에 따른 제도 개선 방안」. 한국문화관광연구원

류광훈 · 박상곤(2008). 「외국인 전용카지노 신규개장에 따른 파급효과 분석」. 한국문화관광연구원.

문정호 · 양하백 · 김선희 · 장은교 외(2006). 「참여시대 공공계획의 패러다임에 관한 연구」. 국토연구원.

문화관광부(2003). 「문화관광축제 평가모형 개발」.

문화체육관광부(2011). 「제3차 관광개발기본계획」.

_____________(2019a). 「2018년 기준 관광동향에 관한 연차보고서」.

_____________(2019b). 「관광지등 조성사업 평가 및 활성화 방안」.

문화체육관광부 국내관광진흥과(2019). 「문화체육관광축제 지원제도개선(안)」.

박경열(2011). 「계획기능 제고를 위한 관광(단)지 조성계획 수립방안」. 한국문화관광연구원.

______(2014). 「장기 미집행 관광지 실태 진단 및 해소 방안 기초 연구」. 한국문화관광연구원.

박경열 · 최승담(2013). 확률론적 시스템다이내믹스 방법을 활용한 호텔개발사업 재무적 타당성 분석의 주요 영향 변수와 영향력 분석. 「관

광학연구」, 37(9) : 317-337.

박경열 · 한혜림 · 최승담(2019). 빅데이터를 활용한 사드 배치 전후 중국관광객의 한국관광 인식 비교 의미 연결망 분석을 중심으로. 「관광레저연구」, 31(2) : 25-43.

박석순(2018). 「부국환경론」. 서울 : 어문학사.

박석희(2000). 「관광조사연구기법」. 서울 : 일신사.

박수지 · 신진옥 · 송상헌 · 정철(2017). 텍스트 마이닝을 통한 관광지 수요예측 : 온라인 검색엔진을 중심으로. 「관광학연구」, 41(1) : 13-27.

박시현 · 김용렬 · 권인혜 · 류경선(2012). 「농촌관광의 새로운 방향과 정책과제」. 한국농촌경제연구원.

박영재(2019). 제4차 산업혁명 플랫폼으로서의 스마트 시티 구축 전략. 「디지털융복합연구」, 17(1) : 169-177.

박용순 · 고동완(2010a). 농촌관광개발에서 사회적 자본의 형성 - 커뮤니티 리더의 인식. 「관광학연구」, 42(3) : 33-52.

______(2010b). 농촌관광마을에서 사회적 자본이 주민통합과 삶의 질 만족에 미치는 영향. 「관광학연구」, 34(8) : 33-55.

박용순 · 이상훈(2018). 사회적 자본 인식형성에 대한 종단연구 -경기도 및 강원도 4개 농촌마을을 중심으로-. 「관광학연구」, 42(10) : 53-72.

박인권(2015). 포용도시: 개념과 한국의 경험. 「공간과 사회」, 25(1) : 95-139.

박종화 · 윤태식 · 이충열(2016). 「지역개발론 : 이론과 정책」. 서울 : 박영사.

박주영(2015). 「관광부문 제3섹터 현황진단과 정책방향에 관한 기초연구」. 한국문화관광연구원.

______(2018). 「오버투어리즘 현상과 대응방향」. 한국문화관광연구원.

박현모(2016). 「세종의 적솔력」. 서울 : 흐름출판.

박혜영 · 김정주(2012). 사회적 자본이 지역주민의 만족도와 공동체 의식에 미치는 영향 분석 - 지역축제 참여주민을 대상으로 -. 「한국거버넌스학회보」, 19(3) : 47-66.

박희정(1997). 「편익분석을 통한 지방공공시설의 투자결정」. 한국지방행정연구원.

반영운 · 김유미 · 홍나은 · 한경민 · 백종인(2017). 지속가능한 스마트도시 추진방안. 「지역연구」, 33(1) : 45-57.

사행산업통합감독위원회(2009). 「사행산업 건전발전 종합계획」.

______________________(2014). 「사행산업 건전발전 종합계획(2014년 - 2018년)」.

______________________(2018). 「제3차 사행산업 건전발전 종합계획(2019년 - 2023년)」.

삼성경제연구원(2012). 「부활하는 도시의 비결, 도시재생」.

서순탁(2002). 사회적 자본 증진을 위한 도시계획의 역할과 과제 : 접근방법과 정책적 함의. 「국토연구」, 33 : 73-87.

서울특별시(2018). 「서울형 도시재생 4.0: 4대부문 20개 과제」.

서원석 · 이보배(2012). 한국 카지노산업의 변천 및 카지노 인식에 대한 변화 내용분석. 「관광학연구」, 36(3) : 103-128.

설혜심(2017). 「그랜드투어」. 서울 : 웅진싱크빅.

성보현 · 최승담(2014). 확장된 계획행동이론을 통한 관광행동 영향요인 분석- 구조적 관광제약과 사회계층을 중심으로. 「관광학연구」, 38(2) : 79-101.

소네다 토루 · 최승담(2019). 한 · 일 관광객의 온천관광지 선택속성의 비교분석 - Hofstede의 문화차원을 중심으로 -. 「관광연구논총」, 31(2) : 27-44.

소진광(2004). 사회적 자본의 측정지표에 관한 연구. 「한국지역개발학회지」, 16(1) : 89-118.

손숙리 · 김주형 · 김재준 · 신성우(2007). 문화 · 관광부분 사업의 예비타당성조사 실태분석 및 개선방안 연구: 운용관리 비용분석을 중심으로. 「한국건설관리학회 논문집」, 18(6) : 129-138.

손정렬 · 박수진 편(2019). 「도시해석」. 서울 : 푸른길.

손진수 · 이상영(2011). 부동산개발사업의 리스크 축소를 위한 디벨로퍼의 변화 및 발전 방향. 「부동산학보」, 44 : 167-183.

손창훈 · 안용진(2018). 지역역량 강화사업 교육 · 훈련 프로그램 만족도에 영향을 미치는 요인: 봉화지역 5개 농촌마을 종합개발사업 실증분석. 「국정관리연구」, 13(4) : 1-19.

신용석(2005). 관광레저형 기업도시에 관한 소고 – 개념과 특성 및 추진방향을 중심으로 –. 「서울도시연구」, 6(3) : 77-92.

______(2009). 관광특구 제도 및 운영개선 방안. 「국토연구」, 63 : 181-203.

______(2011). 「컨벤션 지원정책 개선 방안」. 한국문화관광연구원.

______(2018). 도시와 관광. 「도시해석」. 서울 : 푸른길.

신용철(2006). 도시와 이미지. 「도시해석」. 서울 : 푸른길.

신해수 · 최승담(2016). 관광개발사업의 재무성 분석에 있어 실물옵션의 적용타당성 분석. 「관광경영연구」, 20(5) : 187-203.

____________(2018). 회원제 관광기업의 자본구조가 대리인 비용에 미치는 영향 –경영자 유형에 따른 조절효과를 중심으로–. 「관광학연구」, 42(1) : 153-167.

신현주 · 강명구(2019). 도시계획수립 과정에서 도시계획가의 역할에 대한 고찰: 서울시 해방촌 도시재생활성화계획 수립과정을 중심으로. 「서울도시연구」, 20(3) : 1-17.

심원섭(2017). 사회적 경제 관점에서 본 내생적 지역관광발전의 과제와 정책적 함의. 「관광학연구」, 41(6) : 101-125.

심인보(2002). 관광권역설정 및 권역별 개발전략에 관한 연구. 「문화관광연구」, 4(2) : 301-320.

심진범 · 최승담(1999). 개발촉진지구 관광개발평가 및 발전방안, 「관광개발학회지」 제11호.

심진범 · 최승담(2007). 관광개발정책 과정에서의 주민저항 영향요인. 「관광연구」, 22(1) : 1-19.

안광호 · 곽준식(2011). 「행동경제학 관점에서 본 소비자 의사결정」. 서울 : 학현사.

안상근 · 여정태 · 고동완(2010). 지방 관광담당 공무원의 전문성 강화를 위한 관광직제 개발. 「관광학연구」, 34(5) : 11-32.

안소현(2020). 「오버투어리즘으로 인한 지역공동체 갈등 해결 사례연구: 부산 감천문화마을 사례를 중심으로」. 국토연구원.

엄서호(2007). 「한국적 관광개발론: 한국관광 제 빛 살리기」. 서울 : 백산출판사.

예스폼서식사전(2013). http://www.yesform.com

오유라(2019). 「관광분야 빅데이터 활용사례 분석」. 한국문화관광연구원.

오형은 · 김용근(2015). 주민참여를 통한 농촌 중심지 활성화 방안 연구. 「한국조경학회」, 43(5) : 121-131.

오훈성(2013). 「문화관광축제 선정의 일몰제 적용에 따른 제도 운영 개선방안 연구」. 한국문화관광연구원.

______(2016). 「문화관광축제 지정에 따른 효과 분석」. 한국문화관광연구원.

원제무(2012). 「탈근대 도시재생」. 서울 : 환경과 조경.

유광민 · 김진동 · 김남조(2008). 게임이론을 이용한 지역관광개발 갈등 분석」, 32(6): 233-251.

유승우 · 이희찬(2005). 「농촌관광수요 확대방안연구」. 한국농촌경제연구원.

유인혜 · 고동완(2009). 지역사회기반형 관광개발에 있어서 지역주민의 환경인식참여와 통합의 관계. 「관광학연구」, 33(1) : 157-179.

유재원(2018). 한국사회에서 지방분권의 이해와 분권 전략의 탐색. 「한국행정학보」, 52(3) : 3-28.

유지윤(2013). 「올해의 관광도시 지정 방안 연구」. 한국문화관광연구원.

유현준(2017). 「도시는 무엇으로 사는가」. 서울 : 을유문화사.

윤양수(2001). 「지역개발 측면에서 본 문화 · 관광사업 실태와 대책: 지정관광지를 중심으로」. 국토연구원.

윤정원 · 박다현 · 반장식(2013). 제4섹터 주도 지역개발에 대한 연구: 강원도 화천군 관광개발 성공사례를 중심으로. 「지방행정연구」, 27(3) : 317-352.

윤주(2019). 「지역관광개발사업 평가 모니터링 방안」. 한국문화관광연구원.

윤주 · 최승담(2013). 사회적 자본이 지역사회 관광개발 성과에 미치는 영향 - 녹색농촌체험마을을 중심으로 -. 「관광학연구」, 37(4) : 77-96.

윤태환(2017). 전시컨벤션센터의 공유가치창출(CSV)에 관한 탐색적 연구. 「관광레저연구」, 2(14) : 339-360.

이광국 · 윤상복(2008). 관광레저형 기업도시건설의 실현가능성 분석. 「Journal of The Korean Data Analysis Society」, 10(2) : 1163-1174.

이남희 · 고동완(2019). 도시관광지 지역주민과 관광객 간 갈등과 투어리즘 포비아에 관한 연구. 「관광학연구」, 43(5) : 127-152.

이덕기(1999). 「예측방법의 이해」. 서울 : SPSS 아카데미.

이범현 외(2017). 「스마트 도시시설의 체계적 확충 및 정비방안 연구」. 국토연구원.

이상훈 · 강상훈(2018). 관광에 의한 생활공간의 젠트리피케이션 과정. 「관광학연구」, 42(2) : 85-102.

이상훈 · 고동완(2017). 생활공간의 관광지화에 따른 지역사회연대 변화 연구. 「관광학연구」, 41(2) : 139-161.

이석호(2013). 관광개발의 공공성 -관광지와 관광단지를 중심으로-. 「관광학연구」, 37(9) : 11-28.

이성근 · 이춘근 · 나주몽(2014). 「최신 지역경제학」. 서울 : 법문사.

이승우 · 홍장원 · 이윤정(2008). 「어촌관광을 통한 어촌 활성화 방안」. 한국해양수산개발원.

이연택(2004). 국가관광정책에 있어서 지역주민참여에 관한 연구 : 정책과제 도출. 「관광학 연구」, 28(3) : 143-160.

______(2015). 「관광학」. 서울 : 백산출판사.

______(2016). 「관광정책학」. 서울 : 백산출판사.

이영석 · 민유기 외(2011). 「도시는 역사다」. 서울 : 서해문집.

이영주(2003). 관광목적지로서 도시공간의 개발방향. 「서울도시연구」, 4(2) : 43-56.

이영주 · 최승담(2003). 관광산업클러스터의 특성에 대한 개념적 논의. 「관광연구논총」, 15 : 47-66.

____________(2004). 도시관광개발의 특성과 향후 연구방향. 「국토연구」, 43 : 53-68.

____________(2008). 상업활동촉진지구(BIDs)의 도입을 통한 도시형 관광특구 활성화 방안 연구. 「서울도시연구」, 9(3) : 133-148.

이우람 · 김봉석 · 김영선(2015). 복합용도개발 방식을 적용한 신규 전시컨벤션센터 개발 전략. 「무역전시연구」, 10(3) : 1-26.

이원희(2005). 「지속가능한 관광개발계획 모델에 관한 연구」.

______(2016). 「관광(단)지 조성계획 수립지침 마련을 위한 기초연구」. 한국문화관광연구원.

이재용 외(2018). 「스마트시티 유형에 따른 전략적 대응방안 연구」. 국토연구원.

이종수(1992). 「막스베버의 학문과 사상」. 서울 : 한길사.

이지윤 · 최승담(2018). 서울시 문화기반시설 공간분포특성 분석 인구와 이용밀도 분포를 중심으로. 「관광연구논총」, 30(4) : 61-80.

____________(2019). 시장영역 관점에서 골프장 입지결정요인 실증적 분석. 「관광레저연구」, 31(5) : 443-461.

이충기(1995). 관광수요 예측의 기법과 적용. 「세계화시대의 관광산업」. 서울 : 일신사.

이충기 · 권경상 · 박한규 · 김기엽(1999). 「카지노 산업의 이해」. 서울 : 일신사.

이충기 · 송학준(2007). 최적 시계열 수요예측 모델선정에 관한 연구. 「관광학연구」, 31(6) : 289-311.

이태희(2011). 한국형 리조트 개발의 세대 구분을 통한 미래전망. 「관광학연구」, 35(10) : 465-480.

______(2014). 「리조트 개발의 이해와 전략」. 서울 : 새로미.

이현주(2019). 「환경학개론」. 서울 : 지우북스.

이훈 · 심창섭(2018). 오버투어리즘 현상의 이해와 향후 과제. 「한국관광정책」, 73 : 70-78.

임경수(2006). 지역발전의 진정한 의미 : 내발적 발전의 본질과 모형, 추진방향. 「지방행정」, 66(627) : 29-41.

임화순 · 박종준(2013). 관광자원 분포에 기반한 관광권역 설정 및 발전전략: 제주지역을 대상으로. 「관광레저연구」, 25(4) : 377-394.

잡크레딧(2019.12). 「삼성물산에버랜드리조트 기업정보」Retrieved from https://www.kreditjob.com/company/8d3ab3bc4d-017bee4f0c0ffd833c1fe5267f8393

정강환(2015). 「야간형 축제의 비밀」. 배재대학교 학술정보처.

_____(2007). 「관광이벤트」. 서울 : 백산출판사.

전상인 · 박양호(2012). 「강과 한국인의 삶 : 미래의 강, 문화의 강」. 서울 : 나남.

전승민(2018). 「인공지능과 4차 산업혁명의 미래」. 서울 : 팜파스.

전효재(2017). 「관광개발의 사회문화적 영향 평가 방안 연구」. 서울 : 한국문화관광연구원.

전효재 · 한희정(2018). 「4차 산업혁명에 따른 미래 관광일자리 창출 방안 연구」. 한국문화관광연구원.

정남호 외(2019). 「스마트 관광도시」. 서울 : 경희대학교 출판문화원.

정봉섭 · 여정태 · 김재호(2011). 관광개발 추진과정에 있어서 지역주민 참여와 통합에 관한 연구. 「관광학연구」, 35(1)(통권 87) : 125-144.

정석(2013). 「나는 튀는 도시보다 참한 도시가 좋다」. 서울 : 효형출판.

___(2016). 「도시의 발견」. 서울 : 메디치 미디어.

___(2019). 「천천히 재생」. 서울 : 메디치 미디어.

정우식 · 여홍구(2010). 지역관광개발의 효율적인 추진방안에 관한 연구. 「도시행정학보」, 23(3) : 143-166.

정홍열(2017). 「지역경제학」. 서울 : 시그마 프레스.

정환용(2009). 「계획이론」. 서울 : 박영사.

조철주(2005). 기업도시와 지역발전 -기업도시의 개발을 지역발전과 연계시키기 위한 전략 -. 「한국도시지리학회지」, 8(1) : 17-28.

주경철 · 민유기 외(2017). 「도시는 기억이다」. 서울 : 서해문집.

창성남 · 박헌수(2012). 부동산개발사업의 리스크관리방안에 관한연구: 프로젝트 파이낸싱리스크중요도를 중심으로. 「부동산학보」, 51 : 114-128.

최서우 · 최승담(2015). 테마파크의 서비스 체험이 브랜드 자산에 미치는 영향- Pine II & Gilmore의 체험경제이론을 중심으로. 「관광연구논총」, 27(3) : 61-82.

최승담(1995a). 지방화시대의 관광자원 개발방안. 「민간기업의 지자체전략 특별세미나」. 한국산업개발연구원, 6(1) : 171-187.

______(1995b). 지역관광개발의 실패와 편협한 사고. 「지방화시대의 관광개발」. 서울 : 일신사.

______(1995c). 컨벤션 산업의 발전과 전략. 「세계화 시대의 국제관광」. 서울 : 일신사.

______(1998a). 공공주도형 관광자원개발의 현황 및 개선방안. 「관광개발논총」, 8(1) : 45-70.

______(1998b). 국립공원 관광시설개발의 문제점과 개선방안: 집단시설지구를 중심으로. 「관광연구논총」, 10 : 83-98.

______(1998c). 지방자치시대 관광개발의 문제점과 발전방향. 「제2회 무주반딧불 축제 환경정책세미나」. 국회세계화포럼.

______(1999). 컨벤션 산업 육성과제. 「한국관광산업 육성전략」. 서울 : 문지사.

______(2000a). 관광지 개발 및 관리정책의 개선방안. 「관광개발학회지」, 12 : 35-55.

______(2000b). 특집 도시 국제관광 기반의 강화: 문화관광 활성화를 통한 도시국제관광 기반강화 전략. 「도시문제」, 35(381) : 35-43.

______(2002a). 권역별 관광개발계획제도의 문제점과 발전방안 : 조정위원회 심의 및 전문가 평가를 중심으로. 「국토연구」, 35.

______(2002b). 청계천 복원의 관광적 의미와 수변공간 조성방향. 「관광연구논총」, 14 : 33-45.

______(2003). 주5일 근무제 및 고속도로 개통과 관광수요 변화: 지자체 관광산업 진흥전략에 주는 시사점. 「대한경영학회지」, 35 : 157-169.

______(2005). 새만금지역 관광개발 전략. 「2005년도 제 2차 한국자치 행

정학회 세미나」. 한국자치행정학회, 59-74.

_____(2006). 관광을 통한 지역발전. 「살기좋은 지역 만들기」. 지역균형발전위원회. 서울 : 제이플러스애드.

_____(2007). 차기 정부의 관광정책 방향. 「한국관광정책」, 28: 44-50.

_____(2008). 해양관광 중심국가로 가는 길. 「신해양시대 신국부론」. 서울 : 나남.

_____(2011). 사행산업정책 성과 평가 및 향후 추진방향. 「제2기 사행산업통합감독위원회 발전 정책토론회」. 사행산업감독위원회.

_____(2012). 강과 관광문화산업. 「강과 한국인의 삶」. 서울 : 나남.

_____(2013). 발전적 여가 · 관광정책 추진을 위한 새 정부의 과제. 「국토」, 376 : 34-39.

_____(2014). 문화적 국토를 생각한다. 「국토」, 388 : 2-4.

_____(2015). 국토시론 : 한강을 다시 생각한다. 「국토」, 408 : 2-4.

_____(2017). 해안권 관광자원의 가치창조. 「국토」, 429 : 2-4.

_____(2019). 「관광거점도시개발과 강릉의 과제」. 2019 한국관광연구학회 추계 정기 학술대회 및 학술 심포지엄 기조강연, 2019. 11. 16., 강릉 원주대학교 산학협력관.

최승담 · 박경열(2005). 관광목적지로서 도시관광이미지 측정척도 개발. 「서울도시연구」, 6(1) : 93-106.

최승담 · 신정미(2001). 관광산업 외국인 투자유치 정책의 개선방안: 외국인투자촉진법을 중심으로. 「관광학연구」, 24(3) : 147-166.

___________(2002). 낙후 관광지 활성화수단으로서 재개발방식 적용에 관한 고찰. 「관광학연구」, 25(4) : 33-47.

최승담 · 심원섭(2013). 문화 · 관광 · 레저 수요의 다양화와 도시 간 경쟁. 「수도권 메가트렌드 2030」. 서울 : 한울 아카데미.

최승담 · 이지윤(2009). 카지노 리조트 방문동기에 따른 방문객 유형별 시설선호도 차이분석 강원랜드 카지노 리조트를 중심으로. 「관광레저연구」, 21(1) : 87-105.

최승담 · 조광익(1997). 지역관광개발과 거점개발전략: 강원도지역에의 적용, 「관광개발논총」.

최승담 · 최문석(2012). 주제공원의 서비스스케이프가 방문객 만족에 미치는 영향. 「관광연구」, 27(4) : 497-512.

최승담 · 최영석(2007). 전통문화관광지의 공간이미지 구성요인과 방문객 만족도와의 영향관계: 남산골 한옥마을을 중심으로. 「서울도시연구」, 8(2) : 215-228.

최승담 · 한정헌 · 김상태(1994). 「컨벤션 센터 건립 방안」. 교통개발연구원.

최영국 · 임상연(2005). 「생태관광 활성화방안 연구 : 지역주민 참여유도를 중심으로」. 서울 : 국토연구원.

최영문(1999). 관광수요모형의 예측정확성 향상에 관한 연구. 「관광학연구」, 22(3) : 222-242.

최영석 · 최승담(2011). 패턴언어를 활용한 공공문화관광거리의 물리적 환경 이용자 만족도 구성요인 도출. 「관광레저연구」, 22(5) : 463-478.

__________(2012). 공간구문론에 의한 관광지 시설물의 공간위상학적 특성과 방문객 공간인지와의 관계분석. 「관광레저연구」, 24(4) : 379-400.

__________(2014). 위상학적 중심성 관점의 관광지 시설물별 접근성 분석: 지정관광지 조성계획을 중심으로. 「관광레저연구」, 26(8) : 525-539.

최영출(2003). 지방분권화에 따른 지방정부의 역량강화. 「지방행정연구」, 17(2) : 27-49.

최자은 · 김향자(2014). 「지역관광개발사업 평가의 체계적 추진방안」. 한국문화관광연구원.

최자은 · 최승담(2014). 사회계층별 도시 내 여가목적 이동성 변화특성 분석 – 사회네트워크 분석을 활용하여. 「관광학연구」, 38(1) : 117-136.

최재붕(2019). 「포노 사피엔스」. 서울 : 쌤앤파커스.

하재현 · 이수기 · 기동환 · 안동욱(2019). 4차산업혁명 요소 기술을 통해 대응 가능한 서울시 도시문제 및 이슈 도출 – 텍스트 마이닝 분석과 델파이 조사의 적용을 중심으로 –. 「서울도시연구」, 20(4) : 1-21.

한국관광공사(1997). 「환경적으로 지속가능한 관광개발」.

__________(1999). 「남해안 관광벨트 개발계획」.

__________(2005). 「서해안 관광벨트 개발계획」.

__________(2007a). 「관광개발 실행방안 수립」.

__________(2007b). 「주민참여형 관광개발 실행모델」.

__________(2019). 「관광거점도시 육성 방안 연구」.

한국문화관광연구원(2020). 「광역관광개발 개선방안 연구」. 전문가 자문회의 내부자료.

한국지역개발학회(2017). 「지역개발론」. 서울 : 박영사.

한국해양수산개발원(2002). 「해상국립공원 합리적 관리방안연구」.

한성민(2015). 「비용-편익 분석(Cost-Benefit Analysis)의 이론과 실제」. KDI 공공투자관리센터.

한숙영(2003). 신고전학파식 관광개발 : 약인가 독인가?. 「관광학연구」, 27(1) : 277-280.

한숙영 · 엄서호(2005). Pine과 Gilmore의 체험영역 모델에 관한 검증: 한산모시축제 체험활동 참가자 만족을 중심으로. 「관광학연구」, 29(2) : 131-148.

한슬기 · 김정빈(2016). 도시재생사업 내 민간 비즈니스 참여와 역할 – 영국

도시재생 거버넌스와 주도적 디벨로퍼 분석을 중심으로. 「서울도시연구」, 17(3) : 25-44.

해양수산부(2000). 「해양관광진흥을 위한 종합계획수립연구」.

_________(2013). 「제2차 해양관광진흥기본계획(안)」. 세종특별자치시.

_________(2019). 「저변확대를 통한 해양관광 활성화 방안 연구」. 세종특별자치시.

홍장원 · 최승담(2008). 어촌체험마을조성사업의 평가와 발전방향에 관한 연구. 「관광연구논총」, 20(2) : 65-85.

2. 국외문헌

Ahn, J., & Choi, S. (1992). *Honey Pot Concept as a Way to Meet Massive Tourism Demand within a Frame of Environmental Protection : Regional Planning Case in Korea*. 1992. 11. 10 - 12, Envirotour Vienna 1992, International Society for Environmental Protection, Vienna Austria.

Alexander, E. R. (1988). *Approaches To Planning*, New York : Gondon and Breach Science Publishers.

Aronsson, L. (2000). *The Development of Sustainable Tourism*. London : continuum.

Babbie, E. R. (2013). *The Practice of Social Research*. Belmont : Cengage Learning.

Buckley, R. (2009). *Ecotourism : Principles and practices*. NY : CABI

Baudrillard, J. (1981). *Simulacres et Simulation*. 「시뮬라시옹」(하태환 역, 2018). 서울 : ㈜민음사.

Butler, R. W. (1989). *Tourism, Heritage and Sustainable Development*.

Heritage Resources Center, Waterloo : University of Waterloo.

Choi, S. (1993). *Linkage of Domestic Tourism and International Tourism: Lessons from Cases of Korea*. 1993. 6. 8 - 9, Technical Seminar on Domestic Tourism and its Linkage with International Tourism, World Tourism Organization, Seoul, Korea.

_______ (1997a). *Linkage of Local Culture and Tourism: Korean Cases*. 1997. 5. 13, '97 APTEC International Tourism Exchange Symposium: Local Culture and International Tourism, Asia-Pacific Tourism Exchange Center, Osaka, Japan.

_______ (1997b). *Sustainable Tourism Development: Lessons from Korean Cases*. 1997. 2. 17, High Level Technical Seminar on Sustainable Tourism Development, World Tourism Organization, Maldives.

Choi, S., Loomis, D., & Ditton, R. B. (1994). Effect of Social Group, Activity, and Specialization on Recreation Substitution Decisions. *Leisure Sciences*, 16(3).

Choi, S., Park, H., & Choi, J. (2015). *Social Network Analysis for Leisure Oriented Mobility Characteristics : A Case Study of the Seoul Metropolitan Area*. 2015. 1. 3-6, Arts, Humanities, Social sciences & Education Conference(AHSE), Hawaii, U.S.A.

Choi, S., & Park, K. (1994). *Negative Perception of Tourism as a Barrier to the Progress of Toursim: Lessons from Cases in Korea.* 1994. 6. 19 - 22, 25th Travel and Tourism Research Association Annual Confererce, Bal Harbour, Florida.

Clave, S. A. (2007). *The Global Theme Park Industry.* Oxford : Oxford university press.

David J. & Hammond R. (2011). *Highline : The Inside Story of New York City's Park in the Sky*, New York : Farrar, Straus and Giroux.

Debore, G. (1992). *La Socit du Spectacle*. 「스펙타클의 사회」(유재홍 역, 2018). 서울 : 울력.

Dobbs, R., Manyika, J., & Woetzel, J. (2016). *No Ordinary Disruption*. 「미래의 속도」(고영태 역, 2016). 서울 : 청림출판.

Drucker, P. F. (2005). *The Effective Executive*. 「피터 드러커의 자기경영 노트」(이재규 역, 2003). 서울 : 한국경제신문.

____________ (2007). *Managing the Nonprofit Organization*. 「비영리단체 경영」(현영화 역, 1995). 서울 : 한국경제신문사.

Eadington, W. R., & Doyle, M. R. (Eds.). (2009). *Integrated Resort Casinos: Implications for Economic Growth and Social Impacts*. Reno, NV : Institute for the Study of Gambling & Commercial Gaming College of Business, University of Neada.

Friedmann, J. (1996). *Regional Development Policy*, Boston : MIT press.

Friedman, M. R. (1980). *Free to choose*. 「선택할 자유」(민병균 · 서재명 · 한홍순 역, 2019). 서울 : 자유기업원.

George, H. (1981). *Progress and Poverty*. 「진보와 빈곤」(김윤상 역, 2016). 서울 : 비봉출판사.

Getz, D. (1993). Planning for Tourism Business District. *Annals of Tourism Research*, 20(1), 58-60.

Getz, D. (1999). Tourist Shopping Village : Development and Planning Strategies. *Tourism Management*, 14(1), 15-26.

Glaeser, E. (2011). *Triumph of the city*. 「도시의 승리」(이진원 역,

2015). 서울 : 해냄.

Godfrey, K., & Clarke, J. (2000). *The Tourism Development Handbook : A Practical Approach to Planning and Marketing.* Boston, MA : Cengage Learning.

Goeldner, C. R., & Brent Ritchie, J. R. (2009). Tourism : *Principles, Practices, Philosophies* (11th Ed.). Hoboken, NJ : John Wiley & Sons.

Gunn, C. A. (1994). *Tourism Planning : Basies, Concepts, Castox*, Washington, DC : Taylor & Francis.

Gunn, C. A. (1997). *Vacationscape : Developing Tourist Areas*. London : Routledge.

Gunn, C. A., & Var, T. (2002). *Tourism Planning : Basics, Concepts, Cases*. London : Routledge.

Habermas, J. (1984). *The Theory of Communicative Action : vol. I . Reason and Rationalization of Society*. Cambridge : Polity press.

____________ (1987). *The Theory of Communicative Action : vol. II. The Critique of Functionalist Reason.* Cambridge : Polity press.

Hall, C. M. (2008). *Tourism Planning : Policies, Processes and Relationships.* NY : Pearson Education.

Hayllar, B., Griffin, T. & Edwards D.(Eds.) (2008). City Spaces Tourist Places : Urban Tourism Precincts. Elsevier.

Hays, C.L. (2005). *The Real Things*. 「코카콜라의 진실 : 코카콜라를 만든 사람들」(김원호역, 2006). 서울 : 북액북스.

Honey, M. (2008). *Ecotourism and Sustainable Development : Who owns Paradise?*. Washington, D. C. : Island Press.

Huizinga J. (1938). *Homo Ludens*. 「호모루덴스」(이종인 역, 2018). 서울 : 연암서가.

Inskeep, E. (1991). *Tourism Planning : An Integrated and Sustainable Development Approach*. NY : Van Nostrand Reinhold.

Jacobs, J. (1993). *Death and Life of Great American Cities*. 「미국 대도시의 죽음과 삶」(유강은 역, 2018). 서울 : 그린비.

Jansen-Verbeke M. & Lievois E. (1999). Analyzing Heritage Resources for Urban Tourism in European Cities. *Contemporary Issues in Tourism Development*, 1999 : 81-107.

Kelly, G. A. (1955). *The Psychology of Personal Constructs*. New York : Norton.

Kim, J., & Choi, S. (2001). *Ecotourism Research Trends and Future Research Tasks*. 2001. 7. 4-7, Asia Pacific Tourism Association 7th Annual Conference, Dusit Hotel Nikko, Makati, Philippines.

Kolb, B. M. (2006). *Tourism Marketing for Cities and Towns : Using Branding and Events to Attend Tourists*. London and New York : Routledge.

Kotler, P. & Armstrong, G. (2015). *Principles of Marketing*. 「마케팅 원리」(안광호 · 유창조 · 전승우, 2017). 서울 : 시그마프레스.

Kotler, P., Haider D. H. , & Rein I. (2002). Marketing Places. New York : The Free Press.

Kozak, M., & Baloglu, S. (2001). *Managing and Marketing Tourist Destinations : Strategies to Gain a Competitive Edge*. London : Routledge.

Law, C. M. (1996). *Tourism in Major Cities*, London : International

Thomson Business Press.

__________ (2002). *Urban Tourism : The Vistior Economy and the Growh of Large Cities (2nd edn)*, London : Continuum.

Laws, E. (1995). *Tourist Destination Management.* London : Routledge.

Lindberg, K., & Hawkins, D. E. (Eds.). (1998). *Ecotourism : A Guide for Planners & Managers.* North Bennington, Vermot : The Ecotourism Society.

Lynch, K. (1960). *The Image of the City*. 「도시환경디자인」(한영호 · 정진우 역, 2003). 서울 : 광문각.

Machiavelli, N. (1532) *Il Pricipe*. 「군주론」(강정인 · 김경희 역, 2015). 서울 : 까치글방.

Maciocco, G., & Serreli, S. (2009). *Enhancing the City : New Perspectives for Tourism and Leisure.* London : Springer.

Mcintosh, A. J., & Prentice, R. C. (1999). Affirming authenticity : consuming cultural heritage, Annals of Tourism Research, 26(3), 589-612.

Michael J. S. (2010). *Justice : What's the right thing to do?*. 「정의란 무엇인가」(김명철 역, 2014). 서울 : 와이즈베리.

Middleton, V. T., & Hawkins, R. (1998). *Sustainable Tourism : A Marketing Perspective.* London : Springer.

Morrison A. M. (2013). *Marketing and Managing Tourism Destinations*. London : Routledge.

O'Sullivan, A. (2012). Urban Economics. 「오설리반의 도시 경제학」(이번송 · 홍성효 · 김석영 역, 2015). 서울 : 박영사.

Page, S. (1995). *Urban Tourism,* New York : Routledge.

Page, S. J., & Hall, C. M. (2003). *Managing Urban Tourism*. NY : Pearson Education.

Page, S. J., Dowling, R. K., & Page, S. J. (2001). *Ecotourism*. NY : Pearson Education Limited.

Pearce, D. G., & Butler, R. W. (1999). *Contemporary Issues in Tourism Development*. New York : Routledge.

Pine, B. J. & Gilmord J. H. (2011). *The Experience Economy,* Boston : Harvard Business School Publishing.

Polanyi, M. (2007). *Tacit Dimension*. 「암묵적 영역」(김정래 역, 2015). 서울 : 박영사.

Reid, L. J. (ed.)(1991). *Tourism, environment, sustainable development: An agenda for research*. Conference Proceedings. Travel and Tourism Research Association, Canada.

Relph, E. C. (1984). *Place and Placelessness*. 「장소와 장소상실」(김덕현 · 김현주 · 심승희 역, 2005). 서울 : 논형.

Rosling, H., Rosling, O., & Rosling, A. (2018). *Factfulness*. 「팩트풀니스」(이창신 역, 2019). 서울 : 김영사.

Russell, B. (1996). *History of Western Philosophy*. 「러셀 서양철학사」(서상복 역, 2009).

Rykema, D. D. (2005). *The Economies of Historic Preservation*. 「역사보존의 경제학」(임종현 역, 2008). 서울 : 문운당.

Seoul Museum of Art (2017). *The Self-Evolving City*. The UIA 2017 Seoul World Architects Congress.

Schwab, K. (2016). *The Fourth Industrial Revolution*. 「클라우스 슈밥의 제4차 산업혁명」(송경진 역, 2017). 서울 : 새로운 현재.

Sharpley, R., & Telfer, D.. J. (Eds.). (2014). *Tourism and Develop-*

ment : Concepts and Issues. Bristol, UK : Channel View Publications.

Shaw, G. & Williams, A. M. (2002). *Critical Issues in Tourism : A Geographical Perspective.* Oxford : Black Well Publishing.

______________________ (2004). *Tourism and Tourism Space*. 「관광과 관광공간」(김남조 · 유광민 · 민웅기 역, 2013). 서울 : 백산출판사.

Selby, M. (2004). *Understanding Urban Tourism : Inage, Culture and Experiece,* London : IB Tauris.

Selby, M., Hayllar, B. & Griffin, T. (2008). The Tourist Experience of Precincts. In Hayllar, B., Griffin, To & Edwards, D. (eds.), *City Spaces – Tourist Places*. Oxford : Butterworth – Heinemann.

Spirou, C. (2011). *Urban Tourism and Urban Change : Cities in a Global Economy.* London : Routeledge.

Tajfel, H. (1982). The social psychology of intergroup relations. *Annual Review of Psychology*. 33, 1-39.

Thaler, R., & Sunstein, C. R. (2009). *Nudge : Improving decisions about health, wealth and happiness.* 「넛지」.(안진환 역, 2009). 서울 : 리더스 북.

Toffler, A. & Toffler, Heidi (2006). *Revolutionary Wealth.* 「부의 미래」(김중웅 역, 2007). 서울 : 청림출판.

Tyler, D., Guerries, Y., & Robertson, M (eds). (1998). *Managing Tourism in Cities : Policy, Process, and Practice,* New York : J. Wiley.

UNWTO(1980). *Manila Declaration on World Tourism, in World Tourism Conference*. Manila, Philippines.

Veal, A. J. (2002). *Leisure and Tourism Policy and Planning.* Wallingford, Oxen : CABI Publishing.

Wearing, S., & Neil, J. (2009). *Ecotourism : Impacts, Potentials and Possibilities.* London : Routledge.

Weber, M. (1920). *Wirtschaft und Gesellschaft.* 「경제와 사회」(박성환 역, 2009). 서울 : 나남.

저자 약력

최승담

연세대학교 건축공학과를 졸업하고 미국 텍사스 대학교(오스틴)에서 도시 및 지역 계획학 석사, 텍사스 A&M 대학교에서 관광학 박사를 받았다. 한양대학교 부임 전 ㈜대우, 텍사스 오스틴 관광국, 교통개발연구원 및 한국관광연구원 등에서 건축, 도시, 관광개발 및 계획 관련 실무와 연구경력을 쌓았다. 현재 한양대학교 관광학부 교수로 재직하고 있으며 국제관광대학원장과 사회과학대학장을 역임하였다. 중국 요녕대학교와 태산대학교 명예교수직을 맡아 왔고 대통령자문 지속가능위원회, 사행산업통합감독위원회, 국토해양부 토지이용규제 심의위원회 및 문화관광부 정책평가위원회 등에서 위원으로 활동했다. 저자의 주전공 분야인 도시 및 지역관광개발, 관광개발계획 및 연구방법론 등과 관련된 180여 편의 저서, 보고서 및 논문을 발표했다.

관광개발 성공했나?

2020년 3월 20일 초판 1쇄 발행
2021년 8월 20일 초판 2쇄 발행

지은이 최승담
펴낸이 진욱상
펴낸곳 (주)백산출판사
교　정 박시내
본문디자인 구효숙
표지디자인 오정은

등　록 2017년 5월 29일 제406-2017-000058호
주　소 경기도 파주시 회동길 370(백산빌딩 3층)
전　화 02-914-1621(代)
팩　스 031-955-9911
이메일 edit@ibaeksan.kr
홈페이지 www.ibaeksan.kr

ISBN 979-11-6567-048-1 93320
값 22,000원